Inverno na Manhã

Janina Bauman

Inverno na Manhã

Uma jovem no gueto de Varsóvia

Tradução:
Carlos Alberto Medeiros

Inclui ilustrações

ZAHAR

À memória de minha mãe e minha irmã

Título original:
Winter in the Morning
(A Young Girl's Life in the Warsaw Ghetto and Beyond)

Tradução autorizada da reimpressão da primeira
edição inglesa publicada em 2002 por Virago Press,
de Londres, Inglaterra

Jorge Zahar Editor Ltda.
rua Marquês de S. Vicente 99 – 1º
22451-041 Rio de Janeiro, RJ
tel (21) 2529-4750 | fax: (21) 2529-4787
editora@zahar.com.br | www.zahar.com.br

Projeto gráfico e diagramação: Mari Taboada
Capa: Miriam Lerner
Foto de capa: Tropas alemãs marcham sobre o gueto de
Varsóvia após bombardeio © Bettman/CORBIS

Todas as imagens incluídas no livro pertencem ao acervo pessoal
de Janina Bauman. O desenho da autora foi feito por sua filha,
Lydia Bauman, a partir de uma fotografia.

CIP-Brasil. Catalogação-na-fonte
Sindicato Nacional dos Editores de Livros, RJ

Bauman, Janina
B341i Inverno na manhã: uma jovem no gueto de Varsóvia / Janina Bauman; tradução, Carlos Alberto Medeiros. – Rio de Janeiro: Jorge Zahar Ed., 2005
il.;

Tradução de: Winter in the morning: a young girl's life in the Warsaw Ghetto and beyond
ISBN 978-85-7110-852-3

1. Bauman, Janina. 2. Judeus – Varsóvia (Polônia) – Biografia. 3. Holocausto judeu (1939-1945) – Varsóvia (Polônia). I. Título.

05-1326 CDD 940.531503924
CDU 94(100)"1939/1945"

Sumário

Nota da autora

O nome de alguns persongaens foi alterado. Em alguns outros casos, substituí o W por V; o polonês Wala soa como Vala. Mantive o nome das ruas de Varsóvia em polonês, com uma exceção: Ulica Graniczna tornou-se rua Border.

Por quê? E por que agora?

Levei cerca de 40 anos para me sentir pronta a escrever este livro. Durante todo esse tempo eu quase não pensei no passado. Nunca falei sobre ele com minha mãe ou minha irmã. Nunca contei a meu marido e a minhas filhas toda a história da minha sobrevivência. Preferi esquecer. As imagens terríveis só retornavam em meus sonhos. Tampouco tentei publicar os diários e contos que escrevi durante a guerra. Por muitos anos eles permaneceram esquecidos em minha gaveta em Varsóvia. Só os reli depois que minha mãe morreu e, entre os seus guardados, encontrei algumas páginas dos meus diários e contos cuidadosamente copiados por ela em sua caligrafia elegante. Só então, no início dos anos 1980, em Leeds, é que senti que deveria começar a escrever.

Mergulhei profundamente no passado, esquecendo minha idade atual e voltando a ser aquela menina. É impressionante o quanto se pode recordar quando se decide reviver o passado, ano após ano, mês após mês, experiência após experiência. Fiz um esforço para ser fiel não apenas aos fatos, mas também aos meus próprios pensamentos e sentimentos da época. Tentei com afinco impedir que meu conhecimento atual e a percepção madura que tenho hoje interferissem em minhas memórias. Queria reingressar na vida, nos lugares, nos episódios tal como os tinha vivido. Era ainda meu o pequeno e limitado mundo de uma adolescente vivendo no medo, no isolamento, na ignorância de muitos fatos e ocorrências importantes. É por isso que meu relato não é nem tem a pretensão de ser um documento histórico. (Em respeito aos leitores mais jovens, que podem se sentir "historicamente confusos" durante a leitura, incluí uma breve cronologia dos eventos históricos relevantes, dos quais eu mesma não tinha muita consciência na época.)

Meu livro é um tributo às inúmeras pessoas que ajudaram a mim, minha mãe e minha irmã a sobreviver à guerra. Em sua maioria, mulheres de diferentes idades, ocupações e origens sociais. Os motivos pelos quais arriscaram suas vidas para nos socorrer foram tão variados quanto suas personalidades.

Durante a guerra aprendi uma verdade que geralmente preferimos não enunciar: que a coisa mais brutal da crueldade é que ela desumaniza suas vítimas antes de destruí-las. E que a luta mais árdua de todas é permanecer humano em condições desumanas.

JANINA BAUMAN
Leeds, 1985

1. Os anos de paz

Uma réstia de sol matinal sobre o assoalho de pinho, o guincho de um bonde desaparecendo na esquina, o barulho monótono de cascos de cavalo tarde da noite – são essas as minhas memórias mais antigas. Era justamente a passagem dos anos 1920 para os anos 1930. Vivíamos em Varsóvia, na rua Senatorska nº 10, não longe do distrito em que morava a maioria dos judeus. Mais tarde, quando meu pai se tornou conhecido o suficiente para montar sua própria clínica, e com o nascimento de minha irmã Sophie, nós nos mudamos para o centro da cidade, passando a morar num amplo apartamento na rua Sienna nº 5. Em seu lugar hoje se ergue o Palácio da Cultura e da Ciência, presente monumental dos soviéticos à capital polonesa.

Eu crescia numa família feliz. Meu pai era médico cirurgião, e cuidava dos rins e bexigas das pessoas. O pai de minha mãe, vovô Aleksander, também era médico, e já tinha muita fama em Varsóvia antes de eu nascer. Meu avô paterno, cujo nome era Maks, era dono de uma loja de instrumentos musicais localizada na parte mais elegante da cidade, até que foi à falência. Eu me lembro dele como um velho modesto, cheio de tempo e sentimentos calorosos para me dedicar. De algum modo eu sabia que ele e vovó Viera eram pobres e dependentes de meu pai, enquanto os outros avós, que viviam na rua Border, eram ricos. Ricos não só porque vovô Aleksander era um médico cirurgião talentoso, mas também porque vovó Eva vinha de uma família próspera. A família dela era o *crème de la crème* da sociedade, meu bisavô tendo ocupado por anos as posições de diretor do Conselho Judaico e conselheiro municipal de Varsóvia. Havia muitos tios, tias e primos de ambos os lados da família, em sua maioria médicos, outros advogados, engenheiros e assim por diante. Com exceção de meu bisavô, que morreu antes de eu nascer, ninguém nessa grande família falava iídiche, usava barba, solidéu ou as tradicionais gabardines judaicas. Ninguém era religioso. Éramos todos poloneses, nascidos em solo polonês, criados na tradição polonesa, permeados pelo espírito da história e da literatura da Polônia. E no entanto éramos ao mesmo tempo judeus, conscientes disso a cada minuto de nossas vidas.

Quando eu tinha cinco anos perguntei ao meu pai o que significava "judeu". Não lembro ao certo o que ele respondeu, mas creio que foi muito difícil explicar, não apenas para uma criança, mas também para si mesmo. O que recordo com clareza, porém, é uma espécie de ladainha:

— Eu sou judeu, sabe, mamãe é judia, você é judia e sua irmãzinha também; tio Julian é judeu...

— E tia Maria é judia...

— Não – disse ele, com um leve embaraço. — Tia Maria não, ela é cristã.

Tia Maria, minha tia favorita, não era de fato minha tia. Tinha sido babá de minha mãe e de seus dois irmãos mais novos quando eram crianças. Agora vivia com meus avós na rua Border, como governanta e membro íntimo da família.

Em nosso amplo apartamento da rua Sienna, que incluía a clínica particular de meu pai, eu vivia com meus pais, Sophie, uma criada e uma cozinheira. Havia sempre uma babá, ou uma governanta, e mais tarde também uma professora de francês. Essas mulheres iam e vinham, e eu as detestava porque se erguiam como uma muralha impenetrável entre mim e minha mãe. Mamãe estava sempre ocupada e apressada em algum lugar, lidando com pacientes, fazendo compras, atendendo telefonemas, dando instruções à cozinheira ou, nos intervalos, simplesmente trancada em seu quarto. Eu ansiava por ela o tempo todo, para passarmos um dia juntas, para dormir em sua cama, o que só acontecia quando eu estava doente. Meu pai eu via menos ainda. Ele trabalhava duro, saindo para o hospital quando eu ainda estava dormindo, recebendo clientes particulares a tarde toda, dando consultas domiciliares à noitinha, por vezes tarde da noite. Tanto quanto consigo lembrar, eu vivia aterrorizada diante da possibilidade de meus pais morrerem de repente. Quando eles saíam à noite para jantar na rua Border ou ir ao cinema, eu não conseguia dormir, imaginando que já estavam mortos e que jamais voltariam. Grudada à janela do meu quarto, eu ficava observando a rua calma e semi-iluminada até que as duas silhuetas familiares aparecessem dobrando a esquina. Só então eu podia voltar para a cama. Nunca falei com ninguém sobre meus temores ou noites de vigília. Era meu segredo.

Por alguma estranha razão, só fui matriculada numa escola aos 11 anos. Tinha aulas com uma professora particular junto com seis ou sete outras crianças – na minha casa ou na delas. No início de maio, Sophie e eu éramos mandadas para "o campo", como chamávamos o elegante subúrbio de Konstancin. No início dos anos 1930, vovô Aleksander teve uma ampla e moderna casa de campo construída para toda a família. Vovó Eva passava o verão inteiro na casa, e outros membros da família se juntavam a nós por dias ou semanas. Sob os cuidados carinhosos de tia Maria – corpo e alma da casa – Sophie e eu permanecíamos lá até setembro, seguindo a crença comum de que o campo fazia bem às crianças. Talvez fosse essa a razão de sermos educadas em casa, de modo a não dependermos do calendário escolar.

Assim, passei mais de um terço de meus primeiros anos de vida no grande jardim repleto de frutas e flores, nos bosques densos cheios de cogumelos e nos campos vastos e férteis que cercam a zona rural. Mais tarde, presa entre os muros do gueto, escondida em lugares estranhos e sufocantes, ou mesmo adulta livre na Varsóvia do pós-guerra, eu sonhava e fantasiava a respeito de tudo isso.

Por vezes tia Maria me levava com ela para fazer compras na aldeia mais próxima. Era um lugar muito pobre e sujo, habitado principalmente por judeus. Ainda me lembro das crianças pequenas sentadas na estrada poeirenta que passava em frente a seus casebres miseráveis, brincando com mosqueiros usados enegrecidos pelas moscas mortas. Moscas vivas zuniam em seus cabelos escuros e encaracolados, ou andavam por suas pernas e braços sujos. As crianças pareciam não se incomodar. Seus pais eram mascates ou artesãos pobres. Tinham longas barbas e vestiam gabardines pretas. As mães tinham as cabeleiras desalinhadas. Todos falavam uma língua estranha que eu não conseguia entender. Seu polonês era engraçado.

A singularidade e estranheza daquelas pessoas que eram judias como nós sempre me intrigaram. Eu via muitas delas no parque em Varsóvia, mas especialmente na clínica de meu pai. Algumas pareciam muito pobres, outras não. Ainda assim, eram estranhas, e eu me sentia ameaçada toda vez que passava pelo corredor em que elas se sentavam e falavam muito alto enquanto esperavam que meu pai as atendesse.

Tinha medo delas, talvez as menosprezasse um pouco, como às vezes acontece com as crianças ao encontrarem pessoas que falam errado e parecem diferentes. Mais que tudo, porém, eu ficava imaginando como elas e nós éramos judeus, enquanto outras pessoas, tão doces e próximas como tia Maria, por exemplo, não eram. Obviamente, isso nada tinha a ver com ser pobre ou rico. Havia judeus pobres na aldeia, judeus bem-sucedidos como a minha família e judeus muito, muito mais ricos que nós – os parentes postiços de tio Jerzy, por exemplo, que eram banqueiros e usavam anéis de diamante e correntes de ouro quando visitavam meus avós.

De alguma forma aprendi que os judeus podiam ser reconhecidos apenas pela aparência – cabelos negros encaracolados, olhos escuros, nariz adunco. Mas isso também não funcionava. Tio Josef era louro, meus olhos eram verde-claros e havia muitos narizes retilíneos em nossa família. Que seria então?

Talvez tivesse alguma coisa a ver com igreja e religião. Os judeus não iam à igreja; nós nunca íamos. Judeus iam à sinagoga; mas nós também nunca íamos. Tal como os não-judeus, sempre tivemos em casa uma árvore de natal. Mas, diferentemente deles, nós também tínhamos aquelas esplêndidas comemorações duas vezes por ano na casa de minha bisavó. Eram chamadas de Pesach (Páscoa), na primavera, e Rosh Hashana (Ano-Novo judeu), no outono. Todos nos sentávamos a uma mesa interminável, com a extensão de duas salas grandes, minha bisavó, rabugenta e meio surda, na cabeceira, e eu – a mais nova, já que Sophie era pequena demais para participar – a seu lado. Comíamos ovos cozidos em água e sal e pães ázimos se fosse Pesach, peixe, consomê com massa e montes de doces. Havia velas nos candelabros de prata sobre a mesa. Eu tinha permissão para beber vinho doce. Era meu dever assegurar à minha bisavó que o peixe estava delicioso, o que era um verdadeiro suplício, já que ela não conseguia me ouvir de jeito nenhum. Os tios e tias jovens faziam o maior rebuliço, jogando nozes uns nos outros. É tudo que eu lembro.

Seriam aqueles jantares deliciosos – que se encerraram de vez com a morte de minha bisavó – a única razão de sermos judeus? E se assim fosse, valeria a pena ser judeu? Se eu não fosse judia teria permissão para percorrer a aldeia acompanhando a procissão de Corpus Christi, no verão, usando vestido branco e grinalda. Isso decerto me alegraria muito mais do que nossas "comemorações na mesa comprida".

Eu sabia que era melhor não ser judeu. Havia cartazes nos muros de Varsóvia que diziam: "Não compre em lojas de judeus." Uma vez, na rua, ouvi um estranho chamando outro de "judeu sujo". Quando contei isso a minha mãe, ela disse que algumas pessoas não gostavam nem um pouco dos judeus. Eram anti-semitas, disse ela. Pessoalmente, eu não conhecia nenhuma, todos gostavam de mim, tinha certeza. Para me assegurar, perguntei a nossa criada cristã se ela gostava ou não. Ela disse que sim, claro, gostava muito de mim.

— Você gosta de judeus? – insisti.

Ela pareceu confusa.

— Na verdade, não.

— Por que não?

— Os judeus são maus – disse ela. — Mataram Nosso Senhor Jesus Cristo.

Isso me deixou intrigada e preocupada por algum tempo. Jesus era a divindade em pessoa – eu sabia disso. Quem poderia desejar matá-lo? Não nós, com certeza. Nem tampouco aqueles estranhos de roupas escuras e barulhentos na sala de espera de meu pai: isso era impossível – Jesus vivera eras atrás, quando os anos ainda decorriam na direção oposta.

Logo aprendi que era possível deixar de ser judeu. Meu pai tinha três irmãos mais novos: Vladek era jornalista, Julian era médico, e Josef, o louro, era engenheiro. Eu tinha uns nove anos quando Vladek se converteu ao catolicismo, mudou seu sobrenome e se casou com uma jovem cristã. O evento foi muito discutido entre os parentes. Estranhamente, todo mundo sussurrava. Não me lembro de ter visto Vladek muitas vezes depois disso, e passaram-se mais de dois anos até que o visitássemos em seu pequeno apartamento onde ele vivia com sua esposa não-judia, Halina, e o filho recém-nascido, Jurek.

Uma noite, logo depois da conversão de Vladek, entreouvi deitada em minha cama uma discussão áspera entre meu pai e tio Josef, que tinha vindo para o jantar. Papai, que eu conhecia como um homem calmo, de voz mansa, aumentou o tom, censurando o irmão com um fervor incomum.

— Jamais, jamais em minha vida! – ouvi-o gritar. — Onde está seu amor-próprio? Faça como quiser, mas não venha pedir minha bênção!

— E o que você me diz do amor-próprio de Vladek? – perguntou tio Josef asperamente. — Você apoiou a decisão dele, não apoiou?

— Nem aprovei nem condenei. O caso dele era diferente. Ele se apaixonou por Halina e não queria se antagonizar com a família dela.

— Por que você não enxerga a *minha* razão? – gritou tio Josef. — Estou me sentindo sufocado. Não posso continuar assim por muito tempo. Imagine como eu poderia ir longe na vida se não...

— É exatamente isso que eu odeio e desprezo – vociferou meu pai. — Enfeitar-se com plumas emprestadas, negar a própria identidade, até o próprio nome, só para facilitar as coisas, ir adiante, construir uma carreira brilhante... é *isso* que eu chamo de falta de dignidade!

Naquela noite, jovem como eu era, aprendi uma lição crucial. Seja o que você é, nunca finja ser outra pessoa. Seja judeu se nasceu judeu, mesmo que não compreenda exatamente o que isso significa. Seja digno, não negue sua identidade. Oito anos mais tarde eu fiz isso. Não foi por escolha. Minha vida estava em jogo.

Tio Josef nunca se converteu. Morreu, porém, não por ser judeu, mas porque era um oficial polonês, assassinado juntamente com meu pai no Massacre de Katyn.*

Ao tentar descrever os fatos e os sentimentos da fase inicial de minha vida, não desejo deixar a impressão de que passei a infância pensando em temas tão amplos e controversos como o significado de pertencer a uma grande minoria numa nação católica. Eu me recordo daqueles anos como um período radiante e caloroso de exploração dos sentidos e das emoções, de uma imaginação vívida, de um amor crescente por qualquer coisa bela em torno de mim; como a época em que li meus primeiros livros e fiz minhas primeiras amizades.

Minha avó Viera foi quem pacientemente me ensinou a ler quando eu tinha cinco anos. Devo confessar que não gostava dela. Era uma pessoa rígida e fria que não tinha por mim a metade do carinho de vovô Maks ou vovó Eva. Mas me ensinou a ler e sempre lhe serei grata por isso.

Portanto, eu já sabia ler quando me juntei ao pequeno círculo de meninos e meninas que estudavam em casa, e foi lá que conheci minhas duas primeiras amigas, Renata e Zula. Renata era uma garota calada e suave, com olhos sonhadores e maneiras gentis. Vivia à sombra de sua irmã mais velha,

---

* Em 13 de abril de 1943, os alemães anunciaram ter descoberto túmulos coletivos de oficiais poloneses na floresta de Katyn, perto de Smolensk, no oeste da Rússia e identificaram esses corpos como sendo os de oficiais que foram confinados pelos russos no campo de prisioneiros de Kozielsk, antes de abril de 1940. Uma investigação subseqüente conduzida pelo Comitê Internacional da Cruz Vermelha confirmou que cerca de 14.500 prisioneiros de guerra poloneses – na maioria oficiais do Exército Polonês – foram executados em Katyn na primavera de 1940.

Joanna, que era bonita e tinha um monte de amigos. Renata, ao contrário, não se misturava facilmente com outras crianças e preferia se manter à parte. Como eu também era tímida, de alguma forma nos grudamos uma à outra desde o início. Ambas gostávamos de ler, e assim trocávamos livros e conversávamos sobre eles. Muitas vezes ficávamos na sala depois das aulas para fazermos juntas as lições de casa. Com Zula a história foi diferente. Ela se juntou ao círculo bem mais tarde, quando eu não era mais tímida. De cabelo ruivo, alegre e cheia de vida, era a companheira perfeita para rir sem motivo, falar bobagem ou implicar com um menino. Altamente interessada em assuntos de sexo, ela me contava toda espécie de histórias estranhas sobre pessoas adultas, histórias que jamais compreendi e nas quais jamais acreditei. Mas era uma boa diversão, e eu gostava da companhia descontraída de Zula. Mantive contato com ela e com Renata por longo tempo depois de deixarmos o círculo doméstico.

Em setembro de 1937, aos 11 anos, finalmente entrei para a escola. Ingressei no sexto grau, último ano do primário, numa escola particular. "Nossa Escola", como era chamada, era dirigida por uma judia, todos os professores eram judeus e também os alunos. Mas dificilmente se poderia considerá-la uma escola judaica, já que, tirando as aulas de história dos hebreus, tudo era estritamente polonês – incluindo a observância dos feriados cristãos. Eu era muito feliz nessa escola, mostrei ser boa aluna e fiz novas amizades. A mais importante delas foi Hanka, uma garota séria, brilhante e com um discernimento muito maduro para a idade. Eu a tinha na mais alta estima e me orgulhava de sua amizade. Fomos amigas íntimas por muito tempo. Mas ela não era a única na Nossa Escola cuja companhia eu apreciava. Depois das aulas, eu conversava com outras meninas e meninos e discutíamos problemas sérios. Eram todos da minha idade, mas pareciam bem mais maduros e conheciam coisas das quais eu não tinha a menor noção, pois haviam passado metade da vida em uma escola, enquanto eu ainda estava presa ao meu círculo infantil. Eu me esforçava para superar isso e enchia meus pais com perguntas sobre o que tinha ouvido sem compreender totalmente. Por vezes, em vez de ir para casa, eu ia para a rua Border escutar as opiniões de meus avós sobre o comunismo internacional, ou para confirmar a última e inacreditável informação de que as mulheres, tal como as galinhas, punham ovos uma vez por mês.

Uma vez, uma de minhas novas amigas, Jola, que era filha de um comerciante rico e a pessoa com maior consciência política em nosso grupo, me perguntou se eu era contra ou a favor dos rebeldes nacionalistas da Espanha. Pensei um pouco e, como sabia apenas que havia uma guerra civil naquele país e nada mais, disse que gostaria que os rebeldes ganhassem. Minha conclusão se baseava na forte crença de que quaisquer rebeldes em luta contra qualquer governo sempre estavam certos. Eles eram verdadeiros patriotas e heróis – e isso eu sabia da história polonesa. Mas Jola disse que eu era uma reacionária e não falou mais comigo até o dia seguinte. Logo aprendi que os rebeldes eram fascistas, o que evidentemente era ruim, e que os outros eram uma espécie de comunistas. Se era certo ou errado ser comunista, eu não tinha certeza. Meus novos amigos proclamavam que era certo, enquanto meus avós se mostravam menos entusiásticos. Quanto a Jola, que afirmava ser "vermelha como o sangue", foi levada pelos pais para Nova York no início da guerra e lá viveu feliz para sempre.

Sobre fascismo e sobre Hitler eu sabia bastante. Era um tema discutido com freqüência por meus pais e parentes. No verão de 1937, uma tia-avó de Berlim veio nos visitar e ficou cerca de um mês na casa de campo. Estava muito triste e angustiada e suspirava profundamente a cada vez que comentava o que estava acontecendo na Alemanha. Baixava a voz e lançava olhares assustados e furtivos à volta sempre que ia dizer "Hitler". Eu desenvolvi a idéia de que "Hitler" era uma palavra rude e indecente, e nunca a usei. Toda vez que a conversa na sala de estar recaía sobre o futuro – os próximos feriados, por exemplo, ou planos para uma outra reunião de família –, tia Eugenia suspirava:

— Primeiro vamos tratar de sobreviver.

Eu percebi que ninguém acreditava realmente no que ela nos dizia. Seus olhares e murmúrios assustados eram considerados manias de velho ou primeiros sintomas de paranóia. Creio que todos nos sentimos aliviados quando ela voltou para Berlim. Nenhum de nós jamais voltou a vê-la. Morreu num campo de concentração na Alemanha antes mesmo de a guerra começar.

A vaga sensação de ameaça, uma vez plantada em minha alma, persistiu e tornou-se mais forte com o passar do tempo. A imprensa e o rádio vociferavam sobre os movimentos audaciosos de Hitler, as pessoas falavam ansiosamente sobre eles e eu já estava bastante crescida para ouvir e temer. Quando, em março de 1938, tropas alemãs invadiram e anexaram a Áustria, por um instante a guerra pareceu estar à nossa porta.

Entretanto nada disso afetava a minha rotina diária. Ainda estava feliz na Nossa Escola, com a triste consciência de que essa bem-aventurança não continuaria para sempre: minha educação primária estava chegando ao fim e os exames para a escola secundária se aproximavam.

Fora decidido desde que nasci que eu seguiria os passos de meu pai e meu avô e me tornaria médica. Tanto quanto me recordo, sempre tomei por certa essa decisão. Havia, contudo, um grande obstáculo a essa fantasia familiar. Àquela época, era difícil para qualquer um ingressar na escola de medicina da Universidade de Varsóvia – para uma moça ou rapaz judeu, era quase impossível. Embora as universidades polonesas não tivessem chegado a adotar a exclusão total, havia não obstante uma clara restrição extra-oficial ao número de judeus admitidos como alunos, em particular nos cursos que preparavam profissionais liberais, como o de medicina. Praticamente a única forma de ingresso para um judeu era obter um bom diploma de um colégio secundário público. Mas novamente se erguia o mesmo obstáculo: havia severas restrições quanto ao número de crianças judias admitidas nas escolas secundárias do Estado. Era preciso ser realmente brilhante e passar no exame classificatório com notas altas para ser aceito. Meu pai, obcecado com a idéia de que eu seria médica, resolveu me proporcionar essa chance.

Assim, em junho de 1938, fiz os exames controlados pelo Estado, talvez os mais difíceis da minha vida, desejando fracassar para escapar do suplício que eu previa. Estranhamente, passei com as notas mais altas e fui admitida numa escola pública secundária para moças na cidade.

As férias de verão daquele ano se arrastaram, desoladas e melancólicas. Eu estava apavorada com a chegada do outono. Em agosto, mamãe nos levou, Sophie e eu, para Sopot, balneário perto de Gdansk. Foi minha primeira experiência com o mar e eu a aproveitei bastante, tentando não pensar no futuro. Um dia fomos a Gdansk para ver essa bela cidade antiga que eu conhecia tão bem através da literatura e da história. Para nosso desalento, tudo que vimos foram enormes bandeiras vermelhas com suásticas negras cobrindo totalmente as paredes antigas. Centenas de milhares de nazistas em uniformes pretos e suásticas nas braçadeiras vermelhas marchavam para cima e para baixo ao ritmo da música ensurdecedora de bandas marciais, cantando canções fascistas. A cidade arfava ante o júbilo irreverente dos futuros conquistadores, enquanto os transeuntes poloneses os olhavam com medo e ódio. Corremos de volta para Sopot e nunca mais voltamos a Gdansk. Mas o sentimento nauseante e pegajoso do medo e do ódio ficou.

Setembro chegou, quente e radioso, e lá estava eu na nova escola que já temia e detestava por antecipação. Era a única moça judia – não apenas na minha turma, mas em todo o ginásio (os quatro primeiros anos da escola secundária). Havia uma outra judia no liceu, mas ela já estava quase terminando o curso. Desde a primeira manhã eu me senti profundamente desconfortável, e durante os dez meses seguintes muitas vezes me percebia infeliz.

Posso estar errada após todos esses anos, mas agora me parece que a maior parte desse sofrimento tinha origem em minha própria mente. A consciência amarga de ser indesejada por minha turma, por toda a escola, de ser vista pelos outros como diferente, talvez pior, e de ser a única nessa condição – de não haver ninguém mais na mesma situação para estabelecer amizade comigo – tudo isso era suficiente para me fazer sentir insegura e profundamente infeliz, mesmo que não houvesse manifestações abertas de hostilidade.

Era uma provação permanecer em silêncio e imóvel entre as 43 colegas de turma quando faziam suas orações no início e ao fim de cada dia de aula e se benziam depois de dizerem "amém". Era uma agonia ficar fora da sala durante as aulas de religião e ter de explicar repetidas vezes aos professores que passavam por mim por que eu estava lendo um livro no saguão em vez de estar estudando com as colegas. O padre que ensinava religião era jovem e amável. Sempre sorria gentilmente para mim ao me ver saindo da sala quando ele chegava para dar sua aula. Um dia eu reuni coragem e lhe perguntei se podia ficar e ouvir. Ele respondeu que sim, claro, e pareceu muito satisfeito. Depois disso passei a ficar, e achava as aulas interessantes. A fé cristã, com todos os seus atributos terrenos, era, afinal de contas, um domínio inteiramente novo para mim. Aprendi bastante só de ouvir, e isso mais tarde se mostraria muito útil.

Não me lembro de ter tido algum problema com os professores. Eu era uma aluna comportada e estudiosa. Creio que na verdade gostavam de mim. Até a professora de matemática, uma mulher bonita e vigorosa em torno de seus 35 anos, parecia simpática comigo, apesar do fato de eu odiar matemática e ser terrivelmente lenta nessa matéria, muitas vezes chegando à beira da desistência. Ela era a orientadora da nossa turma e uma ou duas vezes por semana se reunia conosco para falar de outros assuntos que não frações ou equações. Numa dessas ocasiões, ela fez um discurso inflamado para nos deixar claro que não devíamos comprar artigos de papelaria ou qualquer outra coisa em lojas pertencentes a judeus. E que devíamos freqüentar somente os cinemas de propriedade de cristãos em vez de colocar dinheiro nos bolsos de judeus. Chegou a nos dar uma lista com os endereços dos cinemas que pertenciam a cristãos – para ser honesta, eram muito poucos em Varsóvia. Depois disso, jamais consegui conversar com ela sobre meus problemas pessoais, embora ela continuasse amistosa para comigo.

Mais que qualquer coisa ou qualquer pessoa na escola, eu adorava as aulas e a professora de polonês. A sra. Kwaskowska, uma mulher idosa – ou que assim me parecia, embora tivesse apenas cerca de 50 anos –, era a professora ideal à moda antiga: muito direta, muito justa, de poucos sorrisos, altamente qualificada e experiente tanto como intelectual quanto como pedagoga. Era difícil receber dela um elogio ou nota boa. Mas eu sabia que ela me tinha em alta conta. Louvava abertamente os meus ensaios e freqüentemente os lia para a turma. Meu conhecimento de literatura era também muito maior que o de qualquer outra colega de classe. Eu esperava um "muito bom" no final do primeiro ano. Para meu amargo desapontamento não passei de um "bom", assim como outras oito ou dez garotas. Ninguém tirou "muito bom", o que não me serviu de grande consolo, já que eu tinha certeza de que em polonês eu era melhor que todas as "boas" alunas.

Não pude e ainda não posso explicar esse estranho incidente senão pelo fato de eu ser judia. Creio que ia contra os sentimentos nacionalistas admitir que uma criança judia pudesse ter maior domínio sobre a língua e a literatura polonesas do que 43 garotas de sangue puro polonês. Não imagino que a sra. Kwaskowska estivesse sendo só cuidadosa em não criar atritos com a direção da escola ou com as autoridades educacionais. Suspeito que ela própria acreditava que seria injusto me colocar em posição de destaque em relação às outras. Pela primeira vez na vida eu me senti vítima de uma verdadeira injustiça cometida por uma pessoa que eu particularmente respeitava.

Mas as minhas relações com os professores eram muito menos importantes que as relações com as colegas de turma. Quase todas elas sumiram por completo da minha memória e da minha vida após esse único ano na escola secundária do Estado. Não me lembro de seus nomes ou rostos. Lembro-me, contudo, de minhas inimigas, de minhas amigas e do grupo "da elite", que não me era nem simpático nem hostil.

Duas de minhas três inimigas eram meninas grandes e fortes, alguns anos mais velhas, que se sentavam bem ao fundo da sala. Sem quaisquer habilidades ou interesse em aprender, estavam cursando a primeira série pela terceira vez. Mais tarde, no início da guerra, uma delas desistiu dos estudos para gozar a vida, saindo com soldados alemães. Naquele momento, porém, essas duas estúpidas eram um inconveniente para todo mundo e particularmente para mim, já que tinham grande prazer em fazer observações insultuosas aos judeus, em voz alta, na minha presença. Isso acontecia todos os dias. Algumas das outras garotas soltavam risadinhas. Ninguém intervinha, nem eu mesma. Fazia de conta que não ouvia. A terceira inimiga também era grande e forte. Cursava pela segunda vez a primeira série. Era inteligente, mas grosseira e imprevisível. Escolheu-me como sua vítima principal e se sentava bem atrás de mim, implicando comigo durante as aulas. Seus métodos eram mais físicos que verbais. Puxava meus cabelos, beliscava meus braços, chutava meus tornozelos, rasgava meus cadernos de exercícios, se apossava sem cerimônia de pequenas propriedades minhas como canetas, lápis e borrachas. Fisicamente fraca e sem a menor vontade de reagir à altura, orgulhosa demais para me queixar ou pedir ajuda aos professores, eu assumia um ar de indiferença, fingindo – tal como em relação às outras duas – que não ligava. Isso a enfurecia. As outras garotas, pelo menos as que se sentavam por perto, sabiam muito bem o que estava acontecendo, mas nem a apoiavam nem vinham em meu socorro.

Entretanto, a hostilidade aberta das três inimigas me era bem menos penosa que o distanciamento das meninas sérias e brilhantes que eu gostaria de ter como amigas. Formavam um grupo distinto e eram as líderes da turma, respeitadas ao mesmo tempo pela maioria silenciosa e pelos professores. Seu pequeno círculo me era vedado, talvez porque não me quisessem entre elas, ou porque eu era orgulhosa demais para me esforçar para ser aceita. Tínhamos um relacionamento correto, mas frio.

Eu teria sido de fato bem infeliz, não fosse por um grupo de garotas simpáticas, mas muito medíocres, que preparavam seus ensaios e exercícios sem grandes esperanças de obterem sequer notas medianas. Como regra, recorriam a mim, e a ninguém mais, para ajudá-las nos deveres de casa. Eu tinha grande prazer em lhes dar essa ajuda. E elas realmente gostavam de mim, não apenas por necessitarem. De modo que eu pelo menos tinha alguém com quem podia conversar e passar os intervalos entre as aulas. Sempre estava cercada por cinco ou seis delas. Ninguém sabia na realidade como eu me sentia só.

Agora percebo que ser judia era apenas uma das razões do meu isolamento. Eu pertencia a uma família de profissionais liberais bem-sucedidos, enquanto a maioria de minhas 43 colegas de classe era constituída de filhas de trabalhadores ou artesãos, por vezes muito pobres. O colégio do Estado, com suas mensalidades baratas, era destinado a elas, não a mim. De modo que eu era duplamente estranha nessa escola, e no fundo do coração ainda guardo ressentimentos em relação a meus pais por terem me matriculado lá.

Aos 12, quase 13 anos, eu levava uma vida dupla. Havia a infelicidade das manhãs e tardes nos dias de semana na escola, e as noites e os domingos felizes longe dela. Uma vez por semana eu freqüentava uma aula noturna de religião que era obrigatória para todas as crianças judias que estudavam nas escolas públicas de nível secundário. Éramos umas 15 meninas judias de diferentes idades, todas matriculadas em escolas públicas secundárias femininas de Varsóvia. Era para mim um certo alívio conversar com elas e saber que compartilhavam minha experiência. Uma delas era Irena, antiga colega da Nossa Escola. Nós nos encontrávamos antes de cada aula e íamos juntas de bonde. Ela nunca fora uma amiga íntima, mas agora tínhamos muita coisa em comum. Estranhamente, porém, Irena parecia enfrentar melhor o seu destino. Não tão tímida e auto-consciente quanto eu, pertencente a uma família mais pobre, ela não era infeliz em sua escola. As aulas de religião em si eram enfadonhas – história dos hebreus em vez de religião –, bem menos instigantes que as aulas de religião cristã da escola. Mas aprendi muito com elas, e agora estava em posição de escolher entre os dois credos. Ainda assim, permaneci igualmente distante e indiferente em relação a ambos.

Havia noites calmas e felizes em casa. Quando terminava meus deveres e as aulas de francês, podia brincar com Sophie ou então ler. Sophie tinha na época uns nove anos e era excelente parceira nas brincadeiras. Acampávamos em tendas feitas de cadeiras e cobertores, visitávamos um mundo encantado habitado por fadas das quais éramos íntimas, tínhamos um Banco de Doces, dirigíamos um laboratório médico (mais tarde Sophie se tornaria microbiologista), publicávamos nosso próprio jornal semanal, intitulado *Viajante Comum*, destinado a nossos pais, avós e quem mais estivesse interessado. Às vezes marchávamos de um lado para o outro em nosso amplo apartamento, portando estandartes improvisados, em protesto contra as calças de lã que nos obrigavam a usar.

Eu era também uma leitora ávida e já possuía uma grande coleção de livros e uma pequena luminária na minha mesinha de cabeceira. Ninguém se opunha a que eu lesse o quanto quisesse, de modo que eu devorava os livros um após outro. Mas, tirando os clássicos, eram apenas livros infantis.

O primeiro livro "normal" que li foi uma versão em polonês de *A cidadela*, de A.J. Cronin. Foi em setembro de 1939, no porão, nos curtos intervalos entre bombardeios aéreos.

Eu adorava a casa de meus avós na rua Border e, desde que me tornei crescida o bastante para sair sozinha, freqüentemente lhes fazia uma visita de surpresa quando tinha tempo disponível. Havia naquele lugar algo de especial que sempre me fascinara – um odor particular, uma luz sutil, um toque do século XIX. A casa era antiga, um amplo pavimento cheio de recessos, despensas e armários misteriosos que algumas vezes me permitiam explorar. Encontrei lá os brinquedos velhos que haviam pertencido à minha mãe e seus irmãos, Jerzy e Stefan: enormes tigres e elefantes de pelúcia cheirando a poeira, cavalos de balanço, bonecas de celulóide e casas de boneca. Os móveis eram mais antigos ainda, herdados dos ancestrais de vovó Eva e tidos como antigüidades valiosas. O aspecto suntuoso das poltronas pesadas, as cômodas com gavetas entalhadas, mesas de costura e aparadores em nada se pareciam com a nossa mobília na rua Sienna, que era leve, lustrosa e cheirava a madeira nova. Espalhados por toda a casa de meus avós havia baixelas e bacias de prata antigas, vasos de porcelana antigos, gravuras antigas nas paredes. Um dos sete cômodos, que era chamado de "o salão", abrigava um piano imponente, tocado em grandes festas dançantes quando mamãe ainda morava lá. Mais tarde, quando a filha se casou e partiu, e vovô Aleksander já estava muito cansado para apreciar esse tipo de evento social, o salão se transformou numa pequena galeria, as paredes recobertas de obras de famosos pintores poloneses do final do século XIX – Malczewski, Chelmonski, Falat. Eu percorria de uma parede a outra da sala e admirava essas pinturas a cada vez que visitava a casa. Todas elas me encantavam: a paisagem com um camponês e dois cavalos arando o solo escuro sob o vasto céu cheio de nuvens sombrias; o auto-retrato do artista, calvo e rude, trabalhando; o rosto atônito de uma menina loura aterrorizada diante do pássaro morto que ela segurava cautelosamente entre os dedos. Duas pinturas eram as minhas favoritas. Uma delas tinha três séculos e não combinava com as outras. Era um minúsculo quadro holandês, com uma grossa moldura negra, que mostrava um grupo de caçadores descansando na floresta. As pequenas e reluzentes figuras de homens, cães e cavalos pareciam projetar-se do fundo escuro como se estivessem vivas. O outro quadro, pintado por Malczewski, era grande e retratava um padre e um rabino envolvidos numa calorosa discussão. Tinham rostos marcantes, olhos brilhantes, mãos vigorosas. Eu ficava contemplando indefinidamente essas figuras, refletindo sobre o grande enigma de ser ou não ser judeu.

Só havia um lugar na casa de meus avós que não parecia antigo: o quarto de tio Stefan. Era decorado com um mobiliário moderno e elegante e abrigava um belíssimo rádio estrangeiro. Meu tio mais jovem acabara de voltar da Inglaterra, onde estudara economia. Estava próximo dos 30 anos, era solteiro e ainda não trabalhava. Bonito, extremamente brilhante e espirituoso, tinha uma namorada não menos maravilhosa. Jadwiga tinha uns 23 anos e era muito bonita, com olhos verdes e cabelo castanho-avermelhado, muito elegante também. Stefan e ela eram apaixonados, e eu gostava apaixonadamente deles. Eram meus ídolos. Eu não conseguia entender por que não eram casados e por que Jadwiga raramente vinha à rua Border. Uma vez entreouvi alguns parentes cochichando que vovô Aleksander não aprovava muito a idéia de ela se tornar a esposa de Stefan porque pertencia a uma família judia inferior – talvez menos próspera, ou com menos instrução. Eu me rebelava silenciosamente contra isso. Jadwiga era obviamente muito inteligente, muito instruída e culta. Era muito melhor e bem mais charmosa do que a mulher do tio Jerzy, filha de um banqueiro rico.

Em minhas visitas eventuais à rua Border, eu raramente encontrava vovô Aleksander. Ele trabalhava até tarde na clínica ou descansava no escritório. Geralmente eu me sentava com a vovó, falando da escola e de minhas preocupações. Ela era uma ouvinte perfeita. Eu me lembro dela, alta, bem-vestida, muito nobre com o cabelo branco e o rosto jovem, ouvindo com atenção as minhas confissões. De alguma forma ela sabia me confortar quando eu me queixava das minhas provações cotidianas. Sempre dizia que, em vez de sentir piedade por mim mesma, seria melhor pensar nas pessoas cujas vidas eram bem menos felizes que a minha, nas crianças nascidas na miséria e desprovidas de tudo aquilo de que eu desfrutava. Ela estava certa. Eu ficava envergonhada e parava de me lamentar por algum tempo. Quando conversávamos, tia Maria ficava passeando à nossa volta, arrumada e bem-disposta, farfalhante em seu avental engomado, espalhando sobre a mesa os meus pratos favoritos. Eu adorava estar com vovó e com ela, sabia que tinham carinho por mim e que nunca lhes faltava tempo quando eu queria sentar e conversar.

Meus domingos também eram alegres. Papai em casa, descontraído e pronto a responder minhas perguntas, explicar coisas, contar histórias. Às vezes ele levava mamãe, Sophie e eu no seu grande Chevrolet preto até o "Desconhecido", que em geral se revelava um lugar agradável na periferia da cidade. A viagem quase sempre terminava com impressionantes taças de sorvete de baunilha ou, se estivesse frio, com doces deliciosos numa cafeteria. De volta à casa, fazíamos uma refeição todos juntos, o que jamais acontecia nos dias de semana, já que de segunda a sábado as crianças eram servidas separadamente.

Nas tardes de domingo eu freqüentava aulas de dança. Era um acontecimento mais social que educativo, idéia de Joanna, irmã de Renata, que tinha 15 anos na época. Graças ao apoio de Renata, fui admitida nesse mundo maravilhoso de "quase adultos" que se encontravam em residências particulares e dançavam até a noite sob os cuidados de uma professora profissional que também tocava piano. Socialmente eu pouco significava, criança ainda, mas sempre tinha um parceiro masculino para dançar e admirar, literal e metaforicamente. Um deles, um rapaz gentil e inteligente chamado Jan, me levava em casa depois de cada reunião dançante. Andávamos de braços dados pelas ruas semi-escurecidas e eu me sentia infinitamente encantada. Imaginava que Jan me amasse, eu provavelmente o amava, se é que se pode chamar de amor o vago e suave sentimento de uma garota de 12 anos. De qualquer forma, pela primeira vez percebi que era bonita e comecei a me preocupar com a minha aparência e com os olhares masculinos.

A primavera de 1939 trouxe a escuridão não apenas para o meu país, mas também para a minha vida privada. Em março, como conseqüência do acordo assinado seis meses antes em Munique, Hitler finalmente anexou a Tchecoslováquia; e a Polônia, de certa forma, era um parceiro nesse jogo. Por outro lado, ele renovou com maior vigor as suas reivindicações sobre a cidade livre de Gdansk, firmemente rejeitadas pela Polônia. A crescente ameaça de guerra se estendeu sobre o país e estimulou sentimentos nacionalistas fervorosos, que com freqüência degeneravam em chauvinismo. *Slogans*, discursos e artigos anti-semitas se tornaram triviais. A inquietação geral podia facilmente resultar em distúrbios contra os judeus, que por sua vez os esperavam e temiam. A sinistra palavra *pogrom* entrou no meu vocabulário.

Em abril vovô Aleksander morreu subitamente em decorrência de um ataque cardíaco. Foi a minha primeira experiência com a partida de alguém cuja presença eu tinha como certa na vida. Minha amada vovó Eva estava muito doente. Ninguém jamais me contou o que havia de errado com ela, mas eu suspeitava que fosse câncer e isso me afligia amargamente.

O incômodo ano letivo enfim terminou e as últimas férias de verão de minha infância começaram. Sentindo-me profundamente aliviada – naquele momento, pelo menos –, eu não tive pressa em preparar meus deveres de férias para o mês de setembro seguinte. Não havia mesmo muita coisa a fazer. Apenas o professor de latim queria que seus alunos estudassem no verão. Eu devia decorar um poema em latim – um poema particularmente longo e incomum. Era na verdade uma canção polonesa sobre ciganos desfrutando a liberdade num acampamento na floresta, que o próprio professor tinha traduzido para o latim. Ainda me lembro dos primeiros versos, os únicos que me dei ao esforço de aprender:

> *Ohe sub silva quid longe splendet:*
> *Velitum manus ignem incendit*
>
> (À margem da floresta alguma coisa brilha ao longe:
> Um bando de ciganos acendendo uma fogueira)

Meus pais decidiram que eu já estava bastante crescida para passar parte das férias com eles e no princípio de agosto me levaram para um famoso local de férias em Galizia, no sudeste da Polônia, perto de Lvov. Os acontecimentos subseqüentes quase apagaram completamente de minha memória as lembranças dessa viagem. Não me recordo como passei os dias lá e nem se os aproveitei ou não. Só posso colocar no papel os fragmentos de que me recordo e que jamais esquecerei.

Resolvi deixar de usar tranças e, imitando a Branca de Neve de Walt Disney, passei a usar os meus cabelos longos soltos, com uma faixa em torno da cabeça. Aparentemente em razão dessa mudança, uma pessoa me disse que eu era uma garota bonita, outra se dirigiu a mim como "senhorita". Tudo isso e a natureza em si me fizeram perceber que eu não era mais criança. Foi lá que comemorei meu 13º aniversário, em 18 de agosto.

Com incrível clareza, como se fosse uma pintura inesquecível, lembro-me de uma pequena multidão de judeus galizianos mergulhados em suas orações de pôr-do-sol à margem do rio. Suas silhuetas escuras com barbas longas e enormes gorros de pele balançavam para a frente e para trás contra o pano de fundo do céu em fogo. Seus lamentos sinistros encheram meu coração de ansiedade e de uma vaga premonição de tragédia.

Estávamos indo a algum lugar no carro de alguém – devia ser 24 de agosto – quando subitamente ouvimos no rádio notícias do pacto de não-agressão entre Hitler e Stálin. A notícia seguinte era de que, devido à tensão crescente e à possibilidade de guerra, o início do novo ano letivo seria adiado de 1º de setembro para uma data posterior. "Assim, talvez eu não precise decorar aquele maldito verso em latim", pensei, ligeiramente aliviada.

2. Rua Border

Às 12 horas e 40 minutos de 31 de agosto de 1939, Hitler ordenou que as hostilidades contra a Polônia se iniciassem às quatro horas e 45 minutos da manhã seguinte. Grã-Bretanha e França declararam guerra à Alemanha em 3 de setembro...

Para invadir a Polônia, os alemães empregaram cerca de 40 divisões normais de infantaria, juntamente com 14 divisões ... mecanizadas. Sua rápida vitória seria a conseqüência de uma operação blindada em alta velocidade ... A Polônia estava patentemente aberta a um ataque como esse. Para a sua defesa, os poloneses dispunham de um número de divisões de infantaria mais ou menos semelhante ao dos alemães. Mas, contra os blindados alemães, possuíam apenas 12 brigadas de cavalaria (uma delas blindada) e um punhado de tanques leves ...

A 8 de setembro uma das divisões blindadas alemãs estava na periferia de Varsóvia, tendo avançado 220 quilômetros na primeira semana de guerra ...
A 10 de setembro o comandante-em-chefe polonês, Marechal Edward Smigly-Rydz, ordenou uma retirada geral para o sudeste. Entretanto os alemães estavam, naquele momento, ... avançando para o sudeste polonês ...

As defesas polonesas já se haviam reduzido a esforços aleatórios empreendidos por corpos de tropas isolados quando explodiu outra bomba: a 17 de setembro de 1939, forças soviéticas invadiram a Polônia a partir do leste. No dia seguinte, o governo e o alto comando poloneses cruzaram a fronteira da Romênia rumo ao exílio. A guarnição de Varsóvia resistiu aos alemães até 28 de setembro...

Quando os nazistas cercaram Varsóvia ... mais de 10.000 cidadãos pereceram e mais de 50.000 ficaram feridos, antes que a falta de suprimentos os forçasse a se render.

The New Encyclopaedia Britannica, vols. 14 e 19

Últimos dias de agosto. A luz nebulosa do sol de final de verão, árvores vergando sob o peso de frutos maduros, borboletas se agitando sobre ásteres e dálias de um brilho multicor. Jubiloso silêncio. Doce tranqüilidade.

Estou de volta a Konstancin, junto com Sophie, vovó aflita, a querida tia Maria. Papai no exército, em algum lugar de um hospital militar de Varsóvia. Mamãe longe de nós, no apartamento da capital, para ficar mais perto dele. Ele foi convocado como oficial da reserva seis dias antes e vovô Maks telefonou para o local onde passávamos as férias transmitindo a mensagem. Muitos homens que estavam lá também receberam a mesma mensagem no mesmo dia, dando início a um verdadeiro êxodo. Com poucas chances de conseguir vaga no trem superlotado, papai alugou um táxi para nos levar a Varsóvia o mais rápido possível. Todos nós viajamos um dia e uma noite inteiros, parando apenas para uma refeição ligeira onde houvesse possibilidade. Havia filas de carros, caminhões e bicicletas nas estradas; pessoas apressadas em todas as direções, levadas pelos mesmos temores. Passamos por campos e bosques tranqüilos e por aldeotas já então agitadas pela ansiedade. Paramos em Rawa Ruska, uma cidadezinha sórdida perto da fronteira com a Rússia. Estava escuro, mas as ruelas estavam infestadas de judeus em pânico, acomodando seus farrapos em carroças miseráveis, lamentando em iídiche. Captei uma palavra que conseguia entender: "*Krieg*", guerra. Obviamente tentavam fugir – mas de quem e para onde?

Quando, nas primeiras horas da madrugada, nos aproximamos de Varsóvia, fomos interrompidos por algum tempo pelas tropas que passavam. Jovens, talvez recém-convocados, os soldados pareciam sonolentos e amedrontados. Cantavam uma vibrante canção militar com tão pouco entusiasmo que ela soava triste.

De volta ao meu tranqüilo jardim de Konstancin, entre pessoas amadas e objetos animadoramente familiares, não consigo deixar de pensar nisso tudo, de reviver repetidas vezes os horrores de nossa viagem. Não sei o que fazer, o tempo se arrasta. Quando ligo o rádio, tudo o que ouço são alegres marchas militares interrompidas aqui e ali por anúncios estranhos e enigmáticos, como:

"Atenção... atenção... aproximando-se... Chocolate... chocolate... seis... seis..." É assustador. Uma ansiedade nauseante me enche a alma. Onde está papai, que acontecerá com ele, que acontecerá com todas essas outras pessoas, os pobres judeus em pânico, os jovens soldados esmorecidos?

No jardim, na casa de campo, a vida parece seguir normalmente. Vovó na sua poltrona sofrendo um novo acesso de dores, tia Maria ocupada com suas tarefas diárias, o jardineiro, um velho curtido pelo tempo com um bigodão, me encarregando de pegar na árvore um pêssego ainda verde. Mas, a não ser por isso, ninguém fala muito, nem mesmo Sophie. Estamos todos aguardando. Mas aguardando o quê?

Por volta das nove horas da manhã de sexta-feira ouvimos no rádio o anúncio de que a guerra tinha começado. Bem alto no céu claro podíamos ver aviões voando para oeste e voltando. Aviões poloneses, presumíamos, mas não podíamos ter certeza. A atmosfera tensa criada pela espera do desconhecido foi então subitamente rompida. A casa estava novamente cheia de pessoas, já que alguns parentes vieram e ficaram conosco. Stefan e Jadwiga tiveram de interromper suas férias e voltaram das montanhas, bronzeados, mais belos do que nunca. Com a sua chegada, até a guerra deixou de ser assustadora para mim, tornando-se uma espécie de aventura. Resolvi escrever um diário e me dediquei a isso nos seis primeiros dias da guerra.

No sábado soubemos que os aviões não eram poloneses, mas alemães, passando por nós em direção a Varsóvia. O rádio ora anunciava, ora desmentia um ataque aéreo. Varsóvia estava sendo bombardeada. Podíamos ouvir o som abafado de explosões distantes, assim como o ruído pesado da defesa antiaérea. E ver grossas nuvens de fumaça que escureciam o céu radiante de setembro.

À noitinha, mamãe chegou de Varsóvia, pálida e acabrunhada. Estivera num ataque com papai, com quem conseguiu se encontrar por alguns momentos. Uma bomba tinha estourado bem perto. Eles viram pessoas feridas pela explosão. Um senhor idoso morreu. Papai insistiu para que ela voltasse à casa de campo e ficasse conosco. Ele estava tão bonito em seu uniforme, lembrou ela, e caiu em prantos.

Eu já tinha visto o uniforme de meu pai; podia-se admirá-lo no guarda-roupa entre seus trajes civis. Havia também duas medalhas, uma fotografia meio esmaecida mostrando meu pai como um oficial bonito e garboso com seus vinte e poucos anos, e um cartucho de bala – tudo acalentado pela família como recordações de seu passado militar. Papai não lutou na

Primeira Guerra Mundial, era estudante de medicina na época. Alistou-se como médico qualificado em 1920, quando o Exército Polonês enfrentou os bolcheviques que se acercavam de Varsóvia. Trabalhando no hospital de campo, atravessava a linha do *front* de um lado para o outro num trem blindado, recolhendo os feridos. Ele próprio foi ferido e quase morreu de tifo no mesmo trem. Isso foi muito tempo antes de ele conhecer mamãe. Agora ele estava novamente em perigo e tinha mamãe, Sophie e eu desesperadamente aflitas por sua causa.

Stefan esperava ser chamado a qualquer momento. Não era oficial, apenas soldado raso. Enquanto isso não acontecia, grudado ao rádio, girando o botão de sintonia da BBC para Paris, de Paris para Berlim, tentava arduamente descobrir o que estava acontecendo. Sem uma carreira até então, mas com uma sólida educação britânica, era o membro mais brilhante e competente da família. "Se pelo menos a Grã-Bretanha e a França declarassem guerra à Alemanha", repetia, "estaríamos salvos." Na tarde de domingo ouvimos o discurso de Chamberlain na BBC, que Stefan traduziu para nós, delirando de alegria: a Grã-Bretanha estava em guerra com a Alemanha. E a França também.

Na segunda-feira, um carro luxuoso com as iniciais CD e uma minúscula bandeira britânica estacionou em frente à casa. Três cavalheiros e uma dama muito bem vestidos em roupas pretas entregaram a Stefan alguns documentos que garantiam seu direito de se abrigar conosco. Eram da Embaixada Britânica, que tinha sido evacuada da cidade de Konstancin. O restante dos funcionários foi alocado em outras casas nas vizinhanças. Mais satisfeitos do que incomodados, rapidamente nos mudamos para o andar de baixo, deixando o de cima para os visitantes. A presença deles era animadora. Os poderosos britânicos consideravam nossa casa segura. Amontoados nos quartos de baixo, dormindo perto uns dos outros, coisa tão incomum para nós, sentíamo-nos muito mais protegidos.

A primeira coisa que os visitantes fizeram depois de se acomodarem nos quartos foi pedir ao jardineiro que lhes emprestasse algumas ferramentas. Foram para o jardim e cavaram um fosso profundo ao pé da colina em que Sophie e eu costumávamos brincar com areia quando éramos mais novas. Depois disso, quando o rádio anunciava um ataque aéreo – o que aconteceu com uma freqüência crescente naquele e nos dias subseqüentes –, nossos hóspedes corriam escada abaixo e se escondiam no fosso. Isso nos parecia engraçado. Nós ficávamos parados em qualquer lugar em que estivéssemos no momento do ataque. Afinal, as bombas não estavam caindo sobre o nosso subúrbio.

Na quarta-feira, 6 de setembro, aconteceu uma coisa inesperada. Depois de um telefonema, o pessoal da embaixada arrumou apressadamente seus pertences e foi embora no carro luxuoso. Pouco antes de sua partida, Stefan, que fizera amizade com um deles, perguntou o motivo dessa súbita decisão. Mas os britânicos não quiseram dizer, ou talvez eles próprios não soubessem. Só tinham recebido uma nova ordem de evacuação.

Não houve muito tempo para pensar nisso tudo, pois meia hora depois papai chegou em seu Chevrolet. Parecia extraordinariamente belo e estranho em seu uniforme. Estava tenso e muito apressado. Não tivemos tempo para aproveitar nosso encontro súbito nem tampouco para fazer perguntas. Ele tinha vindo nos levar para Varsóvia. Enquanto apanhávamos alguns pertences básicos, ele explicou brevemente o que tinha acontecido. Konstancin não era mais segura. O Exército Alemão se aproximava de Varsóvia. Como a capital estava pronta para se defender e lutar arduamente, o subúrbio poderia ser ocupado pelo inimigo e logo isolado da cidade. Não discutimos. Fizemos as malas num piscar de olhos e deixamos a casa de campo. Para sempre.

E assim lá estávamos nós tentando chegar novamente a Varsóvia. Dessa vez era papai mesmo quem dirigia, e vovó e Sophie estavam conosco. Stefan, dirigindo seu próprio carro, acompanhado por Jadwiga, tia Maria, a cozinheira e a criada, vinha logo atrás. A estrada estava outra vez apinhada de pessoas tomadas pelo pânico, e comboios de veículos com soldados e oficiais se arrastavam por ela. Eles cumprimentavam papai e ele os retribuía, e eu observava a cena com um misto de orgulho e agonia. Vovó e mamãe, ainda de luto pela morte de vovô, usavam vestidos e véus negros. Seguíamos muito lentamente e, quando me recordo agora dessa viagem, ela fica parecendo um funeral.

Chegamos em Varsóvia logo depois de um ataque aéreo e conseguimos alcançar a rua Border no momento em que outro começou. Mamãe resolveu que em vez de irmos para o apartamento da rua Sienna ficaríamos com vovó. Jadwiga não queria se separar de Stefan, de modo que também ficou na rua Border. Papai tinha de correr de volta ao hospital, apesar do ataque. Logo que ele saiu e o ataque terminou, ouvimos pelo rádio a voz dramática do presidente Starzynski, o heróico prefeito de Varsóvia. Ele anunciou que o Exército Alemão se aproximava da capital e estávamos nos preparando para reagir. Em seguida outra voz ordenou que todos os homens em idade militar que não tivessem sido convocados deixassem Varsóvia imediatamente. Não creio que tenha dito que o governo planejava abandonar a cidade na noite seguinte. Acho que soubemos disso muito depois.

Profundamente abatido, em meio a pacotes e móveis que estavam sendo deslocados a fim de acomodarmos mais pessoas no apartamento, Stefan se preparava para partir. Jadwiga, pálida e séria, sem lágrimas nos olhos, se ocupava arrumando meias quentes e sanduíches na mala dele. Foi quando tio Jerzy telefonou para dizer que estava saindo de Varsóvia de carro, levando a mulher, a filhinha e alguns parentes. Logo em seguida papai estava de volta. Seu hospital deveria ser evacuado à noite. Os médicos receberam ordem de seguir as ambulâncias em seus próprios carros, se os tivessem. Podiam levar suas famílias. Papai veio nos pegar – mamãe, Sophie e eu. Não havia tempo para discussão. Sem a menor hesitação, mamãe disse "não". Não era possível abandonar sua mãe moribunda numa cidade sitiada. Papai insistiu, sem sucesso. Então resolveu levar Stefan. De repente, tio Josef apareceu. Também tinha recebido ordem de deixar Varsóvia e estabelecer contato com a sua unidade, embora já tivesse sido convocado e estivesse com seu uniforme de oficial. Papai levou-o também no seu carro. Deram adeus e partiram. Tive o pressentimento esmagador de que jamais tornaria a ver meu pai, e chorei a noite inteira.

O sítio de Varsóvia começou no dia seguinte. A cidade estava sob constante fogo de artilharia e sofria bombardeios aéreos durante o dia. No começo, todos ficávamos no apartamento durante os ataques. Havia então outras pessoas conosco. O tio surdo-mudo de mamãe veio e ficou, da mesma forma que o pai de Jadwiga, um homem divorciado de meia-idade que desejava estar com a filha agora que ela tinha resolvido permanecer conosco. Depois chegou irmã Franciszka. Era uma enfermeira qualificada que por anos fora assistente de meu pai em suas operações. Profundamente devotada a ele e à nossa família, veio ver como estávamos e logo resolveu ficar e tomar conta de vovó. Era uma pessoa baixa, taciturna e de espírito prático, com um rosto comum, cabelo curto e sotaque estrangeiro – era de origem alemã. Não demorou para que assumisse o comando da casa. Conseguiu adquirir uma quantidade de suprimentos médicos e de enfermagem e organizou uma unidade de primeiros socorros, empregando a maioria de nós, incluindo Sophie, em preparar curativos, enrolar ataduras e prestar-lhe assistência geral no atendimento a todas as pessoas feridas que esperavam na entrada de nosso grande edifício.

As ruas de Varsóvia estavam cheias de refugiados, vindos de cidadezinhas e aldeias, que imaginavam estar mais seguros na capital. Muitos não tinham onde ficar e nem o que comer, já que as lojas estavam quase todas vazias e fechadas, quando não destruídas pelas bombas. Grande número de pessoas tinham sido atingidas por escombros de desabamentos. Enquanto a irmã Franciszka se ocupava em atendê-las, tia Maria e outras mulheres dos apartamentos vizinhos preparavam refeições simples para os famintos. A maioria de nossos vizinhos, incluindo os que possuíam lojas nos andares térreos, dava sua contribuição. Todos tinham amplos suprimentos de comida em suas casas: afinal, a guerra não tinha chegado de surpresa. Tia Maria, a cozinheira e a criada ficavam na cozinha, preparando sopas e batatas nas enormes panelas emprestadas pelo sr. Kleinbaum, proprietário de uma loja de produtos para o lar do andar de baixo. Ele também emprestou numerosas tigelas e colheres de seu estoque. Tudo isso era levado para a portaria e distribuído aos estranhos, organizados em fila, por voluntários. Eu tentava ser útil no que pudesse.

No terceiro dia do sítio, a cama de vovó teve de ser removida para o corredor, que não tinha janelas e parecia mais seguro. Mamãe ficava com ela o tempo todo. Na verdade, vovó não estava mais conosco: na maior parte do dia permanecia imersa na dormência abençoada da morfina, caridosamente administrada pela irmã Franciszka.

Uma vez, durante um ataque noturno, as explosões chegaram tão perto que a irmã Franciszka nos ordenou abandonar nosso apartamento no segundo andar e fugir para o porão, enquanto permanecia sozinha ao lado da cama de vovó. Obedecemos e saímos em correria, mas não conseguimos chegar ao fim da escada, tão cheio estava o lugar de desabrigados em busca de refúgio. Também não podíamos voltar atrás, pois a escada estava bloqueada por vizinhos dos andares superiores tentando descer. De modo que ficamos ali, presos aos degraus. O prédio sacudia e balançava com as explosões, o silvo dos aviões em rasantes nos perfurava os cérebros. As vidraças da escada tinham se estilhaçado, e estava escuro por causa da fumaça e da poeira. Crianças choravam, mães gemiam. Ao meu lado, uma mulher segurava nos braços o filho de três anos e tentava acalmá-lo repetindo sem parar, de modo quase mecânico:

— Não chore, querido, você está a salvo, mamãe está com você.

Essa mulher e seu filho morreram numa explosão três dias depois.

Enquanto estávamos todas ocupadas oferecendo refeições e primeiros socorros a estranhos, ou atendendo às necessidades de vovó, Jadwiga não estava conosco. Tinha encontrado outra coisa para fazer. Vestindo um macacão, o cabelo castanho-avermelhado oculto sob uma echarpe, mas bonita ainda assim, iniciou uma busca cuidadosa nas estantes de livros. Havia milhares deles no apartamento de meus avós, que eram ávidos leitores e colecionadores. Stefan também tinha sua própria coleção em seu quarto, agora ocupado por Jadwiga. Entretida em seu trabalho, cercada por pilhas e pilhas de livros tirados das estantes e das prateleiras, parecia não se dar conta da guerra que rugia à sua volta. Estava estranhamente controlada, e por um momento imaginei que sua angústia em relação a Stefan pudesse tê-la feito perder o juízo. Mas ela não estava louca, absolutamente. Após três ou quatro dias de trabalho duro, pediu que eu lhe desse uma ajuda. Todas as estantes e prateleiras estavam cheias novamente, só alguns livros e panfletos tinham sido empilhados perto da lareira da sala de jantar. Fui incumbida de rasgá-los enquanto Jadwiga acendeu o fogo e atirava os pedaços na lareira. Intrigada, relutante, dei uma boa olhada nos livros antes de começar a destruí-los. Alguns eram sobre comunismo, mas a maioria tratava do fascismo, da Alemanha nazista ou do próprio Hitler.

Um deles era particularmente volumoso. Com uma encadernação grossa e escura, era intitulado *O livro marrom*. Falava da perseguição aos judeus alemães e dos campos de concentração nazistas na Alemanha. Era fartamente ilustrado com fotografias mostrando todo tipo de atrocidades cometidas pelos nazistas. Deixei-me mergulhar nesses documentos com horror. De repente percebi que tudo aquilo que minha tia-avó Eugenia tinha nos contado dois anos antes era verdade, ou talvez fosse pior. Não tínhamos acreditado nela então, mas nesse ínterim *O livro marrom* fora publicado, minha família conhecia a verdade – e tinha me mantido na ignorância. Fitei Jadwiga em silêncio. Calma e competente como sempre, ela respondeu à pergunta que eu não enunciara. Eu já estava suficientemente crescida para saber como eram as coisas, disse ela. Aguardávamos para qualquer momento a chegada dos alemães em Varsóvia. Havia poucas esperanças de que a cidade sitiada pudesse resistir ao poderoso Exército Alemão. E quando eles chegassem podíamos ter certeza de que iriam invadir nossa privacidade, dar buscas em nossas casas e nos punir severamente por qualquer coisa que considerassem contrária ao regime nazista. Era por isso que precisávamos nos livrar de quaisquer documentos que criticassem o regime. Para me confortar, e também a si mesma, Jadwiga acrescentou não acreditar que os nazistas nos tratassem de modo tão severo quanto haviam feito com os judeus de seu país. Afinal, a Polônia era para eles um país estrangeiro. Além disso, tínhamos aliados poderosos, a França e a Inglaterra. Lembro-me de como feri os dedos rasgando aquele livro duro e marrom. Demorou um bom tempo para queimá-lo.

No décimo dia do sítio, tivemos de ceder e nos mudar de vez para o porão. Não era mais possível ficar no apartamento. Os ataques aéreos e o fogo de artilharia tinham chegado perto demais para nos sentirmos a salvo. Todas as vidraças estavam quebradas, a água, a eletricidade e o gás cortados.

O amplo porão do edifício já tinha sido adaptado para acomodar um grande número de pessoas. As divisórias entre os cômodos individuais haviam sido derrubadas, todos os supérfluos foram eliminados. Os únicos suprimentos restantes eram carvão e batatas. O espaço já estava lotado de famílias que ali se protegiam – pessoas dos apartamentos e também desconhecidos desabrigados. Eles se acotovelavam uns aos outros sobre colchões ou roupas de cama estendidas sobre o chão frio e sujo do porão. Mas de alguma forma conseguimos encontrar um lugar para os nossos colchões. Alguns estranhos protestaram em voz alta, mas acabaram nos ajudando e até tentaram fazer com que vovó ficasse o mais confortável possível naquelas circunstâncias.

E assim começamos nossa vida de toupeiras no ar abafado, na sujeira e na semi-escuridão, aliviada apenas pela luz de algumas velas; sem água nem comida quente; na plena consciência de que poderíamos morrer num incêndio ou ser enterrados vivos sob o entulho a qualquer momento.

Havia todo tipo de gente se abrigando junto conosco. Judeus e não-judeus, pessoas abastadas e pessoas pobres. Algumas delas estavam tomadas pelo pânico; mulheres gemiam e gritavam. Outras estavam entorpecidas pelo medo, ou se mantinham calmas e controladas. Lembro-me de um certo sr. Bachner, um lojista, que fingia estar calmo e, quando uma explosão especialmente forte parecia sacudir as paredes, apenas repetia:

— Nada aconteceu, nada aconteceu, só mais um vaso de plantas caiu do peitoril da janela lá de cima.

Ninguém ria de sua piada. Um judeu idoso rezava o tempo todo. Uma jovem cristã sussurrava suas preces perto dele. De vez em quando algumas pessoas discutiam ruidosamente sobre alguns centímetros de espaço ou o acesso a uma vela. Mas no geral éramos todos compreensivos e prestativos uns com os outros.

O sr. Kleinbaum, sua esposa e duas filhas se espremiam ao lado da família de um empresário de meia-idade. Havia algo acontecendo na escuridão entre o empresário e Lucy, a filha mais nova do sr. Kleinbaum, uma loura sensual com seus 20 anos de idade. Eu podia perceber, embora não pudesse ver. Podia apostar que nos momentos de perigo ela se aproximava dele e ele alisava seu cabelo sedoso. Os pais de Lucy com certeza percebiam, mas sem interferir, enquanto a mulher do empresário soluçava agachada ao lado dele.

Dois rapazes ficavam alardeando a sua bravura. Obviamente queriam impressionar a mim, ou a Jadwiga, ou a ambas. Para mim, eram ridículos. Mas havia um terceiro rapaz do qual eu gostava. Ficava sentado calmamente com a mãe, à nossa esquerda, tentando ler à luz trêmula das velas. Como eu também estava tentando ler à luz da mesma vela, não tardou a que nos aproximássemos. Chamava-se Artek e era apenas três meses mais velho que eu. Morava no segundo andar, em frente ao apartamento de meus avós. Seu pai partira com o exército no mesmo dia que o meu. Artek se revelou um rapaz sério e sensível. Não era realmente bonito, mas tinha uma aparência gentil. Conversávamos muito e acabamos ficando amigos.

A 25 de setembro – era segunda-feira, dia do Rosh Hashana, o Ano-Novo judeu – todo o inferno desabou sobre nós. Mais tarde soubemos que era o assalto final dos alemães sobre Varsóvia, mas agachados com pavor entre as paredes do porão, sacudindo e balançando, imaginávamos que os nazistas quisessem arrasar totalmente o bairro judeu vizinho, escolhendo para isso um feriado judaico. E era verdade. O tempo parou, a vida parecia estar chegando ao fim, só podíamos rezar para que o inferno nos tragasse de forma rápida e sem sofrimento.

Certa vez, durante aquela época sombria e estagnada, fui tomada pela mão e levada através de um labirinto subterrâneo até uma loja térrea deserta. De súbito me vi ofuscada por uma luz tremenda, ensurdecida por uma mistura de sons estranhos – estrondos, tinidos, arfados. Uma imensa muralha flamejante se erguia em frente à janela quebrada da loja: o outro lado da rua Border ardia em fogo. Não havia nada senão luz e som. Estávamos ali em pé no perfeito vazio, Artek e eu, fora do mundo humano, à margem da vida. Encantados, abraçamo-nos fortemente. Não pronunciamos uma palavra. Apenas ficamos ali, enfeitiçados pelas chamas, por horas e horas, ou quem sabe por alguns segundos somente – não sei. Então nos beijamos, o primeiro beijo da minha vida e da dele. E também o último, acreditávamos.

A tormenta prosseguiu por todo aquele dia e a noite seguinte. Logo ficamos sabendo que todo o nosso bairro fora tomado pelas chamas e não havia para onde escapar. Ficamos apenas esperando morrer. Mas de repente, nas primeiras horas da noite, um homem totalmente estranho que se abrigava conosco no porão assumiu o comando e ordenou que todos os homens e mulheres mais jovens o seguissem até o telhado. Ele não me levou, mas Artek, mamãe, Jadwiga e a irmã Franciszka foram com ele. Enfrentaram o fogo o dia inteiro, desde o nascer do sol. Não havia água – usaram apenas areia e machadadas para manter o fogo longe da casa. E conseguiram.

Assim, estávamos todos vivos quando passou a tormenta e um silêncio sinistro tomou conta do lugar, substituindo um pandemônio de sons. Nesse súbito silêncio tentávamos adivinhar o futuro. Havia os otimistas, como o sr. Bachner, que acreditavam, ou apenas fingiam acreditar, que o Exército Alemão havia sido derrotado pelos Aliados e que o general Sikorski* e suas tropas tinham vindo resgatar Varsóvia. Mas a maioria de nós discordava. Quando, após algum tempo, nos aventuramos a sair do abrigo a fim de explorar os andares superiores, uma voz nos chegou através de um aparelho de rádio que, surpreendentemente, ficara intacto. Era a voz do prefeito Starzynski, rouca e entrecortada, anunciando a rendição de Varsóvia.

Voltamos ao nosso apartamento que se achava coberto por espessas camadas de vidro quebrado, poeira branca e fuligem. Correntes geladas atravessavam livremente os cômodos trazendo o cheiro penetrante de ruínas ainda em brasa. De início, não havia sinal dos vencedores nas ruas, e nem sequer pensávamos neles. Estávamos empenhados em fazer daquele um lugar adequado para viver. Nossos suprimentos alimentícios já estavam exauridos e alguém precisava sair e procurar alguma coisa para se comer. Jadwiga encontrou duas cestas grandes – uma para ela, a outra para mim – e nós saímos. O que vimos só posso descrever como uma cidade morta, devastada e totalmente queimada – ou assim pareceu à primeira vista. Muitos prédios ainda ardiam, ruas destruídas, crateras profundas causadas pelas bombas por toda parte. Algumas pessoas definhadas vagavam para cima e para baixo, tal como nós, à procura de comida. Em determinado momento, vimos uma turba se agitando em torno de uma cratera de bomba, fazendo algo que só conseguimos entender ao chegarmos mais perto. No fundo da cratera jazia o corpo de um cavalo morto pela explosão. Excitadas, pessoas mergulhavam na cratera com facas ou canivetes para arrancar pedaços da

* O general Wladislaw Sikorski era famoso por sua bravura na Primeira Guerra Mundial e por sua atividade política no período entre as duas guerras. De setembro de 1939 a julho de 1943, foi primeiro-ministro e comandante-em-chefe do Exército Polonês no exílio.

carne do animal. Não demorou para que o cadáver estivesse dilacerado e os saqueadores disputassem seu fígado torrado. Recuamos, tomadas pelo nojo. O incidente nos provou, porém, que nossa busca por comida era inútil. No caminho de volta, arriscamo-nos a uma caminhada pelo Ogród Saski (Jardim Saxão), o belo parque público do século XVIII onde eu brincava quando criança. Estava deserto e tranqüilo, sem sinal de devastação. As antigas árvores, todas em dourado e escarlate, se erguiam sob o céu azul. Grossas camadas de folhas secas farfalhavam sob nossos pés enquanto caminhávamos em silêncio. Então, sobre a grama, debaixo de um enorme castanheiro-da-índia, vimos um monte de castanhas adoravelmente lustrosas e rosadas. O solo estava apinhado delas. Eu nunca tinha visto tal quantidade de castanhas antes. Em outros tempos, sempre havia um bando de crianças colhendo-as avidamente. Naquele momento, eram todas minhas. E de Jadwiga. Com uma alegria irracional, começamos a recolhê-las e enchemos até o topo as cestas vazias. Sentimo-nos quase felizes levando para casa a nossa carga supérflua.

No dia seguinte vimos pela primeira vez os alemães. Marchavam ao longo da rua Border, bem defronte de nossas janelas, altos, bem-alimentados, garbosos em seus uniformes cinza-escuros. Cantavam em voz alta "Heili Heilo", a odiosa canção da vitória do mal que eu já tinha ouvido em Gdansk. Essa visão e esse som assinalaram para mim o verdadeiro início da ocupação alemã.

Com o passar dos dias e semanas, fomos pouco a pouco nos ajustando à nova vida. O enorme apartamento da rua Sienna fora totalmente incendiado e destruído. Nada sobrou em seu interior. Mamãe, de qualquer forma, não voltaria para lá enquanto vovó estivesse viva. Henryk, pai de Jadwiga, e Ludwik, o tio surdo-mudo, se ocupavam consertando os estragos em nosso lar atual e não pensavam muito em deixar a rua Border. A casa de tio Ludwik estava em ruínas. Jadwiga permaneceu, é claro, e também a irmã Franciszka. Para manter o calor, nós nos acomodamos em apenas três quartos do amplo apartamento. Eu me recordo daqueles dias e semanas como um período açoitado por gélidos ventos outonais, vovó sofrendo, duras dificuldades diárias e esperanças vãs de saber notícias de meu pai e de Stefan. Mas havia alegrias também. Grandes alegrias quando descobrimos que os pais de meu pai e outras pessoas que amávamos estavam vivas e com saúde. Pequenas alegrias como quando encontramos pranchas de compensado para substituir as vidraças quebradas, quando a água voltou a verter das torneiras secas e a eletricidade foi restaurada. Um esporádico pedaço de pão ou um punhado de arroz encontrado em algum lugar nas lojas que então renasciam e que alguém trazia para casa causavam verdadeira euforia.

Era principalmente a irmã Franciszka quem nos conseguia comida. Ela ainda cuidava de vovó, mas desaparecia durante longas horas, dia após dia, para retornar com artigos valiosos como farinha, batatas ou sabão. Ela não falava muito e nós não perguntávamos. Uma vez me pediu para ir com ela ajudar a trazer uma grande quantidade de latas. Entramos num grande armazém na rua principal, do qual eu me lembrava muito bem devido às compras que fazia com mamãe antes da guerra. Surpreendentemente, o armazém estava abastecido com a mesma quantidade de produtos de antes, embora o número de fregueses fosse bem menor. Para minha surpresa, irmã Franciszka apresentou ao vendedor um misterioso cupom e recebeu dele duas caixas grandes contendo carne e legumes enlatados. Só quando estávamos saindo é que notei um pequeno letreiro colado na porta da loja: "*Nur für Deutsche*" (Só para alemães).

Caminhávamos pela rua principal com nosso pesado tesouro quando, de repente, ouvimos o som de "Heili Heilo". Ali estavam eles, marchando e cantando novamente, os bravos e fortes conquistadores. Irmã Franciszka parou. Automaticamente, parei também, sem nenhuma intenção de olhar para eles. Fiquei olhando para o chão. Mas quando olhei de relance para irmã Franciszka não pude acreditar no que vi. Estava absorta, a boca semi-aberta num meio sorriso vago, os olhos brilhando com uma espécie de devoção ou orgulho, o corpo baixo e troncudo enrijecido pela compenetração.

Abatida, perplexa, contei às outras pessoas da casa o que tinha visto. Agora sabíamos que a irmã Franciszka tinha reivindicado suas origens alemãs e se tornara uma Volksdeutsch – uma cidadã quase alemã favorecida pelos nazistas. Também achávamos que ela trabalhava como enfermeira para eles. Mas não conseguíamos odiá-la. Afinal de contas, ela não tinha mudado nem um pouco. Era a mesma pessoa generosa e prestativa, nossa amiga mais devotada. Nunca tínhamos conversado muito com ela, e assim continuou após minha descoberta. Só nos deixou com a morte de vovó Eva, dois meses depois, em janeiro. Nunca mais ouvimos falar dela.

Numa escura manhã de novembro ouvi, ainda dormindo, uma batida leve. Meio acordada, pulei da cama que dividia com Sophie e corri para a cozinha. Havia alguém na porta dos fundos. Na escuridão da escada reconheci Stefan. Tremendo de frio e emoção, voei para os seus braços e me agarrei a ele, soluçando. Depois, me recompondo, sussurrei a informação que parecia ser a mais importante:

— Estamos todos vivos. Jadwiga também. E você pode se orgulhar dela.

O relato que ouvimos de Stefan, depois de todos os soluços, risos e abraços, foi o seguinte. De carro, papai, Josef e Stefan tinham seguido os veículos do hospital ao longo de estradas congestionadas, sempre em direção ao leste. Sofriam constantes bombardeios aéreos e a todo momento tinham de abandonar o carro e se esconder nas valas que margeiam as estradas. Josef fez de tudo para encontrar sua unidade militar, mas isso foi absolutamente impossível: o caos tomara conta não só da população civil, mas aparentemente também do exército. Não havia fim para essa jornada terrível que mais parecia uma fuga do inimigo do que uma tentativa de enfrentá-lo. Logo souberam que estavam seguindo os membros do governo que fugiam em busca de segurança. Mas também não havia segurança no leste. A 17 de setembro, o Exército Soviético, unido aos alemães, invadiu os territórios do leste da Polônia e os anexou sem resistência. Stefan, papai e Josef, juntamente com milhares de outros oficiais e soldados, foram detidos pelos russos, desapossados do carro e aprisionados. Isso foi na Ucrânia. Quando marchavam em comboio pelas aldeias ucranianas, camponeses hostis investiam contra eles com foices e ancinhos. Só sobreviveram graças aos guardas soviéticos. Não demorou para que fossem transferidos ainda mais para leste e confinados num campo de prisioneiros chamado Kozielsk. Lá, Stefan foi separado de meu pai e de Josef, já que estes eram oficiais e ele, apenas um soldado raso, ainda por cima em trajes civis. Tal como os outros soldados, foi tratado amistosamente pelos russos, alimentado com uma comida simples mas nutritiva, e finalmente libertado. Ofereceram-lhe transporte grátis de volta à "fronteira verde" germano-soviética, que ele conseguiu atravessar na calada da noite. Então seguiu para Varsóvia, demorando mais de duas semanas.

E assim, bem ou mal, ele estava de volta entre nós, e todos nos sentíamos mais felizes. Stefan não sabia exatamente qual era a situação de papai e de Josef no campo de oficiais. Supunha que fossem tratados de modo menos amistoso que os soldados. No entanto, disse ele, ao menos não estavam morrendo de fome e havia uma boa chance de sobreviverem à guerra, longe das bombas e dos nazistas. A única carta que recebemos de papai, vinda de Kozielsk, dois meses depois, pareceu confirmar a crença de Stefan.

Em meio à tristeza invernal, Jadwiga e Stefan exultavam pelo reencontro jubiloso. Certa vez, numa tarde gelada de dezembro, voltaram da cidade cobertos de flocos de neve, irradiando uma felicidade silenciosa. Estávamos todos reunidos em volta da cama de vovó, em seu quarto quente e bem-iluminado, quando eles entraram. Vovó estava calma, os olhos ausentes arregalados. Stefan e Jadwiga ajoelharam-se ao lado da cama e estenderam as mãos direitas. O lampejo das duas alianças de ouro alcançou os olhos inanimados de vovó. E algo inesperado aconteceu: ela sorriu de felicidade e aprovação. Ninguém emitiu um som.

Vovó morreu logo depois, bem no início de 1940. No dia de seu funeral o frio atingiu 25 graus negativos. Os coveiros mal puderam abrir uma cova adequada. Ninguém foi ao enterro a não ser os membros mais próximos da família. Nem mesmo Sophie e eu, embora amássemos vovó profundamente e ficássemos chorando por ela em casa.

Enquanto nossas dificuldades diárias seguiam seu curso, as forças de ocupação nazistas tinham se estabelecido no país e imposto seu regime cruel. Casas eram revistadas, pessoas – judias ou não – presas e deportadas para campos de concentração ou mantidas na prisão sem motivo. Dia após dia se ouviam notícias sobre execuções. Nas ruas de Varsóvia, judeus em trajes tradicionais eram parados pelos nazistas e obrigados a realizar exercícios físicos humilhantes e exaustivos perante os transeuntes. Suas barbas eram cortadas cruelmente junto com a pele. O uso de braçadeiras brancas com estrelas de Davi azuis se tornou obrigatório para os judeus acima de 13 anos.

Procurávamos não sair de casa a menos que fosse necessário. A única pessoa que não parecia ter medo era tio Ludwik. Como surdo-mudo, portava uma braçadeira especial ao lado da de judeu e, ridiculamente, se sentia seguro por causa disso. Passava dias e noites desaparecido, o que nos causava grande ansiedade. Stefan ficava furioso com ele.

— Que tipo de negócio urgente esse velho estúpido tem para resolver? – resmungava. — Por que não pode ficar quieto dentro de casa?

Mas tio Ludwik não ficava quieto em casa, embora não fosse estúpido. Apesar de sua deficiência, era um sujeito de cinqüenta e poucos anos animado e jovial, e muito astuto também. Tinha muita consciência de tudo o que estava acontecendo, entendia o que as pessoas falavam pela leitura labial e podia se comunicar facilmente com elas em sua própria linguagem, feita de sons engraçados e gestos expressivos. Mas não revelava o motivo secreto de suas ausências.

Como os nazistas tinham imposto o toque de recolher desde sua chegada em Varsóvia, éramos obrigados a ficar em casa do início da noite até de manhã.

Em conseqüência disso, relacionamentos singulares começaram a despontar entre os vizinhos. Pessoas que antes tinham muito pouco em comum agora se transformavam em bons amigos. Não se passava uma noite sem a visita de vizinhos que chegavam e ficavam até tarde trocando informações, discutindo a situação e imaginando o futuro. Os dois principais temas discutidos nesses encontros noturnos eram: será que seremos confinados num gueto de judeus? E a União Soviética, o que é que está tramando? Todos imaginavam que os russos podiam resolver se pôr em marcha para o oeste novamente e tomar Varsóvia dos alemães. Esse era o boato que circulava, e até pessoas que odiavam os bolcheviques e desconfiavam deles tanto quanto dos nazistas tinham de admitir que sua chegada seria a melhor solução – ao menos para os judeus. Outro boato, sussurrado pelos otimistas mais notórios, afirmava que o general Sikorski e seu exército estavam preparando um golpe para o início da primavera. O sr. Bachner ficava recitando um absurdo dito popular:

— Quanto mais alto o sol se eleva nos céus, mais próxima a chegada de Sikorski em seu cavalo branco de batalha.

Eu duvidava de que ele acreditasse nessas palavras, mas isso decerto o alegrava um pouco.

Por falta de melhor fonte de informação ou diversão, fazíamos sessões espíritas. Sentávamos ao redor da mesa com nossos vizinhos, as pontas dos dedos tocando levemente um pratinho colocado de cabeça para baixo sobre uma folha de papel com algumas letras escritas. Alguém invocava solenemente o fantasma de uma pessoa morta – geralmente o do marechal Pilsudski* –, pedindo-lhe que respondesse uma pergunta. Após alguns instantes, lenta e relutantemente, o prato começava a girar e girar, a flecha desenhada no seu topo apontando para diferentes letras para formar as palavras da resposta. Freqüentemente as palavras eram grosseiras, tão grosseiras que eu dificilmente conseguia entendê-las, e ficava perturbando todo mundo para que me dissessem o significado. Mas algumas vezes elas eram surpreendentemente relevantes. Lembro-me claramente da pergunta mais importante que fizemos ao nosso grosseiro fantasma: "O que a União Soviética vai fazer?" – "Com os EUA contra o Japão", veio a resposta. Hoje é fácil descartar essa resposta como óbvia. Mas quem poderia prever esse estranho zigue-zague da história

---

* Josef Pilsudski foi fundador e líder da Polônia independente, pós-Primeira Guerra Mundial. Morreu em 1935.

mundial naquela época, início de 1940? Agora sei o responsável: Stefan, com seu profundo conhecimento de relações internacionais e seu incrível instinto político, que, além do onisciente fantasma, era a única pessoa capaz de dar uma resposta como essa. Mas ele não era responsável pelas palavras grosseiras, tenho certeza. Era muito educado para fazer uma coisa dessas.

Não recordo exatamente como e quando fiquei sabendo dos cursos organizados na minha escola. Desde o início de seu domínio sobre a Polônia, as autoridades nazistas se empenharam em destruir a cultura polonesa. As universidades foram fechadas, o corpo docente deportado para campos de concentração, as escolas secundárias interditadas. Nas escolas primárias que permaneceram abertas foram proibidas as aulas de história e geografia da Polônia. Tudo isso desencadeou uma resposta instantânea na nação. Professores, pais, os próprios alunos puseram em ação todo um sistema clandestino de educação. Os cursos ilegais começaram a funcionar logo depois da derrota.

Ignorando todos os perigos de sair à rua, eu despenquei para a escola assim que ouvi dizer que estava aberta. Sob o disfarce de aulas de costura e culinária, apenas as matérias mais importantes – polonês, matemática, ciências e história – eram ensinadas por uns poucos professores a um pequeno grupo de meninas. Na minha turma não havia mais do que dez colegas do ano anterior, todas elas sérias, realmente ávidas por aprender – "a elite". Desnecessário dizer que eu era a única que usava a braçadeira com a estrela azul.

Ao final do meu primeiro dia de aula todas teríamos de ir embora juntas. No saguão, uma das meninas com a qual eu nunca tivera intimidade sussurrou ao meu ouvido:

— Tire isso.

Apanhada de surpresa, obedeci e escondi a braçadeira no bolso. Para meu espanto, nenhuma das garotas se despediu de mim ao chegarmos à rua. Todas pareciam ir na mesma direção. Conversamos e rimos ao caminharmos juntas. Era estranho. No ano anterior eu nunca tinha companhia ao voltar para casa, estava sempre sozinha. Na manhã seguinte, duas de minhas novas amigas estavam me esperando no portão. Escondi outra vez a braçadeira e fomos juntas para a escola. E assim continuou: duas garotas comigo de manhã, seis ou mais à tarde. Eu tinha a sensação calorosa e reconfortante de estar entre amigas

Quanto a minhas antigas amigas – Renata, Zula e Hanka –, todas tinham sobrevivido ao sítio, mas não conseguíamos nos ver com freqüência, já que sair sem que fosse realmente necessário era uma imprudência. Naquele momento, Artek era meu substituto para elas. Nós nos víamos todo dia, na casa dele ou na minha, conversávamos muito ou jogávamos cartas. Às vezes nos beijávamos, mas não com muita freqüência, já que ambos acreditávamos que a rotina poderia facilmente conduzir ao tédio.

No início da primavera, a casa de número 13 da rua Border foi invadida e revistada pela primeira vez. Um veículo cheio de nazistas armados estacionou no portão. Logo em seguida, dois deles bateram com violência na porta de nosso apartamento. Abrimos e ficamos observando seus esforços determinados para encontrar alguma coisa em nossos guarda-roupas, gavetas e estantes. O que procuravam exatamente, nunca soubemos. Foram frios e educados. Não encontraram nada e foram embora.

A segunda visita foi diferente. As autoridades tinham acabado de anunciar que os cidadãos poloneses estavam proibidos de possuir aparelhos de rádio e deviam entregá-los até uma certa data na delegacia de polícia local. Algumas pessoas obedeceram de pronto e foram vistas arrastando seus aparelhos pelas calçadas como se fossem cachorros puxados pela coleira. Outros tentaram escondê-los. Nosso rádio, trazido por Stefan da Inglaterra e altamente valorizado por nós, era um Philips particularmente grande e pesado. Era difícil escondê-lo, mais ainda separar-se dele; afinal, constituía nosso único elo com o mundo exterior. Enquanto imaginávamos o que fazer, três homens bateram com força à porta. Dois deles eram alemães uniformizados. O terceiro, um civil, era o sr. Richter, o motorista de meu avô Aleksander, que trabalhou para ele durante anos até a sua morte. Além do nome alemão, o sr. Richter nunca tivera nada a ver com a Alemanha, nem sequer falava alemão. Então, ao vê-lo com os dois alemães, primeiro pensamos que tivesse sido preso, mas em seguida percebemos claramente por seu comportamento que ele viera como inimigo. Antes sempre cheio de respeito e servilismo, agora mal tomou conhecimento de nossa presença ao entrar com seus superiores. Ele os conduziu diretamente ao quarto de Stefan e apontou para o rádio. Nós o ouvimos dizer num alemão canhestro e ridículo:

— *Schöne Radio Apparat* (Belo aparelho de rádio).

Os dois alemães riram um pouco, comentaram alguma coisa entre si e depois ajudaram o sr. Richter a desligar o rádio. Carregando o enorme objeto nos braços pelo corredor, o rosto anguloso vermelho de esforço e excitação, ele ficava murmurando:

— *Present schön, danke schön* (Belo presente, muito obrigado).

Logo depois, ou talvez até antes disso, o apartamento de vovô Maks e vovó Viera foi invadido e revistado. Aconteceu tarde da noite. Eles foram acordados e, juntamente com tio Julian, o médico que morava com eles, forçados a ficar de pé olhando para a parede enquanto os invasores viravam o apartamento de cabeça para baixo. Não ficou claro se encontraram alguma coisa suspeita ou não, mas naquela noite eles prenderam vovô Maks e Julian. Mantiveram os dois na prisão por alguns dias, bateram neles, depois os deixaram sair. Vovô e Julian voltaram apavorados. As feridas provocadas pelos espancamentos não eram graves e logo sararam, mas para vovô Maks, que tinha quase 70 anos, o choque foi muito grande. Uma semana depois ele morreu de ataque cardíaco.

Assim perdi também meu amado avô, e agora só tinha uma avó, de quem eu particularmente não gostava. Mas, como era a única, meus sentimentos por ela tornaram-se mais fortes e nossa relação mais íntima do que antes.

Aos tropeços, o ano letivo estava chegando ao fim mais cedo que de costume. Alguns professores tinham sido presos, algumas alunas precisaram abandonar a escola e começar a trabalhar para ajudar suas famílias órfãs de pai. No último dia, a sra. Kwaskowska, que era agora minha orientadora de turma, fez um pequeno discurso. Éramos apenas sete, sentadas próximas a ela numa sala de aula diminuta. Por motivo de segurança não era possível distribuir certificados, disse ela, mas nossos resultados tinham sido registrados. Seriam guardados, muito bem escondidos, na residência dela, esperando por novos tempos. Éramos todas garotas corajosas e alunas excelentes, prosseguiu, mas, como o ano letivo estivesse incompleto, seria justo dar a todas nós apenas uma nota "suficiente" em cada matéria que tínhamos estudado. Seus olhos se encheram de lágrimas quando ela disse adeus.

A primavera chegou e se foi sem sinal de um "cavalo branco de batalha" que acelerasse o resgate de meu país oprimido. Do alto do céu, o sol aquecia as ruínas à nossa volta, onde crescia o mato.

Em meados do verão soubemos que haveria um gueto judeu em Varsóvia. Outros já tinham sido instalados em algumas cidades do interior. Agora havia poucas esperanças de uma mudança para melhor. A França, nossa poderosa aliada, tinha sido derrotada e ocupada, da mesma forma que a Bélgica e a Holanda. A Grã-Bretanha estava tendo de lutar pela própria sobrevivência. Os Estados Unidos tentavam claramente se manter fora da guerra na Europa e a União Soviética não parecia interessada em avançar mais para o oeste. Sem ajuda nem esperança, fomos abandonados à mercê de Hitler.

Ninguém mais parecia otimista em nossas reuniões noturnas, nem mesmo o sr. Bachner. A nova dúvida era: seria melhor permanecer no gueto ou se esconder no lado "ariano"? Para minha família, se esconder entre pessoas que não fossem judias estava fora de questão. Nenhum de nós poderia se passar por "ariano". Os cabelos escuros, os narizes aduncos e os olhos tristes nos denunciariam. Estávamos resignados a viver entre os muros. Por um longo tempo, porém, não sabíamos se a rua Border seria parte do gueto ou do lado "ariano". Estávamos bem na fronteira entre os dois mundos.

No final de setembro soubemos que teríamos de nos mudar para a parte norte da cidade, tradicionalmente habitada pela população judaica. A rua Border ficaria do lado "ariano". A mudança passou a ser então nosso problema prático, já que a data final para todos os judeus se estabelecerem no interior dos muros que estavam sendo construídos era meados de novembro. Muitas famílias judias se encontravam na mesma situação, tentando trocar seus apartamentos com famílias cristãs forçadas a abandonarem seus lares no bairro judeu. Pretendíamos fazer o mesmo, mas, logo depois do anúncio do decreto sobre "O Bairro de Moradia dos Judeus", recebemos uma carta das autoridades dizendo que nosso apartamento tinha sido requisitado por um oficial alemão. O "oficial alemão" tão ávido por herdar o belo apartamento de nossos avós era ninguém menos que o sr. Richter, o motorista.

A solução veio inesperadamente pelas mãos de Henryk, pai de Jadwiga. Ele tinha ido embora após o retorno de Stefan para Varsóvia e morava sozinho em seu pequeno apartamento próprio, vindo freqüentemente nos visitar. Pouco antes da guerra, sua mulher tinha se divorciado dele e partido para a Argentina, levando consigo a filha mais nova, enquanto Jadwiga permanecera com o pai. Henryk tinha uma loja de cortinas. Jamais se preocupou muito com seu negócio e nunca fez fortuna com ele. Era um sujeito amável, de espírito leve. Chegando aos 50 anos, ainda era jovem na aparência, e muito bonito. Foi dele que Jadwiga herdou a beleza.

Henryk tinha um amigo cristão que vivia na rua Leszno, então incluída no setor judaico, enquanto seu próprio apartamento ficara do lado de fora do muro. Os dois amigos imediatamente decidiram trocar os imóveis. Ambos tinham as mesmas dimensões, com dois aposentos e cozinha. Jadwiga e Stefan se mudariam junto com Henryk. Quando mamãe fazia esforços desesperados a fim de encontrar um lugar para nós três morarmos, Henryk fez uma oferta generosa inesperadamente: nós também éramos bem-vindas em seu apartamento. Era sincero. Por falta de alternativa, mamãe aceitou a oferta.

Preparávamo-nos para a mudança, arrumando as malas para levar conosco apenas as coisas mais necessárias. A cozinheira e a criada tiveram de se despedir e voltar para as suas famílias em algum lugar no interior. Tia Maria resolveu ficar com uma de suas muitas irmãs e manter sempre contato conosco. Ela vinha adiando ao máximo a sua partida, já que era difícil para nós enfrentarmos a vida sem o apoio mútuo. Nesse meio tempo, ela fez o que pode para tirar do apartamento os objetos mais valiosos e escondê-los nas casas de suas irmãs a fim de preservá-los para nós.

O único membro da família cujo problema de moradia ainda não tinha sido resolvido era tio Ludwik. Stefan estava fazendo o possível para encontrar uma família judia que aceitasse recebê-lo como inquilino. Mas Ludwik aparentemente tinha seus próprios planos. Apareceu em nossa casa com uma senhora baixa, rechonchuda e adorável na faixa dos 50 anos. Ela tinha bochechas rosadas, risonhos olhos azuis e era surda-muda. A seu modo gaiato, Ludwik a apresentou. "Ludwika" – escreveu num pedaço de papel. Com gestos, mostrou um nariz grande, uma barba longa e cachos laterais, e depois, com determinação, riscou no ar um X significando: "Ela não é judia." A mensagem seguinte, transmitida com os dedos de suas duas mãos "andando" lado a lado, era: "Estou indo embora com ela." Então foi a vez de Ludwika se exprimir. Apertou fortemente os braços sobre o busto farto e revirou os olhos azuis: "Eu o amo muito." "E eu também", anunciou Ludwik à sua própria maneira, que ao mesmo tempo queria dizer: "Agora vocês sabem por que eu não podia ficar sossegado em casa." E ainda: "Não se preocupem, eu me ajeito."

Eles se despediram e foram embora em seguida. Nunca mais tornamos a vê-los. Dois ou três anos depois, tia Maria soube que Ludwika tinha escondido seu amante por um longo tempo antes de eles serem descobertos e executados juntos.

Amigos e conhecidos que não eram judeus vinham nos visitar inesperadamente para nos verem antes que desaparecêssemos por trás dos muros. Alguns choravam, alguns amaldiçoavam Hitler. "Vocês são os primeiros, depois seremos nós", diziam.

Pouco antes de nos mudarmos para a rua Leszno nº 15, dois visitantes que nos eram especialmente caros apareceram à porta. Minha tia Halina, a esposa cristã de Vladek, chegou de surpresa acompanhada de Jurek, seu adorável filhinho de três anos. Eu pouco a conhecia, não a tínhamos visto desde nossa primeira e última visita, três anos antes. Realmente não esperávamos que ela viesse. E no entanto ela veio, mostrando que não guardava rancor. Trouxe o filhinho para que ele visse seus parentes próximos e se lembrasse deles. Disse-nos que Vladek ficaria do lado "ariano", escondido longe de casa. Disse também que podíamos contar com ela se e quando precisássemos de ajuda. Mais tarde teria ocasião de manter a promessa.

O último amigo de que me despedi foi Artek. Ele chegou quando estávamos de saída, embaraçado e tímido, sem saber o que dizer. Senti que algo doce e sereno estava chegando ao fim.

Então colocamos nossos pertences numa carroça alugada, puxada por um cavalo, e a seguimos a pé em direção ao gueto. Afinal, eram apenas dez minutos de caminhada.

3. Atrás dos muros

Originalmente, cerca de 400.000 judeus - moradores da capital e refugiados das províncias - foram espremidos na área do gueto de Varsóvia, que em novembro de 1940 cobria 340 hectares, incluindo um cemitério judeu ... Posteriores reduções de tamanho produziram mudanças internas e conseqüente superpovoamento, de modo que milhares de famílias foram muitas vezes deixadas sem abrigo ... A situação se agravou ainda mais quando 72.000 judeus do distrito de Varsóvia foram transferidos para o gueto, fazendo com que o total de refugiados chegasse a 150.000 e a população total do gueto atingisse mais de 500.000...

O número médio de pessoas por cômodo era de 13, enquanto milhares permaneciam desabrigadas...

Os portões do gueto eram vigiados do lado de fora por policiais alemães e poloneses, e do lado de dentro pela milícia judaica (*Ordnungdienst*). Só quem tinha uma permissão especial podia entrar ou sair ... Em outubro de 1941 as autoridades anunciaram que o ato de sair do gueto sem permissão seria punido com a morte...

A população do gueto recebia diariamente uma quantidade de comida que equivalia a 184 calorias *per capita*, enquanto os poloneses recebiam 634 e os alemães, 2.310... A média distribuída por pessoa era de 250 gramas de açúcar e dois quilos de pão por mês. Os ingredientes do pão eram misturados com serragem e casca de batata...

O gueto sofria de desemprego em massa...

Havia uma grave carência de combustível para aquecer as casas. No inverno de 1941-42, entre os 780 apartamentos investigados 718 deles não possuíam aquecimento...

Tais condições causavam epidemias, especialmente de tifo. As ruas ficavam cobertas de cadáveres vítimas de inanição e de doenças. Bandos de crianças vagavam pelas ruas em busca de comida ...

Estima-se que, até o verão de 1942, mais de 100.000 judeus tenham morrido no gueto propriamente dito.

Encyclopaedia Judaica, vol.16,
Varsóvia: período do holocausto

Apesar de pequeno, o apartamento era bonito. Eu me senti animada quando entrei nele pela primeira vez. Tinha diante de mim um novo tipo de vida, algo que eu nunca experimentara antes. Ruim, mas talvez não muito, diferente, e portanto excitante. Antes, nunca tinha morado num anexo de muitos andares construído para os moradores menos prósperos de um moderno edifício de apartamentos. Nunca precisara subir cinco árduos lances de escada para chegar a minha casa. De dia o apartamento era muito iluminado. Das janelas eu podia ver intermináveis fileiras de telhados e chaminés e imaginar amplos campos em algum lugar muito distante.

Henryk fez todo o possível para nos deixar confortáveis. Mamãe, Sophie e eu ficaríamos com o maior dos dois quartos. Stefan e Jadwiga, no menor. O próprio Henryk não precisava mesmo de um quarto, foi o que disse, e colocou seu colchão estreito no corredor entre a cozinha e o sanitário. Mamãe ficou muito embaraçada com essa situação, mas não conseguiu imaginar um arranjo melhor. Sentindo-se culpada, aquiesceu. Não havia banheiro no apartamento. Colocamos uma bacia, um jarro e uma tina em nosso quarto, escondidos detrás da cortina. O mesmo fizeram Stefan e Jadwiga, enquanto Henryk tinha de se lavar na cozinha. Estranhamente, um sistema de aquecimento central fora instalado no edifício pouco antes da guerra. Mas nenhum aquecimento central funcionava em Varsóvia durante o conflito, de modo que tivemos de colocar em nosso quarto uma estufa de ferro com uma longa chaminé preta e ficar procurando combustível. Essa estufa, que por alguma razão curiosa todos chamavam de "bode", soltava fumaça como uma fábrica, cobria tudo de cinzas e era a coisa mais feia com a qual eu já tivera a oportunidade de conviver em um quarto, mas esquentava-o como se fosse o inferno, desde que tivéssemos sorte suficiente para encontrar algo para colocar nela. Três camas, um guarda-roupa desengonçado e uma ampla mesa redonda onde sentávamos e comíamos juntos completavam o mobiliário. As paredes eram pintadas de amarelo, o que por vezes fazia o ambiente parecer luminoso e alegre. As paredes do corredor eram verde-claras, enquanto Jadwiga e Stefan viviam num aposento azul-celeste. Tudo era tão incomum, tão diferente de todos os outros lares que eu já tinha conhecido, que só me restava imaginar que outras surpresas a vida poderia me trazer.

De alguma forma nos ajeitamos e começamos uma existência mais ou menos normal, vivendo um dia de cada vez. De início ninguém na casa trabalhava. Pelo segundo ano consecutivo, vivíamos do que tinha sobrado de antes da guerra. Obter comida, embora diferente daquela a que estávamos habituados, não era problema para quem tinha dinheiro. Não era possível sobreviver com a ração distribuída. Era o mercado negro, que prosperava no gueto apesar de seus portões e fronteiras fortemente vigiados, que nos mantinha vivos. Stefan e Henryk eram encarregados de conseguir alimentos e encontrar combustível para o "bode", enquanto as mulheres administravam a casa. Mantê-la arrumada, livre de insetos e parasitas, era tarefa de Jadwiga. Mamãe era a cozinheira. Totalmente inexperiente em matéria de cozinha, constrangida pela necessidade de economizar, a princípio se sentia infeliz. Foi quando Henryk mais uma vez veio em nosso socorro. Bem mais competente na cozinha do que qualquer um de nós, tomou avidamente a si a tarefa de iniciar minha mãe nos mistérios da arte de cozinhar com o que se tem à mão.

As crianças da casa – Sophie e eu – estavam isentas da maioria dos afazeres diários. Em vez disso se esperava que continuássemos nossos estudos. Foi o que fizemos. Havia muitos professores bons aprisionados no gueto, assim como um monte de crianças desejando aprender. Descobri algumas de minhas antigas colegas morando agora perto de mim, fizemos contato com alguns professores de um bom liceu masculino de antes da guerra chamado Spójnia (Laço) e dentro de alguns dias já havíamos começado o terceiro ano do curso secundário. Eu só precisava atravessar a rua ou caminhar não mais que 15 minutos para me encontrar num dos apartamentos humildes de minhas colegas nos quais nos reuníamos diariamente para estudar. Ou elas vinham todas para o meu e, sentadas em torno da mesa com o professor, traduzíamos Horácio do latim ou enfrentávamos o teorema de Pitágoras. Sophie, com quase 11 anos, também se juntou a um grupo de estudos formado por crianças de sua idade. Infelizmente, todos os seus colegas viviam no Pequeno Gueto, um distrito bem distante da área central em que vivíamos. Dia após dia ela era obrigada a andar por ruas apinhadas e a atravessar uma via congestionada, utilizada principalmente por veículos alemães.

Quando recordo esse primeiro inverno no gueto, ainda consigo sentir a forte mistura de odores produzida, à noite, pelo "bode" e pela lamparina a querosene. Na maior parte do tempo não havia energia elétrica e todas as janelas eram rigorosamente vedadas, de modo que, após o precoce pôr-do-sol do inverno, as ruas ficavam totalmente às escuras – em toda a Polônia ocupada, não apenas no gueto. Mas neste era muito difícil andar à noite. Tantas pessoas tentavam encontrar seu caminho pelas ruas escuras que estavam constantemente esbarrando e tropeçando umas nas outras. Alfinetes de lapela fluorescentes, inventados e vendidos por um artífice criativo àqueles que podiam pagar, ajudavam, mas só um pouquinho.

O contato físico com estranhos era o que mais procurávamos evitar. Muitas pessoas já eram miseráveis, vivendo lado a lado com os mais afortunados. Os mendigos "profissionais" judeus de antes da guerra eram agora apenas uma gota no oceano da nova pobreza. Refugiados de pequenas cidades do interior, cujos lares e pertences haviam sido saqueados pelos nazistas, e portanto reduzidos a trapos, eram amontoados à força no gueto de Varsóvia. As pessoas desabrigadas, maltrapilhas e subnutridas com que esbarrávamos nas ruas estavam cobertas de piolhos e muitas vezes padeciam de doenças infecciosas.

A propaganda nazista brincava com isso, afirmando que os judeus eram portadores de piolhos e germes. Os alemães de fato nos temiam por causa disso e raramente entravam no gueto, a não ser em veículos pesados. Isso nos fazia sentir bem mais seguros lá dentro do que antes. Além disso, independente do quanto fôssemos miseráveis, viver numa comunidade fechada entre pessoas igualmente vulneráveis à violência externa, não estar sozinho na multidão, produzia um vago e ilusório sentimento de relativa segurança.

O primeiro inimigo a violar nosso lar e destruir a paz transitória de nossa vida diária não usava uniforme nazista. No final do inverno, quando a neve já havia derretido e uma mistura fluida de lama e lixo inundava as ruas estreitas e sempre sujas, Stefan, que estava agora trabalhando num hospital como auxiliar de enfermagem voluntário, chegou do trabalho com forte dor de cabeça, tremores e febre alta. Pensamos que fosse resfriado, mas quando, no quarto dia, sua temperatura atingiu a marca perigosa de 41 graus e seu corpo ficou rubro de erupções, percebemos que podia ser tifo. O médico que chamamos imediatamente confirmou a suspeita, prescreveu alguns remédios contra as dores e a febre e convocou uma unidade sanitária. Os poucos hospitais do gueto estavam repletos de doentes e os suprimentos de remédios eram escassos. A única coisa que um médico judeu podia fazer por um paciente judeu era mandá-lo ficar na cama, se houvesse uma. O apartamento foi aspergido com ácido fênico pela equipe sanitária e depois selado por fora com nós seis dentro. Um enorme cartaz amarelo com os dizeres "Epidemia de tifo – mantenha distância" foi afixado na porta da frente. A cada dia vizinhos gentis deixavam comida em frente à porta fechada, batiam duas vezes e corriam. Confinados em casa, ficamos esperando para ver quem seria o próximo a apresentar os sintomas daquela doença mortal.

Stefan era jovem e forte. Não morreu. Após um período crítico de sofrimento e desespero, acabou se recuperando. Nenhum de nós pegou tifo com ele. A quarentena tinha terminado. Quando, depois de longas semanas de prisão domiciliar, mergulhei novamente no ar livre, a cidade estava em plena primavera. À luz brilhante do sol, as ruas pareciam apodrecer. Os cadáveres vivos dos mendigos sobreviventes do inverno haviam emergido de seus buracos e tocas, tentando aquecer os ossos e implorando penosamente por comida. Mas o céu estava azul e eu ainda não tinha 15 anos. Sobre aquele dia escrevi em meu diário:

16 de abril de 1941, noite

"Liberdade, liberdade afinal! Tudo hoje foi alegria, até mesmo sentar naquele sofá horrível no quarto de Ala, espremida entre Zula e Hanka. Até a matemática. Eu faltei muito, aliás, mas Hanka diz que vai me ajudar a recuperar a matéria rapidamente. Todas pareceram muitíssimo satisfeitas quando cheguei inesperadamente. Renata ficou tão surpresa que me beijou, esquecendo todas as precauções sanitárias. Nina disse que sua expectativa era de que eu morresse de tifo, aquela vaca estúpida.

Montes de novidades. Parentes de quinto grau de Nina – seis pessoas, incluindo crianças – chegaram de Grójec e estão morando com ela, de modo que não podemos mais nos reunir em sua casa, não há espaço. Eles foram roubados, forçados a sair de casa e trazidos para Varsóvia num caminhão de gado, mortos de medo.

Irena quis se juntar ao grupo, mas oito é o bastante, disseram as meninas, e a rejeitaram categoricamente. Então ela pediu – e os professores concordaram – que a deixassem juntar-se aos garotos. Eles ficaram maravilhados, pelo menos é o que ela diz. Agora são nove ao todo. Seria bom poder me encontrar com eles – mesmos professores, mesmos problemas.

Amanhã polonês, e eu verei L. novamente. Estou ansiosa por isso."

Levei alguns dias para me acalmar e voltar a examinar a situação com sobriedade.

18 de abril de 1941

"Dois garotinhos estão pedindo esmola na rua, perto do nosso portão. Eu os vejo lá todas as vezes que saio. Ou podem ser meninas, não tenho certeza. Suas cabeças estão raspadas, as roupas esfarrapadas, os rostinhos assustadoramente definhados me sugerem passarinhos em vez de seres humanos. Seus enormes olhos negros, contudo, são humanos, tão cheios de tristeza... O mais novo deve ter uns cinco ou seis anos, o mais velho, talvez uns dez. Eles não se mexem, eles não falam. O menor permanece sentado na calçada, o maior só fica em pé com a mãozinha estendida. Preciso me lembrar agora de levar alguma comida para eles quando sair. Esta manhã, ao sair para as aulas, eu lhes dei o pão com manteiga que era para o meu lanche. Não demonstraram qualquer contentamento ou gratidão, apenas pegaram o pão de minhas mãos e começaram a comer imediatamente. Vi outras pessoas lhes dando pão ou dinheiro também. Isso os mantém vivos. Mas, meu Deus, que espécie de vida é essa?

A caminho da rua Pawia, inteiramente tomada por pessoas famintas encostadas nas paredes ou sentadas nas calçadas sem força suficiente para caminharem, fiquei me culpando por estar bem alimentada e por isso ser totalmente indiferente à sorte delas. Falei sobre isso com Hanka e Zula depois da aula. "Vocês não acham que o modo como nós vivemos é altamente imoral?", perguntei. "Temos café da manhã, almoço e jantar, ocupamos nossas mentes com a Revolução Francesa ou a poesia polonesa, ou em saber qual de nós agrada mais a L.; depois vamos para a cama com um bom romance e dormimos em paz. Enquanto isso eles estão morrendo de fome." "Não há nada que possamos fazer por eles", disse Zula com tristeza, "pelas centenas e milhares deles." "Claro que não. Mas por alguns deles talvez? Cada uma de nós por alguém?" "Você e sua família estariam dispostos a levar para casa esses meninos mendigos?", perguntou Hanka muito seriamente. "Partilhar com eles não apenas a comida, mas também as camas, viver com eles em todas as situações?"

Eu não tinha uma resposta pronta para essa pergunta. E quanto mais penso a respeito, mais claro fica agora que a resposta é "não". Não há por que perguntar à minha família, eu mesma não os quero. A idéia de suspender nossas aulas e dar aos pobres o dinheiro que pagamos por elas também não funciona pois os professores que vivem dele logo se veriam reduzidos à pobreza. Assim, que podemos fazer? A única conclusão a que conseguimos chegar até agora é: temos de achar uma forma de sermos úteis, dedicar nosso tempo, habilidades (?), força física... Sim, mas como?"

O problema não foi esquecido nem resolvido. Não pelo menos naquele momento. Os dias se passaram, novas questões surgiram para refletirmos a respeito ou enfrentarmos.

29 de abril de 1941

"Fui ver Teresa esta tarde. Zula e Hanka foram comigo. Dificilmente nos separamos agora. Faz séculos que não vemos Teresa e tudo que sabíamos era o endereço onde ela morava só com a mãe, o pai aparentemente morto, já que elas não têm notícia dele desde o sítio, quando ele partiu, exatamente como meu pai e o de Hanka.

Percorremos o caminho a pé, embora pudéssemos ter pegado o bonde que foi instalado recentemente no gueto. Bonde engraçado, puxado por dois cavalos como uma diligência do século XVIII. Chama-se "bonde de Kon-Heller", nome que vem dos dois proprietários, que são judeus, é claro, mas também agentes da Gestapo. Ao menos é o que dizem. Quem é decente não usaria esse serviço. Por isso fomos a pé.

Nós nos sentamos no minúsculo quartinho de Teresa, tomando uma imitação de chá e conversando sobre toda espécie de coisas: o que vamos fazer depois da guerra, qual de nós vai se casar, qual não vai, e assim por diante. Teresa, que, para ser franca, não é a pessoa mais brilhante do mundo, disse que vai ser uma escritora famosa e Hanka, disse ela, uma grande cientista. Nisso devo concordar. Zula, disse Teresa, se tornará uma cortesã de alto nível e eu, uma esposa e mãe devotada, independente de qualquer outra coisa que eu queira ser. Zula pareceu muito satisfeita com a profecia. Com seus cabelos ruivos flamejantes, pele leitosa levemente salpicada de sardas e olhos vivos que me lembram cerejinhas reluzentes, decerto atrairá dezenas de homens no futuro. O que absolutamente não significa que não possa vir a ser algo melhor que uma cortesã, disse-lhe eu. Estava furiosa com a visão de Teresa a meu respeito. "Esposa e mãe devotada" – será que isso é realmente tudo que ela pensa de mim?

Ficamos conversando e conversando por horas, enquanto a mãe de Teresa estava ocupada espanando livros no corredor. (Elas mantinham seus livros no corredor porque não havia espaço no quarto.) Na verdade, ela provavelmente não queria nos incomodar com a sua presença. Subitamente ouvimos um grito e nós quatro corremos para o corredor. A cena que vimos foi a mãe de Teresa pendurada no pescoço do marido, de pé ali no meio, todo andrajos e sujeira, com uma mochila nos ombros. "Papai está vivo! Papai voltou!", gritou Teresa, e também correu para os braços dele. Lenta e discretamente, nós três nos retiramos do apartamento e corremos para a rua feito loucas, sem dizer uma palavra. Zula, cujo pai morreu durante o sítio, soluçava desoladamente. Me controlei para não cair em prantos. Na verdade, chorei em silêncio durante todo o caminho de volta e posso apostar que Hanka fez o mesmo no escuro.

Resolvi não falar com minha mãe sobre o incidente. ”

Eu estava preocupada com mamãe. Ela sentia demais a falta de papai e dificilmente conseguia dormir à noite. Decerto vinha pensando em todos os possíveis horrores que poderiam ter acontecido com ele. Por vezes, no silêncio da noite, eu podia ouvi-la bater suavemente na madeira da cabeceira da cama: estava "isolando" para afastar o mal das imagens que estivera invocando em sua mente. Isso não combinava com mamãe, que nunca fora supersticiosa.

Havia uma outra coisa que me desagradava totalmente: a forma como Henryk ficava olhando para ela. Percebi que ele sempre procurava ficar a seu lado – na cozinha quando ela estava por lá, sempre no nosso quarto quando eu chegava da aula. Com uma ansiedade crescente, eu ficava de olho nele. Pela primeira vez notei que minha mãe ainda não era velha: mal passava dos 40 anos. Nunca fora bela, mas tinha olhos castanhos adoráveis e cálidos, um corpo bem proporcionado e lindas pernas capazes de causar inveja a qualquer mulher mais jovem. Sempre se vestiu caprichosamente com roupas de excelente gosto e qualidade. Mesmo quando elas ficaram já bastante usadas, mamãe ainda mantinha uma aparência bem disposta e cuidada.

Minha imaginação, aguçada por ter recentemente lido *Climas*, de Maurois, e *Madame Bovary*, de Flaubert, me fazia pensar que havia algo secreto acontecendo entre minha mãe e o sogro do irmão dela. Comecei a me comportar como um amante ciumento, observando atentamente cada gesto e cada olhar.

Um dia, numa tarde amena, estávamos só nós três no apartamento – Sophie brincava no pátio, Stefan e Jadwiga tinham saído. Como de hábito, mamãe e Henryk estavam na cozinha, preparando o jantar para toda a família. A porta da cozinha estava escancarada. Num súbito acesso de ciúme, eu me tranquei no nosso quarto, que ficava em frente à cozinha, e, deixando toda a dignidade de lado, comecei a espiar pela fechadura. Ainda estavam ocupados com a comida, mas após alguns momentos vi o braço de Henryk enlaçando os ombros de mamãe, seu rosto tocando no dela. Uma névoa rubra me obscureceu a vista. Num acesso de fúria, abri violentamente a porta, voei para a cozinha e, com toda a força que eu tinha, dei um tapa na cara de Henryk.

— Por quê? Por quê? – murmurou ele, confuso.

Voltei para o quarto e me tranquei, aos soluços. Passou-se algum tempo até que mamãe veio ter comigo, muito pálida e trêmula. Não parecia zangada, o que tornava as coisas ainda piores. Por um longo tempo ficou apenas acariciando meus cabelos. Depois começou a falar de modo suave e franco, como se eu não fosse sua filha, mas sua amiga mais íntima. Contou-me que Henryk estava apaixonado por ela e já há muito tempo, desde a época do sítio, mas que só recentemente ela tinha percebido. Se soubesse antes, jamais teria aceitado o convite para dividir o apartamento. Porém, vivendo sob o mesmo teto, não havia nada que ela pudesse fazer a respeito. Não tínhamos nenhum outro lugar para ir, nenhum outro lugar para viver. Éramos obrigadas a esperar que a guerra terminasse. Entretanto, continuou mamãe, eu podia confiar nela. Todos os seus pensamentos e sentimentos tinham um único dono, papai, que estava em algum lugar distante num campo de prisioneiros russo. Jamais em sua vida ela trairia seu grande amor. Eu sabia que era verdade e naquele noite a amei mais que nunca.

Na manhã seguinte, morrendo de vergonha, pedi desculpas a Henryk, que forçou um sorriso, tentando ridicularizar o incidente, mas eu sabia que no fundo de seu coração ele se sentia desconfortável. Depois daquele dia nunca mais tornei a vê-lo tentando aproximar-se de mamãe. Talvez ela tenha se tornado mais rígida com ele. Ou talvez eu tenha perdido todo o interesse em espioná-lo. De qualquer forma, um incidente muito mais dramático logo faria com que esse problema lamentável mergulhasse no esquecimento.

15 de maio de 1941, duas horas da manhã

"Este foi – e ainda é – o pior dia da minha vida. Pior que os ataques aéreos, pior que o tifo. Não consigo dormir, nem mesmo ficar sossegada na cama. Tenho de esperar até de manhã, quando voltaremos correndo para o hospital e ficaremos sabendo... Minha mãe anda compassadamente no quarto, quatro passos para um lado, quatro para o outro, o rosto lívido, os olhos secos como se já tivesse esgotado as lágrimas. Não sei como confortá-la, de modo que nem tento.

Para mim isso tudo começou ao meio-dia. Estava voltando da casa de Zula, profundamente mergulhada em pensamentos a respeito de matemática, do ensaio sobre polonês que L. quer que escrevamos e coisas desse tipo. Quando cruzei o portão, lá estava aquela sra. Goldberg do terceiro andar, muito nervosa. "Quais são as notícias? Quais são as notícias?", gritou ela ao me ver. "Notícias sobre o quê?", perguntei. "Sobre sua irmã, é claro." Então ela percebeu que eu não sabia de nada e contou-me a história. Esta manhã Sophie estava indo para a escola, como de hábito. Ao atravessar a rua por onde passa o tráfego um caminhão alemão, daqueles de oito rodas, atropelou-a e seguiu caminho em alta velocidade. Isso aconteceu bem em frente ao Lar para Crianças do Dr. Korczak*, e alguns meninos viram tudo da janela. Chamaram o médico e outros da equipe. Todos correram e pegaram Sophie, que jazia no meio da rua, inconsciente e se esvaindo em sangue.

De alguma forma conseguiram levá-la ao hospital (não sei como, a distância é muito grande, o hospital fica no fim de nossa rua). Por coincidência, uma enfermeira chamada Sabina, que já tinha trabalhado com papai, reconheceu Sophie e mandou alguém avisar mamãe. A pessoa disse que Sophie ainda estava viva. "Sua pobre mãe, coitadinha dela", soluçou a sra. Goldberg, mas eu não fiquei para ouvi-la. Corri para o hospital. A primeira coisa que vi no saguão foi Sophie deitada numa padiola sobre o chão próximo à entrada. Estava inconsciente, a cabeça envolta em ataduras, o rosto lívido, o olho esquerdo muito inchado. Mamãe estava agachada ao lado da maca passando um pano úmido em seu rosto. A irmã Sabina

---

* Janusz Korczak foi médico, escritor, educador e assistente social, além de fundador e diretor de um orfanato no gueto.

aproximou-se e disse que o médico que já examinara Sophie suspeitava que a perna e o olho esquerdos dela estivessem gravemente comprometidos. Disse, também, que ela estava em estado de choque. Era muito cedo ainda para saber se ela sobreviveria e, em caso positivo, se a perna e o olho poderiam ser salvos.

Ficamos lá no saguão o resto da tarde. Não havia outro lugar para Sophie. Todos os leitos, saguões e corredores do hospital estavam totalmente lotados de pessoas gravemente enfermas. Mas quase à noitinha a irmã Sabina chegou até nós com um brilho de triunfo no olhar. Disse-nos que um paciente acabara de morrer e que ela usara toda a sua influência para que Sophie ficasse com o leito. Stefan, que estava de serviço, ajudou irmã Sabina a levar a maca escada acima. Mamãe e eu os seguimos até o quarto. Quando erguíamos Sophie da padiola, subitamente ela abriu o olho direito e nos fitou. Depois, na cama, passou a mão pela cabeça recoberta de ataduras, pelo pescoço e pelos ombros, como se estivesse procurando por alguma coisa. O que quer que fosse, não encontrou. As belas e sedosas tranças negras, seu orgulho, tinham sido cortadas logo que chegara ao hospital. Para grande surpresa nossa, vimos lágrimas vertendo – gota a gota – de seu olho sadio. Isso significava que ela tinha recuperado a consciência. Logo tivemos de ir embora, pois estava chegando a hora do toque de recolher. Agora estamos esperando.”

Mesmo dia, oito horas da noite

“Sophie vai sobreviver, dizem os médicos. O traumatismo não foi profundo e ela vai se recuperar se permanecer de repouso por uma semana ou duas. O olho também não parece ter sido atingido internamente. O pior é o pé, que teve a pele e os ossos dilacerados. Eles podem decidir amputar a perna se houver sinais de gangrena. Pobre Sophie. Eu não fazia idéia do quanto a amo. Ou que criança especial ela é. Meu Deus, ela tinha só nove anos e meio quando a guerra começou. E no entanto sobreviveu a todos os horrores dos ataques aéreos, do fogo, da fome, sem se queixar, sem chorar, sem entrar em pânico, sempre tão calma e tranqüila. Acho que ela compreende tudo tão bem quanto eu e talvez melhor do que alguns adultos que cedem a seus temores e a outros instintos que compartilhamos com os animais. Agora ela está ali deitada neste hospital horrível, chorando por seus lindos cabelos, sem a mínima noção de que poderá ficar aleijada para o resto da vida. Por que isso teve de acontecer com ela, por que não comigo?

Um jovem da instituição do dr. Korczak chegou aqui para saber de Sophie. Diz que as crianças que viram o acidente são unânimes em afirmar que o motorista alemão fez aquilo de propósito, atropelou Sophie porque quis. Podia facilmente ter evitado, dizem elas."

Nas piores crises, nos desastres mais iminentes e inevitáveis, mamãe, Sophie e eu sempre tivemos um pouco de sorte. Não fomos queimadas vivas, não morremos de tifo, conseguimos escapar por um triz repetidas vezes no curso da guerra. Depois de algumas semanas Sophie estava de volta entre nós. Sua vida não corria mais perigo, a vista não estava afetada, o pé fora salvo. Ficou inválida por não mais do que seis meses, durante os quais precisou de massagens e exercícios diários para o pé. Reaprendeu a andar. A única lembrança do acidente que manteve para sempre foi uma cicatriz grande, grossa e feia em seu pé.

Ocorreram, durante a lenta recuperação de Sophie, dois grandes acontecimentos, um deles de importância fundamental para o mundo, o outro apenas para mim.

O primeiro deles mereceu somente um breve registro em meu diário.

22 de junho de 1941

"Vi pessoas olhando para o céu esta manhã. Tudo o que se podia ver eram minúsculos pontinhos brilhando bem lá no alto, aviões. Mas as pessoas diziam que a guerra entre a Alemanha e a União Soviética ia ser deflagrada. Fiquei imaginando como elas podiam saber disso e descartei a situação como sendo apenas mais um boato.

Mas é verdade, os bolcheviques estão realmente em guerra! Agora (final da tarde) Stefan está concentrado no *Völkischer Beobachter*, jornal oficial nazista do qual acabou de conseguir um exemplar, lendo nas entrelinhas, como sempre. De vez em quando, manifesta repentinamente seus pontos de vista – muito diferentes dos que estão no jornal. Diz que o equilíbrio entre as potências em guerra se alterou em favor dos Aliados, e a derrota de Hitler é agora inevitável. Suas palavras soam entusiásticas."

O outro acontecimento teve origem nas minhas preocupações iniciais e nas conversas que tive com minhas amigas em abril. A questão de como se tornar útil logo foi retomada pelo restante das meninas do meu grupo de estudos. A dupla mais ativa, Ala e Lena, foi até o Conselho Judaico para buscar informações. Foram mandadas de um funcionário para outro, desencorajadas pela incompetência de alguém, muitas vezes desprezadas com uma piada. Mas persistiram e, depois de umas duas semanas, voltaram radiantes pela vitória: havia algo importante para fazermos.

A organização que Ala e Lena tinham finalmente encontrado se chamava Toporol, que significava Sociedade para a Promoção da Agricultura. Financiada pelo Conselho Judaico, mas baseada no trabalho voluntário, a sociedade tinha como objetivo a utilização de cada pedaço de terra disponível no gueto para o cultivo de hortaliças. O produto colhido seria dado a pessoas famintas. A Toporol precisava de nós, de nosso trabalho gratuito e dedicado. Não podiam nos oferecer qualquer tipo de recompensa. Nada de dinheiro, de hortaliças, nem mesmo um *Ausweis* – o certificado de emprego. O único benefício que nos podiam prometer era um bom treinamento em agricultura.

O "ano letivo" estava chegando ao fim, de modo que começamos a trabalhar quase que imediatamente. Nosso grupo foi designado para o terreno em que antes da guerra ficava o Hospital do Espírito Santo, destruído durante o sítio. Era atrás da rua Leszno, bem perto de onde eu morava. O amplo terreno do hospital estava coberto por grossas camadas de entulho dos prédios em ruínas. Limpá-lo era a nossa primeira tarefa.

23 de junho de 1941

"Que dia! Oito longas horas de duro trabalho físico sob o céu azul. Não posso imaginar nada melhor. Somos 15 pessoas incluindo os que não conheço, dez meninas e cinco rapazes ao todo. O instrutor do Conselho Judaico, chamado Tadek, é um sujeito severo e prático de uns vinte e poucos anos. Atraente também, embora não muito alto, louro e bronzeado. Um organizador perfeito – nós não perdemos um segundo. As meninas, formando duas filas, recolhiam e passavam os tijolos depositando-os em carrinhos de mão, que os rapazes levavam para os fundos do terreno e esvaziavam. Estávamos ocupadas demais com nossas tarefas para podermos conversar, exceto durante o curto intervalo quando nos sentamos sobre o entulho e comemos nossos sanduíches. Quando voltei para casa eu estava tão cansada que mal podia falar. Minhas mãos e minhas pernas estão arranhadas e inchadas, meu rosto doendo da queimadura de sol. Quando fecho os olhos, não consigo ver nada a não ser tijolos, tijolos, tijolos... Estou feliz.”

Levamos uma semana de trabalho diário para tirar o entulho do terreno. Na quinzena seguinte nosso serviço foi cavar. A tarefa de recuperar um solo duro e seco, que permanecia cheio de destroços, foi ainda mais desgastante que lidar com os tijolos. Era demais para alguns; Nina e Zula desistiram. Nina por ser muito preguiçosa; Zula, apesar do entusiasmo e da dedicação, não agüentava o trabalho, desmaiou duas vezes e depois parou.

Para os que ficaram, contudo, chegou o grande dia em que a provação terminou e tiveram início as alegrias do cultivo propriamente dito. Seguindo as instruções de Tadek, agora semeávamos e plantávamos hortaliças: cenouras, cebolas, pepinos e tomates, tudo que nosso lote permitia. A cada manhã eu corria ávida para o trabalho a fim de ver como tudo estava crescendo, cuidar dos frágeis brotinhos, irrigar o solo. Graças aos esforços de Tadek, nossa unidade recebeu uma chocadeira para instalarmos um galinheiro. Ele ficou entusiasmadíssimo com ela e queria que funcionasse imediatamente. Só precisava de um assistente. Todas as minhas amigas se apresentaram. Eu não, muito ligada que estava às minhas plantinhas. Tadek escolheu Renata e bastou um dia para que ele a contagiasse com a sua paixão pela tarefa.

Com o trabalho duro terminado, podíamos fazer mais intervalos para descansar e conversar. Devo confessar que ainda me lembro desse verão quente passado numa ilha verde no meio do inferno como um período feliz da minha juventude.

3 de agosto de 1941

“Após três dias de chuva forte, novamente tempo quente e ensolarado. Ah, como tudo está crescendo! As frágeis folhas verde-claras dos pés de cenoura balançam com a brisa, os pequenos pepinos que estão brotando se espalham rasteiros pelas valetas que cavamos para eles. Zula está conosco outra vez, o que me faz feliz. Sentia muita falta dela. É verdade que eu tinha Hanka. Mas para mim Hanka não pode substituir Zula nem vice-versa. São muito diferentes. Às vezes penso que elas só são amigas porque têm a mim como intermediária. Com Hanka eu posso conversar sobre todo tipo de assunto sério, discutir livros que nós duas lemos, não apenas romances e poesia, mas também coisas como Descartes, por exemplo, ou o *Manifesto comunista*, ou *A vida dos cupins* de Maeterlinck. Zula iria bocejar e nos interromper se estivesse conosco. Mas quando se trata de rapazes e amor, só posso conversar com ela. Hanka descartaria o assunto, enrubescendo. De modo que tive de esperar por Zula para falar de Renata. Como ela mudou desde que Tadek a tornou sua assistente! Dificilmente presta atenção nos amigos agora, está a quilômetros de distância, os olhos vagos, o comportamento todo confuso. Parece estar sonhando mesmo quando cuida dos ovos em incubação. Será só encantamento pelas galinhas ou será o amor? Zula os tem observado desde que lhe falei. Ela diz que sim, deve ser amor, verdadeiro e recíproco. Estranho, Renata só tem 15 anos, tal como nós, e é uma garota muito quieta e despretensiosa. Nem é atraente, tanto o rosto quanto o corpo são um tanto sem graça. Mas Tadek, que é um homem adulto e bonito, olha para ela de modo muito caloroso. Muito carinhoso, é o termo certo. Não preciso esconder de Zula que tenho inveja de Renata. Não porque eu tenha algum capricho em relação a Tadek, mas porque ela está amando e sendo correspondida. Zula diz que sente exatamente a mesma coisa. Nenhuma de nós já se apaixonou. Não posso dizer que amasse Artek. Nós nos beijávamos, é verdade, mas não era a mesma coisa. Quanto a L., nós estamos, todas as oito, encantadas por ele – por sua figura elegante, seus olhos deslumbrados, o modo como recita os poemas. Mas é um sentimento coletivo, nada pessoal. Para mim, L. é mais um Hamlet do que um Romeu. E é um Romeu que estou procurando."

De volta do clima romântico para a miséria do mundo ao meu redor, eu me tornava mais e mais acostumada aos horrores do dia-a-dia. Nas ruas, os cadáveres de pessoas mortas de inanição ou pelos tiros dos nazistas não me chocavam mais. Passava por eles no caminho de ida e de volta do trabalho sem prestar muita atenção. O trabalho, conseguido em função de minha arraigada preocupação e piedade, se transformou numa alegria imensa. Pouco a pouco minha consciência se tranqüilizava pela reconfortante percepção de estar *fazendo alguma coisa por eles*. Só de vez em quando uma súbita percepção da realidade fazia eu me recriminar.

20 de agosto de 1941

"Sou uma besta. Uma hipócrita insensível. Ontem discuti com mamãe. O assunto era trivial: perdi todos os vestidos de verão, estão muito pequenos e apertados. Não admira, foram feitos para uma menina de 13 anos que não tinha seios. Mamãe insistiu em que eu usasse o único em que ainda caibo porque é largo, o vermelho de seda. Sempre o odiei, desde que me deram, dois anos atrás. Mas não podia fazer minha mãe mudar de idéia somente por dizer que não gostava do vestido. De modo que eu lhe disse que, se eu andasse na rua de vermelho reluzente, seria imediatamente identificada por aquele alemão maluco que vem todo dia ao gueto de bicicleta só para matar a tiros alguns judeus na multidão. Esse argumento resolveu a discussão imediatamente. Mamãe parou de resmungar e me deu um de seus vestidos, aquele cinza adorável, feito de linho. Agora estou maravilhosa e me odiando.

Algo mais aconteceu esta manhã. Regina, a garota que trabalha comigo na horta, cantava o tempo todo enquanto capinávamos. Ela tem uma bela voz e conhece todos os sucessos de antes da guerra. Eu estava realmente gostando até que ela começou a cantar "Bel Ami". Subitamente fiquei histérica e gritei para que calasse a boca. O motivo é que todo dia, à noitinha, sou obrigada a ouvir essa canção estúpida. Uma mendiga fica cantando interminavelmente lá na rua, bem debaixo de minha janela, enquanto tento em vão me concentrar na leitura. E como ela canta, meu Deus! Com uma voz desafinada e rachada, em polonês, iídiche, francês, tudo misturado. Tem o rosto inchado, e por isso não consigo ter uma idéia de sua idade. Traz dois filhos consigo, um deles nos braços, o outro agarrado a seus andrajos. Seus pés estão sempre descalços. Quando lhes entrego uma moeda ou um pedaço de pão, ou se outra pessoa o faz, ela pára por um momento, depois volta ao seu "Bel Ami" em tom ainda mais alto e dissonante. Realmente a odeio, odeio todos eles. É por isso que eu digo que sou uma hipócrita insensível. Sou mesmo."

O verão se foi e voltamos aos nossos estudos. O trabalho maior na Toporol estava terminado, a colheita entregue ao Conselho Judaico. Só Renata continuava trabalhando no seu próspero galinheiro, e muitas vezes perdia uma ou duas aulas.

Lembro-me do meu segundo inverno no gueto como um período de estranha "estabilidade". Eu tinha aprendido de alguma forma a conviver com toda a sorte de miséria batendo à minha porta, com o infortúnio fazendo vítimas por toda parte. Era algo tão certo quanto o calor do verão ou o gelo do inverno. Eu não era a única pessoa a viver assim – mas se culpava os outros, devia primeiramente me culpar.

Minha família ainda conseguia sobreviver com as sobras de tempos melhores. Tia Maria tinha retirado todos os objetos de valor de nosso apartamento na rua Border. Conseguira manter a prataria antiga e as preciosas pinturas da coleção de meu avô. Todos esses bens valiosos nos mantiveram vivas no gueto e depois. Tia Maria os vendia um a um do lado "ariano" e encontrava alguma forma de fazer o dinheiro chegar até nós.

Desde outubro de 1941, entrar ou sair do gueto sem uma permissão especial significava a morte para os que ousassem fazê-lo e fossem apanhados. E no entanto, apesar do perigo terrível, os elos com o mundo exterior não foram cortados. Havia buracos no muro, passagens secretas por dentro de casas vizinhas ao lado "ariano". Havia guardas a serem subornados – tanto alemães quanto poloneses e judeus – nas entradas do gueto. Muitos poloneses que trabalhavam nas companhias fornecedoras de água ou eletricidade eram autorizados a entrar no gueto para desempenharem suas tarefas. Todas essas formas eram utilizadas diariamente por judeus e não-judeus para fornecer ao gueto comida e outras mercadorias. Algumas dessas pessoas audaciosas, incluindo crianças, só estavam lutando para manterem vivas as suas famílias. Umas tiveram sucesso, outras morreram a tiros ou espancadas.

Um grande edifício da rua Leszno abrigava o Tribunal Municipal de Justiça, que funcionava para judeus e não-judeus. Havia duas entradas, uma delas pelo gueto, a outra pelo lado "ariano". Os saguões e corredores do tribunal eram fortemente guardados, é claro, mas com dinheiro e sorte pessoas dos dois mundos podiam se encontrar e conversar. Mamãe e tia Maria se encontraram várias vezes no Tribunal de Justiça. O cunhado de tia Maria, que era eletricista e tinha uma permissão especial para entrar no gueto, também nos visitava de vez em quando trazendo cartas, dinheiro e toda espécie de coisas úteis que ela mandava.

Naquele inverno, lojas de artigos luxuosos, cafés e restaurantes foram abertos no gueto. Uma vez, depois de se encontrar com tia Maria no Tribunal de Justiça e se sentindo momentaneamente rica, mamãe levou Sophie e eu para almoçarmos num restaurante da rua Leszno. Eu nunca tinha entrado num restaurante e achei excitante a nova experiência. Apesar do dia claro lá fora, as janelas do amplo salão estavam completamente vedadas. O lugar era discretamente iluminado por algumas lâmpadas de querosene, as mesas cobertas com toalhas brancas, os garçons usavam ternos pretos. Um pianista e um violinista tocavam canções sentimentais judaicas e fantasias ciganas. A maioria das mesas estava ocupada. As pessoas comiam e conversavam em voz alta – não nos pareciam elegantes, e no entanto era possível perceber que se sentiam em casa. Nós é que nos sentimos deslocadas. Mamãe examinou o cardápio sobre a mesa e ficou ainda mais desconfortável. Havia toda espécie de pratos sofisticados, além de vinhos franceses e conhaques finos. Os preços eram assustadores. Se não fosse por Sophie e por mim mamãe teria se levantado e saído. Mas ela não queria nos desapontar, de modo que permanecemos e ela pediu os pratos mais baratos do cardápio: consomê de galinha com talharim, *cholent* – cozido tradicional judeu feito com carne de segunda, batatas, feijão e flocos de cevada –, seguidos de pudim de leite com calda de cereja. Foi um verdadeiro banquete, a primeira refeição de verdade que fizemos após tanto tempo. Embora até então não tivéssemos passado fome no gueto, nossas refeições diárias eram bem menos substanciais e saborosas. Suspirando, mamãe pagou a conta e, alimentadas, saímos do restaurante.

À luz clara do sol naquela tarde gelada, lá estava ele, aquele louco cabeludo, nu sob um acolchoado com forro de penas sujo e rasgado, que pendia de seus ombros e só em parte lhe ocultava a nudez esquálida. Encostado na parede perto da entrada do restaurante, os pés descalços, esperava por esmolas da clientela bem-alimentada. Eu já tinha visto esse homem, por muito tempo uma figura comum no cenário do gueto. Antes que minha mãe pudesse pegar a carteira, um policial judeu apareceu do nada. Gritando com o mendigo, ameaçando-o com o cassetete, tentou forçá-lo a ir embora. Demorou algum tempo para que o homem saísse do lugar e começasse a se arrastar pela rua Leszno, uma pequena nuvem de penas voando de seu acolchoado rasgado.

A incursão ao restaurante foi para mim a primeira e a última. Nunca senti vontade de voltar lá. Quanto ao mendigo nu, vi-o morto algum tempo depois, estendido sobre a calçada e coberto por jornais seguros por tijolos. Soube que era ele porque uma ponta esfarrapada do acolchoado sujo aparecia sob os papéis.

Na rua Leszno, não longe de minha casa, o cinema Femina de antes da guerra foi transformado numa sala de concertos naquele inverno. Havia um número suficiente de músicos importantes que eram judeus para que se criasse no gueto uma orquestra sinfônica de primeira linha. Era conduzida por Szymon Pulman. Eu não sabia nada de música clássica. Nunca tinha ido a um concerto. Foi Hanka quem me convenceu pela primeira vez a ir ao Femina com ela. A orquestra tocou a sinfonia *Patética* de Tchaikovsky. Toda a platéia do auditório escuro permaneceu em silêncio, profundamente comovida. Depois, uma jovem de 18 anos cantou a *Ave Maria* de Schubert. Sua voz era tão forte e clara que pareceu romper as paredes da sala e pairar acima de nosso mundo com todos os seus problemas cotidianos. A audiência chorou, eu inclusive. O nome da jovem cantora era Maria Eisenstadt. Não sobreviveu à guerra. O maestro também não. Pelo que sei, ambos morreram em Treblinka no verão de 1942.

Depois desse primeiro concerto eu mal pude esperar pelo seguinte, e jamais perdi nenhum até que se encerraram. A orquestra foi extinta pelos nazistas por executar obras de compositores alemães, o que era estritamente proibido aos judeus.

Passei uma mensagem a tia Maria suplicando-lhe que me enviasse o meu gramofone. Creio que foi difícil para ela convencer o cunhado de que tal coisa era de vital importância para uma pessoa que vivia atrás do muro, mas ela conseguiu e ele trouxe o aparelho. Com ele vieram alguns discos com tangos e *foxtrots*, mas isso não era o que estava me interessando. Logo que me apossei dele e contei a minhas amigas, marcamos um encontro com um rapaz que conhecíamos da Toporol. Ele costumava se queixar por não ter um gramofone para tocar seus discos de música clássica. Num entardecer muito frio, fomos à casa dele com o gramofone. Outros jovens já esperavam por nós e seguimos todos para um lugar estranho nas vizinhanças. Era uma sala vazia, meio destruída pelo fogo e terrivelmente fria. Nós nos sentamos no chão. Nosso anfitrião trouxe dois discos – os únicos que ainda não tinha vendido. Um era a Quinta Sinfonia de Beethoven, primeiro e segundo movimentos; o outro, a Quinta Sinfonia de Beethoven, terceiro e quarto movimentos. Gelando sob casacos e luvas, passamos o tempo todo ouvindo os dois discos. Quando o quarto movimento terminava, recomeçávamos tudo, e assim continuamos até se aproximar a hora do toque de recolher. Depois disso nós nos encontramos no mesmo lugar e ouvimos os mesmos discos uma vez por semana até o final do inverno. Não tínhamos outros discos de música clássica, só a Quinta Sinfonia.

Ao mesmo tempo, eu soube que estavam sendo realizadas palestras sobre medicina no prédio grande perto de um dos portões do gueto. O edifício ficava do lado "ariano", mas as palestras eram patrocinadas pelo Conselho

Judaico e destinadas a judeus. Na verdade, era quase um curso universitário padrão de medicina não-oficial. Corremos logo para lá, Hanka e eu, e conseguimos cruzar o sinistro portão misturadas a alunos legítimos que mostravam suas permissões ao guarda alemão. Uma vez dentro do prédio, foi fácil entrar furtivamente na sala de palestras e submergir no mundo da genética. Um famoso cientista de origem judaica, professor Ludwik Hirzfeld, estava dando a palestra. Foi clara e fascinante. Conseguimos acompanhá-la sem esforço, embora ainda fôssemos estudantes secundaristas sem qualificação para freqüentarmos a universidade. Na semana seguinte cruzamos mais uma vez o portão e assistimos a outra palestra sobre genética. Depois os controles de entrada e saída do gueto ficaram mais rigorosos e na terceira tentativa tivemos sorte em escapar sem sermos espancadas, e por um triz! Assim, tivemos de desistir dos estudos de medicina. Apesar disso, 40 anos depois ainda recordo claramente os princípios primordiais da hereditariedade.

A maioria de meus inúmeros parentes vivia, tal como nós, no gueto de Varsóvia. Eu só mantinha contato com aqueles de quem gostava especialmente.

Havia a minha tia-avó Bella, irmã de minha avó, que morava sozinha, não muito longe, na rua Nowolipie. Às vezes eu a visitava, atraída pelas histórias de sua juventude que ela adorava me contar. Antes da guerra ela vivera no luxo, entregando-se aos prazeres, intelectuais e da carne. O marido a abandonara logo após o casamento, deixando-lhe um filho e todas as dívidas. Proveniente, contudo, de uma família rica, Bella tinha seus próprios recursos e conseguiu aproveitar a vida apesar das adversidades. Eu me lembrava de seu apartamento antes da guerra, com móveis no estilo *art nouveau*, cheio de coisas preciosas da época. Ela tinha levado algumas delas para seu minúsculo e escuro apartamento no gueto. Uma mulher loura rechonchuda mas bem-proporcionada, ainda ostentando reminiscências de sua grande beleza apesar de ter mais ou menos 65 anos, no passado tia Bella costumava manter escancarada a porta da frente de sua casa. Pintores, poetas, filósofos se reuniam em sua sala de estar para discutir arte e literatura, e também para comer, beber e dançar. Agora ela estava só, o filho único longe no exército, os antigos amigos do outro lado do muro, ou mortos. Mas seu senso de humor e seu otimismo inato a protegiam da melancolia. Ela estabeleceu para si mesma um objetivo definitivo: sobreviver a Hitler.

A outra parente de que eu gostava muito era Maryla, prima de minha mãe. Ela ainda morava no mesmo apartamento de antes da guerra, na rua

Zelazna, já que ele ficava na área do gueto, junto com a mãe idosa e com a antiga empregada cristã, que não quis se separar delas. O único irmão de Maryla, Karol, também partira com o exército e muito mais tarde foi dado como morto na batalha de Tobruk, na África. Maryla era uma mulher alta e inteligente, na faixa dos 40 anos. Embora não fosse bonita, tinha o charme especial de uma mulher espirituosa, independente e profissional. Fora educada na Suíça, era fluente em quatro línguas estrangeiras e antes da guerra tinha trabalhado como intérprete de inglês e francês, e também como secretária taquígrafa. No gueto, ganhava a vida com o ensino de idiomas. É a Maryla que devo meus primeiros passos no inglês: ela me deu aulas duas vezes por semana no inverno de 1941-42.

Depois vinham vovó Viera e tio Julian, agora vivendo no Pequeno Gueto. Tio Julian tinha entrado para a polícia judaica e usava o uniforme de policial: boné especial e cassetete. Nós da rua Leszno não gostávamos nada disso. Mamãe, Jadwiga e principalmente Stefan só tinham desprezo pela polícia judaica. Uma vez, logo após ser instituído o gueto, Stefan também recebeu uma oferta de trabalho desse tipo, mas a recusou para ir se apresentar como voluntário no hospital, desempenhando incansavelmente as tarefas mais humildes com o único propósito de ser útil. Para ele, a polícia judaica era sinônimo de lacaios e colaboradores dos nazistas. Para ser honesta, entrar na polícia era, para alguns jovens, a única forma de ganhar dinheiro e sustentar a família. Mas Julian era médico, poderia facilmente ter se empregado de outra maneira. Por outro lado, ele de fato trabalhava como médico da polícia.

— Não acha que está certo trabalhar como médico em quaisquer circunstâncias? –, perguntei a Stefan, tentando defender meu tio paterno do escárnio de meu tio materno.

Mas Stefan disse que na guerra e no gueto nós estávamos de tal modo expostos ao mal, tão vulneráveis a sermos infectados por ele, que devíamos ter o maior cuidado para não nos envolvermos em qualquer situação moralmente ambígua, para nos mantermos longe dessas coisas enquanto pudéssemos. O que não significava, é claro, que eu devesse me afastar de Julian, acrescentou ele. Assim, de vez em quando eu visitava Julian e vovó Viera, cruzando a ponte que àquela altura tinha sido construída sobre a rua perigosa por onde passava o tráfego.

Apesar da idade, da viuvez e da infindável ansiedade em relação aos três de seus quatro filhos que estavam ausentes, vovó se mantinha bem. Ficava sempre satisfeita quando eu aparecia e me servia uma comida gostosa. Diferentemente de mamãe, era uma cozinheira de mão cheia. Além disso, seu poder aquisitivo era maior que o nosso. Certa vez, quando cheguei, ela me convidou para irmos ao café recentemente inaugurado no Pequeno Gueto. Tinham anunciado um programa divertido e ela queria que assistíssemos juntas. Nós nos sentamos a uma mesinha bebendo um imundo líquido preto super-adoçado com sacarina e assistimos a um espetáculo indecente, estúpido e grosseiro. Vovó ficou muito constrangida por ter me levado. Mesmo assim, ficamos até o final na vã esperança de que pudesse haver alguma coisa boa. Quando o espetáculo terminou, o conjunto começou a tocar um tango e vários casais ocuparam a pista de dança. De repente, alguém veio à nossa mesa e educadamente pediu permissão a minha avó para me convidar para dançar. Era um rapaz novo, e de aparência inocente. Vovó lhe lançou um olhar inquisidor e disse que não se importava. Nem eu.

E assim dancei o tango com um estranho, me sentindo ao mesmo tempo excitada e culpada, já que eu não aprovava que a gente se divertisse muito enquanto pessoas morriam na rua. Cheguei a dizer isso a meu parceiro, mas ele retrucou, sorrindo:

— Nós também podemos morrer em breve, você e eu.

Era verdade. Devolvi-lhe o sorriso, bem aliviada. Gostei do rapaz. Seus olhos eram de um azul-claro faiscante, seus cabelos louros e macios. Podia sentir a maciez quando roçavam levemente em minhas têmporas – ele era apenas um pouco mais alto que eu. E só um pouco mais velho. Ele me disse que naquele dia estava completando 16 anos. Os pais o tinham levado ao café para comemorar. Ele também estava enojado com o espetáculo. Não pudemos conversar mais porque o conjunto passou a tocar "Rosamunde", aquela música alta e acelerada que inundou a Europa inteira durante a guerra. "Rosamunde, você veio com o vento norte", cantava o jovem pianista. Ao som dessa música, conversar era impossível, só dava para dançar. E assim dançamos até que o conjunto parou de tocar. Quando voltamos para a mesa, eu esperava que vovó convidasse meu parceiro a se sentar um pouco conosco. Mas ela disse que era hora de voltarmos para casa. O rapaz se inclinou polidamente em sua direção, acenou para mim e desapareceu. Não me disse o seu nome, nem eu lhe disse o meu.

A primavera chegou outra vez. A terceira primavera da guerra, a segunda que passava no gueto. Eu já tinha quase 16 anos. Vagas insinuações de vida acordando de seu cochilo invernal em algum lugar muito além do muro, uma brisa fresca entrando pela janela por sobre os intermináveis telhados, tudo isso me fazia ansiar pela liberdade do espaço aberto. Eu sufocava no aperto do meu quarto atulhado, no mau cheiro das ruas insalubres. Meus sonhos se inundavam de imagens de bosques verdejantes iluminados pelo sol, de campos infinitos pulsando de fecundidade. Assim, quando fui ao Conselho Judaico, em maio, solicitar um novo emprego na Toporol, não foi apenas porque desejasse ajudar pessoas famintas.

Só Hanka foi comigo. As aulas prosseguiam, mas o quarto ano do curso secundário já estava quase terminando e havia tempo de sobra para revisarmos o conteúdo, de modo que era fácil reservarmos dois dias por semana para o trabalho. Fomos designadas imediatamente para uma equipe que funcionava no cemitério. O cemitério judaico fora separado do gueto e até as pessoas que iam aos enterros precisavam de permissões especiais para cruzar o portão. Recebemos as nossas do Conselho Judaico e fomos trabalhar naquela mesma manhã.

O caminho para o cemitério era longo e passava pela pior e mais apavorante parte do gueto, um lugar que eu pouco conhecia. Quase imediatamente meu saco com sanduíches foi arrancado de minha mão por uma criança faminta que nem chegou a correr, mas parou e devorou o pão ali mesmo. O terreno do cemitério, até então sem tumbas e cedido à Toporol para o cultivo, era duas vezes maior que o do hospital. Devíamos trabalhar duro, já que a equipe era pequena. Em vez de cebolas ou pepinos, agora plantaríamos batatas, repolhos e beterrabas. Um homem rude de meia-idade, sem um pingo da sagacidade e do charme de Tadek, era o encarregado da equipe. Naquela primeira manhã ele mostrou como plantar repolhos e imediatamente começamos a trabalhar. Após uma ou duas horas, ouvi surpresa algumas palavras elogiosas desse instrutor bruto e rixento:

— Olhem para ela – disse ele aos meus companheiros de trabalho, apontando para as minhas costas vergadas pelo esforço –, ela faz certo e rápido. Tentem fazer como ela.

Eu nunca tinha sido louvada por meu empenho físico e esse comentário me deixou orgulhosa e feliz. Dediquei-me ao trabalho com o máximo fervor. As oito horas se passaram num instante.

Naquela primavera eu estive ocupada demais para ler, pensar ou escrever meu diário de maneira adequada. Depois de um dia de trabalho duro, físico ou mental, eu ia para a cama morta de cansaço e logo caía num sono tranqüilo. Só pegava o diário para escrever se alguma emoção forte daquele dia me tivesse mantido acordada até tarde.

20 de maio de 1942

"Amanhã de volta ao trabalho. Faz uma hora apenas que Jadwiga me levou ao quarto dela para conversar comigo a sós. E a sério. De mulher para mulher. Devo dizer que ultimamente ela estava dando nos meus nervos. Ou foi ela que mudou ou fui eu, não sei qual das duas. Ela já foi um ídolo para mim. Tudo que ela dizia e fazia, a forma como se comportava, se vestia, pensava sobre as coisas, para mim era o certo. Queria ser como ela. Agora percebo que ela tem suas falhas, tal como todo mundo. Tenta impor suas regras na casa, é vaidosa e convencida. Duvido que seu conhecimento seja realmente tão sólido quanto eu imaginava. Há alguns assuntos que ela só finge conhecer, mas nunca admitiria que eu conheço mais. Por mais estranho que possa parecer, ela tem inveja de mim – minha própria tia, dez anos mais velha! Percebi seus olhares furiosos quando o sr. N., amigo de Stefan, conversava comigo na semana passada. Tola, o que ele desejaria comigo, um homem com mais de 30 anos.

De qualquer forma, nós nos sentamos em sua cama esta tarde e ela me fez um sermão sobre os perigos a que eu me exponho trabalhando no cemitério. Perigo nº 1: "Frankenstein" no portão – ele adora judeus mortos, além do que está acompanhando até a cova. O que significa que eu poderia levar um tiro por acaso. Perigo nº 2: o mercado negro que funciona no cemitério, judeus se encontrando com não-judeus, policiais judeus e poloneses achacando os ambulantes para extraírem propinas, alemães caçando todos eles com suas armas. Novamente, por acaso, eu poderia me ver envolvida nisso. Perigo nº 3 – e Jadwiga assumiu uma expressão solene: uma garota como eu, nova e bonita, poderia facilmente ser estuprada em alguma parte deserta do cemitério. Quando ela disse isso, eu falei uma coisa estúpida, de pura maldade, e agora me arrependo: "Perfeito. Eu não me importaria de ser estuprada, desde que o estuprador fosse jovem e belo." Jadwiga não é puritana, não me repreendeu pela indecência. Pelo contrário, ela levou a sério e prosseguiu, me explicando a diferença que fazia para uma mulher perder a virgindade num estupro e não por amor. Devo admitir que ela foi ótima ao falar sobre isso, e percebi que ainda tinha muita admiração por ela, apesar dos defeitos. Eu a beijei e prometi que teria cuidado. Amanhã, semana que vem e por toda a minha vida."

21 de maio de 1942

"Esta manhã, a primeira coisa que fizeram foi nos mandarem para a outra parte do cemitério, e eu trabalhei colhendo beterrabas o resto do dia. Só Hanka e eu, já que somos "trabalhadoras confiáveis que não precisam ser supervisionadas", como disse o velho. De fato trabalhamos com afinco até o meio-dia, quando fizemos uma pausa. Não tínhamos nada para comer porque havíamos dado nossos sanduíches a umas crianças no caminho, sem esperar que eles nos fossem arrancados das mãos. Assim, terrivelmente famintas e cansadas, nós nos deitamos no chão e ficamos olhando o céu. Foi um sentimento adorável, como se eu fosse uma partícula integrante do mundo, profundamente enraizada na crosta da terra sob um enorme domo azul. Não havia ninguém por perto, nem alemães, nem ambulantes, nem mesmo estupradores – e nenhum som, a não ser o dos pássaros. Sentindo o cheiro de terra úmida, pouco a pouco fomos adormecendo, quando de repente ouvimos um lamento que se aproximava de nós a partir da entrada do cemitério. Levantamos de um pulo e vimos uma horrível procissão funerária seguindo rapidamente pela trilha mais próxima. Dois homens da Pinkert* puxavam uma carroça lotada de cadáveres negligentemente cobertos por um lençol. Um velho judeu, quem sabe um rabino, seguia a carroça, gemendo e se lastimando mecanicamente, enquanto caminhava, cambaleando, num passo muito ligeiro para sua idade. Passaram rápido e logo os perdemos de vista.

O mundo estava novamente luminoso e em paz. Mas não conseguimos deixar de pensar naquilo nem começar a trabalhar como se nada tivesse acontecido. Nós nos sentimos compelidas a ir ver o lugar onde eram enterrados os cadáveres. Logo o encontramos. Era uma cratera retangular imensa e profunda, cheia até a metade de corpos nus de homens, mulheres e crianças, estirados em camadas, uns sobre os outros, virados para cima, virados para baixo, braços e pernas misturados – não corpos de seres humanos, na verdade, mas ossos cobertos de pele em putrefação. Um mau cheiro terrível de carne podre que nunca tínhamos sentido antes quase nos jogou ao chão. Fomos embora correndo e não voltamos a nos falar até o final do horário de trabalho. Não esquecerei isso enquanto viver."

---

* A Pinkert era a única empreiteira do gueto.

De fato, nunca esqueci aquela cova aberta esperando a chegada de novos cadáveres.

No princípio do verão começamos a ouvir, com uma freqüência cada vez maior, rumores muito preocupantes sobre o futuro do gueto de Varsóvia. Falava-se dos planos dos nazistas de livrarem a capital de judeus mediante a deportação em massa para campos de trabalhos forçados situados na parte leste do país. Esses rumores provinham do Conselho Judaico e eram sussurrados ansiosamente, repetidas vezes. As pessoas os descartavam como *greuel Propaganda* (propaganda terrorista) ou tentavam se convencer de que viver longe de Varsóvia, num campo de trabalhos forçados bem-organizado, poderia ser melhor do que apodrecer no gueto. Minha família não compartilhava essas opiniões. Stefan acreditava firmemente que os nazistas tinham decidido exterminar os judeus e não se devia esperar que mudassem para melhor. Não havia nada, porém, que pudéssemos fazer para evitar o que estava a caminho, e assim prosseguimos, tal como antes, com nossos afazeres diários.

Apesar da constante sensação de perigo, ou talvez por causa dela, algumas pessoas do gueto se entregavam aos prazeres com particular empenho. Eu conhecia umas poucas que viviam assim, e refletia sobre esse tipo de vida com sentimentos ambíguos.

30 de maio de 1942

"Estou furiosa com Zula. Alguma coisa tem acontecido nos últimos tempos na casa de Renata e Joanna, noite após noite, e nós duas estávamos doidas para saber o quê. Renata não diria. Aparentemente ela não tem nada a ver com isso, tão absorvida que está por seu próprio romance. Mas ouvimos boatos de pessoas que estiveram nas festas noturnas de Joanna. Porém muito vagos. Nunca me ocorreria ir perguntar a Joanna, nem tentar ser convidada por ela – afinal, ela é mais velha e nunca foi minha amiga. Ontem, mesmo sem me consultar, Zula foi à festa como penetra e ficou lá a noite toda. Esta manhã ela me contou tudo, nos mínimos detalhes. Havia 13 pessoas lá, incluindo Zula, rapazes e moças, todos em torno dos 18 anos, menos ela. Renata não estava. Parece que ultimamente ela não tem dormido em casa. Onde é que ela dorme, então? Os pais não se opõem. Também não se opõem às festas de Joanna. Dormem em paz no seu quarto a noite inteira, diz Zula.

Joanna e seus amigos não se incomodaram pelo fato de Zula estar lá, na verdade ficaram satisfeitos com isso. Estavam envolvidos num jogo quando ela chegou. Consistia em sentar no colo de outra pessoa e beijá-la. Vez por outra eles bebiam vodca direto da garrafa. Alguém passou a garrafa para Zula e ela também bebeu. Quando a garrafa esvaziou, um dos rapazes pegou uma outra e esta começou a circular novamente. Depois de um tempo Zula sentiu que estava bêbada, mas se lembra de que eles dançaram, depois desligaram a luz e se deitaram no chão, todos próximos uns dos outros. Imediatamente ela caiu no sono, mas depois de um tempo acordou e ouviu um casal fazendo amor ao lado dela. Ela imaginou que os outros casais estivessem fazendo a mesma coisa no escuro, e ficou tão terrivelmente perturbada que começou a chorar. Um rapaz acorreu a confortá-la e disse que desejava fazer amor com ela. Ela estava com muito medo e recusou. Mas o rapaz não pareceu se ofender. De um modo paternal, disse a Zula que, com a vida indo desse jeito, não deveríamos esperar nossa primeira paixão verdadeira para então fazer amor, pois talvez não cheguemos a viver o suficiente.

Pensamos e conversamos o dia todo sobre o que ele disse. Talvez esteja certo, talvez estejamos desperdiçando os últimos momentos de nossas vidas sem sequer tentarmos saber o que é o amor... Mas a simples idéia de fazer isso bêbada e na presença de outras pessoas me deixa enojada. Prefiro morrer sem saber... Zula diz que estou certa. Parece profundamente desolada depois do que viu naquela noite. Bem feito para ela. Afinal, quem mandou ir lá? ”

Nosso ano letivo se aproximava do final. Em meados de junho fizemos os exames não-oficiais, supervisionados apenas por nossos próprios professores. Irena, minha amiga de antes da guerra que tinha passado a estudar com os rapazes um ano antes, me procurou com uma mensagem do seu grupo. Os rapazes desejavam conhecer as garotas da minha turma e propunham uma festa para comemorarmos o fim dos exames. Eu disse que primeiro precisava consultar minhas amigas, de modo que Irena foi embora sem uma resposta definitiva, deixando-me arrasada por sentimentos ambíguos. Eu não tinha dúvidas de que promover uma festa num momento como aquele era algo vergonhoso. Por outro lado, eu ansiava por conhecer os rapazes, dançar, rir.

No dia seguinte falei com as garotas sobre o convite. Hanka e Renata disseram de cara que não estavam interessadas. As outras cinco se mostraram muito satisfeitas em aceitar. Precisava dar a resposta a Irena, mas eu mesma não me havia decidido. Estava pensando no assunto, quase decidida a não ir, quando dois rapazes apareceram sorrindo à minha porta. Para minha grande surpresa um deles era o desconhecido com quem eu tinha dançado no café três meses antes. Não menos surpreso do que eu, dessa vez ele se apresentou. Chamava-se Roman. Ele e seu amigo Marian pertenciam ao grupo de estudos de Irena. Vieram como representantes do grupo para saber a minha resposta e, se fosse "sim", pedir emprestado o meu gramofone para a festa, que seria realizada na casa de Roman. Fiquei tão excitada e confusa que respondi "sim, é claro", esquecendo todas as minhas dúvidas. Por algum tempo ficamos desconfortavelmente de pé no corredor, discutindo os detalhes do evento, depois conversando sobre tudo e sobre nada. Percebi que Roman era um rapaz inteligente e espirituoso, nem de perto tão tímido quanto pensei que fosse quando o conheci. Ligeiramente bronzeado, a camisa azul aberta no pescoço combinando com os olhos faiscantes, parecia agora bem mais atraente que daquela vez no inverno. Fiquei satisfeita por também estar bronzeada e por saber que minha blusa verde de verão também combinava com meus olhos. Notei que Roman e Marian tinham percebido isso.

Os dias e noites seguintes foram só de sonhos e expectativas agradáveis. Eu desejava ver Roman outra vez. No dia marcado, porém, Marian apareceu sozinho para me levar, com o gramofone, para a festa. Roman estava muito ocupado providenciando coisas, disse ele. Fiz todo o possível para não demonstrar meu desapontamento. Na rua, preguiçoso demais para levar o gramofone até o Pequeno Gueto, Marian parou um riquixá. Eu nunca tinha andado naquilo antes, e achei revoltante ser puxada por um pobre homem numa bicicleta. Sentei-me rigidamente no carrinho ao lado de Marian, evitando olhar as pessoas na rua e morta de vergonha.

A festa em si também não foi um sucesso. O aposento que Roman dividia com seus pais era bastante amplo, mas era o único que havia no grande apartamento, de modo que os pais dele ficaram lá o tempo todo. Minhas amigas se comportaram como tolas, os rapazes conversaram principalmente entre si e Roman esteve ocupado com os discos a maior parte da tarde. Só dancei com ele uma vez e me diverti menos que esperava. Comemos uns sanduíches minúsculos, regados a uma imitação de limonada, e a festa terminou. Quando todo mundo foi embora, eu fiquei para ajudar Roman e os pais dele a arrumarem a casa. Depois foi Roman quem me ajudou a levar o gramofone de volta.

Ele nem sequer pensou em chamar um riquixá. Pela primeira vez nós dois estávamos sós, não fosse a multidão numerosa e barulhenta. Caminhamos, conversamos e rimos o tempo todo, descobrindo que havia um monte de coisas para dizer um ao outro. Paramos na entrada de minha casa. Roman segurou minha mão e perguntou se eu gostaria de tornar a vê-lo. Seus olhos luminosos agora estavam sérios.

Na noite seguinte, eu o ouvi cantarolando "Rosamunde" na rua em frente a minha janela. Desci correndo e saímos novamente a passeio. Nas três semanas seguintes passamos todo o nosso tempo livre juntos, dia após dia. Eu estava trabalhando no cemitério em tempo integral. Roman também tinha seus compromissos, ganhava dinheiro dando aulas de matemática. Assim, sobravam apenas as noites. Em geral caminhávamos pelas ruas, já que não havia lugares interessantes para irmos. Às vezes Roman subia e ficava no meu quarto até se aproximar a hora do toque de recolher. Mamãe e Sophie estavam sempre conosco e gostavam quase tanto quanto eu das visitas dele. Seu dom especial para contar histórias, sua vivacidade e seu maravilhoso senso de humor faziam-nos pensar que ele poderia vir a ser um escritor ou ator ou as duas coisas.

Uma vez Roman me convidou para irmos a um cabaré. Chamava-se Sztuka (Arte) e funcionava desde o inverno anterior na rua Leszno. Durante todo esse tempo eu acalentara o desejo de ir ao Sztuka, e estar lá com Roman fez-me sentir extremamente feliz. O espetáculo foi bom. Além de antigos sucessos cantados por astros de antes da guerra enfocava aspectos da vida diária do gueto. Amargos e cortantes, os esquetes atacavam sem piedade a corrupção e a indiferença, aludindo ao vazio de nossa "cômoda estabilidade", o que fez a platéia rir e chorar também. Saímos muito tocados.

Era fácil conversar com Roman, era fácil estar com ele. Gostávamos das mesmas coisas, líamos os mesmos livros. Também era bom ficarmos juntos em silêncio. Eu queria estar sozinha com ele e me preocupava com ele à noite, quando imaginava que algo ruim pudesse lhe acontecer. Eu estava apaixonada.

21 de julho de 1942

"Não há para onde ir, não há como ficar sozinha. As ruas gritam e gemem com milhares de vozes, exalam o odor fétido de peixe podre e corpos moribundos. Não importa para onde nos viramos ou o que olhamos, tudo é repulsivo. Então fugimos e nos escondemos disso tudo no apartamento. Aqui pelo menos estamos a salvo de sons e cheiros. Mas não das outras pessoas.

Passamos essa tarde sentados no sofá de Henryk no corredor. Por algum tempo não havia ninguém à nossa volta, e Roman acariciou meu rosto, e eu acariciei o dele, e nós nos aconchegamos. Mas então Jadwiga subitamente abriu a porta, foi até o sanitário e voltou. Depois Sophie subiu e desceu. Depois Henryk chegou de seu passeio de todas as tardes e, lançando-nos uma piscada, se trancou na cozinha para nos deixar à vontade. Agüentar tudo isso era difícil para mim, de modo que pedi a Roman que fosse embora. Ao dizer isso, meus olhos se encheram de lágrimas.

Ao nos despedirmos, Roman sussurrou algo estranho em meu ouvido. Disse que a única forma de ficarmos a sós era indo a um hotel. Havia um hotel secreto no gueto, revelou, e ele tinha dinheiro suficiente para alugar um quarto por uma noite. Poderíamos ir amanhã, se eu quisesse. Ele não me encarou ao dizer isso e foi embora correndo.

Agora estou sentada à janela pensando nisso tudo. Todos os outros parecem estar dormindo. De qualquer maneira, eu não falaria sobre isso com ninguém. Nem mesmo com mamãe. Que devo fazer? O que devo lhe responder amanhã? Um quarto de hotel... Coisa deprimente, degradante... pelo menos a julgar pelos romances franceses. A imagem de uma mulher decaída e maltrapilha me vem logo à mente. Por outro lado, essa é a única maneira de ficarmos a sós. Por alguns momentos... por uma hora... por uma noite inteira... Meu Deus! Eu desejo isso, anseio por isso... Sim, eu irei com ele amanhã!

> "Venha, noite suave, venha, adorável noite de rosto negro,
> Entregue meu Romeu..." ”

No dia seguinte, 22 de julho de 1942, teve início a deportação em massa de pessoas do gueto de Varsóvia.

4. Os muros se fecham sobre nós

O número de deportados era em média de 5.000 a 7.000 por dia, por vezes atingindo 13.000 ...

Algumas das vítimas, resignadas com seu destino em conseqüência da inanição, se apresentavam voluntariamente à *Umschlagplatz**, atraídas pela visão da comida que os alemães ofereciam aos voluntários e pela promessa de que sua transferência para "o Leste" significaria poderem viver e trabalhar em liberdade ...

No princípio, os alemães isentaram da deportação os empregados das fábricas do gueto, os membros do *Judenrat*** e da polícia judaica, e os funcionários do hospital, assim como suas famílias. Milhares de judeus faziam esforços desesperados para obterem esses certificados de emprego. Com o passar do tempo, essas categorias "seguras" também foram submetidas à deportação ...

O número de vítimas, incluindo os que foram mortos no gueto e os deportados para Treblinka, chegou a um total aproximado de 300.000 dos 370.000 habitantes do gueto antes de julho de 1942 ...

Essa ampla *Aktion* durou de 22 de julho a 13 de setembro de 1942 ...

Encyclopaedia Judaica, vol.16

---

* Os nazistas transformaram o armazém da estação da rua Stawki, em Varsóvia, num local de reunião durante a deportação em massa. As vítimas eram levadas para lá e mantidas num pátio rodeado por cercas altas ou amontoadas num prédio abandonado até que chegassem os carros de transporte para levá-las embora. O armazém era vigiado por contingentes da SS, por tropas de apoio e pela Polícia Judaica.

** O Conselho Judaico foi estabelecido durante a ocupação alemã, por ordem dos nazistas, como uma extensão de seu congênere de antes da guerra. Devia cuidar da comunidade do gueto e executar as ordens das autoridades alemãs.

Passei os três primeiros dias da *Aktion* no apartamento, seguindo a rígida instrução de Julian de não pôr o pé na rua. Ele veio até nosso portão na manhã de 22 de julho, armado com o cassetete e de boné azul-marinho, muito nervoso. Disse que a deportação começaria dentro de uma ou duas horas. Estaríamos a salvo enquanto houvesse voluntários e mendigos em número suficiente para compor os primeiros contingentes diários de deportados – desde que ficássemos em casa. De outro modo, poderíamos ser apanhadas e postas num trem junto com indigentes. Disse que precisávamos fazer todo o possível para não sermos colocadas num trem para o leste, pois as condições nos campos de trabalhos forçados certamente seriam terríveis. Não era necessário que nos dissesse isso; afinal, nós da rua Leszno jamais confiamos nos alemães. Julian prometeu tomar conta de mamãe, Sophie e eu e tentar encontrar um meio de escaparmos tão logo fosse possível. Em primeiro lugar, porém, precisava pensar na sua própria mãe. Recomendou que Stefan, Jadwiga e Henryk fizessem o possível e usassem os contatos que tivessem para conseguirem um emprego numa das fábricas alemãs, dentro ou fora do gueto. Deveriam sair para fazer isso, apesar do perigo.

Eu ficava em casa angustiada imaginando o que poderia suceder com meu amado. Queria ficar com Roman, independente do que acontecesse. Estava mais desesperada por notícias dele do que pelo lugar seguro que Julian tinha prometido encontrar para nós. Mas as notícias não vinham.

No quarto dia não consegui esperar mais e, ignorando as súplicas de minha mãe, fui para Pequeno Gueto. De início as ruas pareciam misteriosamente calmas, quase desertas. Eu caminhava depressa, sem olhar em volta, rápido, rápido, pela rua Leszno, até chegar ao emaranhado de ruelas que levavam ao apartamento de Roman. Então, de repente, me encontrei no meio de uma multidão tomada pelo pânico. Numa pracinha, um grupo de homens – membros da polícia judaica e colaboradores civis – tentava manter aquele enxame de pessoas gritando dentro de um círculo de mãos fortemente seguras umas às outras. Policiais corriam pelas vielas de trás procurando outras vítimas, puxando-as com violência e empurrando-as para dentro do círculo. Escondidos atrás de um prédio grande, dois caminhões aguardavam sua carga humana com dois soldados nazistas despreocupadamente encostados neles. As armas prontas para disparar, observavam a cena com indolência, conversando e rindo sob o sol luminoso de meados do verão.

Eu mal tinha tido tempo de me atemorizar quando um homem rompeu o círculo, correu em minha direção, me segurou pelo braço e começou a me empurrar, como se quisesse me obrigar a entrar no círculo. Só estava fingindo. Eu o reconheci de pronto – era o sr. N., amigo de Stefan. Como empregado do Conselho Judaico, evidentemente recebera ordens de tomar parte ativa naquele cerco. Seu rosto estava pálido, contorcendo-se de angústia e medo, suas mãos tremiam. Com aparente brutalidade, ele me empurrou para um portão escuro e murmurou, me implorando:

— Corra, menina, volte para casa correndo o mais depressa que puder!

Ele me mostrou uma passagem estreita entre dois prédios. Aterrada, parti em disparada sem dizer uma palavra. Não lembro como voltei.

No dia seguinte, um garotinho que eu não conhecia me trouxe uma carta de Roman. "Minha doce Princesa", dizia, "estou fazendo tudo que posso para conseguir emprego, *para mim e para você*, na fábrica Schultz. Nós *precisamos* ficar juntos aconteça o que acontecer, *precisamos* sobreviver. Não se desespere, minha doce garotinha, estarei com você logo que puder." Não havia como responder; o menino desapareceu e o serviço postal do gueto parara de funcionar desde o início da *Aktion*.

Esperamos. Não tínhamos notícias de Julian nem das pessoas que haviam prometido "achar alguma coisa" para Stefan, sua mulher e seu sogro. A *Aktion* já estava bem adiantada. Dia após dia, incluindo sábados e domingos, ela começava às oito horas da manhã e terminava às quatro horas da tarde. Logo aprendemos a viver segundo esse horário, saindo bem cedo para voltar antes das oito, depois novamente ao tardecer até o toque de recolher. As ruas, desertas durante as longas horas de horror diárias, voltavam à vida nesses curtos intervalos. As pessoas corriam para verem se parentes e amigos tinham sobrevivido à *Aktion* naquele dia, fazerem uma nova tentativa de obter trabalho nas fábricas, telefonarem para amigos do lado "ariano", encontrarem alguma coisa para comer. Todos os cafés, lojas e restaurantes estavam fechados desde o início da deportação, todas as entradas do gueto rigorosamente bloqueadas pelos nazistas. A comida estava ficando escassa. Contudo, à noitinha as ruas se enchiam de ambulantes engenhosos vendendo pães, batatas ou doces a preços estratosféricos.

Não havia mais mendigos deitados nas calçadas nem pedidos de ajuda. O "refugo humano" tinha sido varrido e colocado nos trens durante os primeiros dias da *Aktion*. Os orfanatos, asilos para idosos e abrigos de refugiados também haviam sido gradualmente esvaziados. Então os nazistas, entusiasticamente auxiliados pelas tropas ucranianas e lituanas, assim como pela polícia judaica, desencadea-ram uma caçada sistemática, casa por casa. As residências eram cercadas pelas tropas, todas as portas e saídas bloqueadas, os moradores reunidos nas áreas dos fundos. Seus documentos eram conferidos e só eram excluídos da deportação aqueles que portassem um *Ausweis* provando que tinham utilidade para os alemães. Todos os outros eram obrigados a formar filas e marchar em direção à *Umschlagplatz*. Enquanto isso, revistavam-se os apartamentos. Qualquer pessoa apanhada se escondendo era, como regra, morta na hora.

No começo de agosto soubemos que o Pequeno Gueto tinha deixado de existir, os moradores deportados ou obrigados a se mudarem mais para o norte. Soubemos que Julian e vovó Viera estavam bem, morando num outro lugar. Mas não havia notícias de Roman. Todas as esperanças de tornar a vê-lo pouco a pouco se desvaneciam. Aguardávamos que chegasse a nossa vez a qualquer momento, sem muita esperança de obtermos um *Ausweis* antes disso. E quando ela de fato chegou, a 13 de agosto, nenhum de nós seis tinha o documento cobiçado.

A casa de número 15 da rua Leszno foi cercada e bloqueada logo no início da manhã. De nosso apartamento no quinto andar ouvimos o rumor de tropas irrompendo no pátio, o silvo ensurdecedor e depois a voz gritando "*Alle Juden raus, schnell, schnell, alle Juden herunter*" (Todos os judeus fora, rápido, rápido, todos os judeus aqui embaixo), repetido em polonês. Em seguida o som de dezenas de pés correndo para baixo, rumo à desgraça. Depois tiros, gritos, apitos, lamentos e gemidos no jardim... Dois únicos tiros... Um vendaval de violência e infortúnio.

Permanecemos em nosso apartamento, aguardando, escutando. Muito antes já tínhamos resolvido não obedecer, não descer. Ser morto imediatamente parecia bem melhor que enfrentar um longo e lento processo de morte dolorosa e humilhante. Além disso, não havia chance de sobrevivência se obedecêssemos a ordem; haveria alguma se desobedecêssemos. E assim ficamos sentados, escutando.

Logo ouvimos o ruído de botas pesadas subindo a escada, de fechaduras quebradas e portas derrubadas à força – os caçadores estavam revistando os apartamentos. Podíamos ouvi-los subindo e subindo, chegando ao terceiro andar, depois ao quarto. Pudemos então ouvir suas vozes, com palavras polonesas e lituanas. O quarto andar estava lhes tomando muito tempo. Obviamente, se ocupavam com a pilhagem. Agora era, para nós, uma questão de minutos. Esperamos.

Então, subitamente, um silvo longo e agudo e um comandante alemão anunciou no pátio que a batida havia terminado, chamando de volta seus caçadores.

Tínhamos sobrevivido.

Permanecemos no apartamento até o fim do dia, incapazes de nos mexermos, de pensarmos ou decidirmos o que fazer depois. Mantivemos os ouvidos alertas, mas em torno de nós o silêncio era mortal. O edifício parecia vazio. Quase no final da tarde, Stefan se aventurou e saiu para ver o que estava acontecendo. Logo voltou com notícias. Dois vizinhos que trabalhavam nas fábricas alemãs retornaram do trabalho para encontrarem suas casas saqueadas, as famílias desaparecidas. Um cartaz afixado no portão de entrada anunciava que os moradores do nosso prédio e da maioria dos outros da rua Leszno deveriam sair no dia seguinte. Teríamos de nos mudar para o norte, se excluídos da deportação, ou, caso contrário, nos apresentar na *Umschlagplatz*. Os que desobedecessem – dizia o cartaz – seriam fuzilados. Seguia-se uma detalhada lista com a numeração dos edifícios a serem abandonados.

Após uma noite sem dormir, minha família resolveu se mudar, ao menos por enquanto, para a casa de um primo que morava bem perto na rua Leszno, numa casa que não era mencionada no cartaz. Embrulhamos tudo que podíamos carregar conosco e estávamos de saída quando Julian chegou para ver se tínhamos sobrevivido à batida. Quase gritou de alívio ao nos encontrar vivos e voltou a prometer que muito em breve cuidaria de mamãe, Sophie e eu. Deixamos a casa reconfortados.

Tio Leo, cuja casa nós seis invadimos naquela manhã, não ficou nem satisfeito nem indignado em ver-nos com nossas trouxas e móveis no seu portão. Tinha como certa a nossa chegada. Era um homem incomum. Como muitos de meus tios, também era médico. Mas, diferentemente de todos os nossos parentes, tinha um passado político. Antes da guerra havia se envolvido em algumas atividades de esquerda e era tido como membro de uma organização internacional de apoio a comunistas perseguidos. Agora era um homem com mais de 50 anos, gordo e quase careca, mas ainda cheio de charme. Morava no gueto em seu apartamento de antes da guerra com a mulher, a irmã e duas sobrinhas adultas. Desde o início da *Aktion*, a família tinha triplicado, incluindo agora dois jovens pianistas, alunos da mulher de Leo, os namorados das duas sobrinhas, minha tia Maryla com a mãe e um jovem casal com um bebê. Então, chegamos nós também. Colocamos as trouxas no chão de um dos quatro quartos e assim começamos um novo tipo de vida.

Tio Leo, a encarnação da energia, se mantinha freneticamente ocupado contatando qualquer pessoa em condições de prover segurança para sua família e seus amigos. Temia que em breve sua casa também fosse cercada e desocupada.

Na qualidade de médico trabalhando no hospital, ele tinha um "bom" *Ausweis*. Sua mulher estava "segura" pela mesma razão. Mas ninguém mais na família tinha essa segurança. De modo que tio Leo, grudado ao telefone, tentava desesperadamente algumas providências com amigos, conhecidos e pacientes influentes, tanto no gueto quanto fora dele. Com uma expectativa crescente, sua pequena multidão de dependentes esperava por notícias. No decorrer do dia, os que tiveram mais sorte foram saindo aos poucos, um por um.

Passamos outra noite sem dormir deitados no chão. Ao nascer do sol, as paredes do quarto ganharam vida com o movimento de pontinhos negros, na verdade percevejos sedentos de nosso sangue. De manhã, prevendo uma batida, tio Leo mandou que todos passassem o dia no esconderijo cuidadosamente preparado muito tempo antes. Era um minúsculo quartinho perto da cozinha. Antes da guerra, era o quarto de serviço. Não tinha janelas. A porta que dava para a cozinha fora coberta com ladrilhos exatamente como as paredes e não tinha maçaneta. Fechado por dentro, ficava perfeitamente disfarçada, invisível para quem estivesse na cozinha. Estava equipado com duas bancadas estreitas para acomodar cerca de dez pessoas, jarras de água, pilhas de biscoitos secos e duas tinas. Buraquinhos feitos do lado de fora da parede nos davam apenas o ar e a luz suficientes para vermos os outros e não sufocarmos. Éramos 13 lá dentro, incluindo o bebê de três meses, a quem deram um pouco de álcool e que dormiu tranqüilo a maior parte do tempo. Passamos oito horas comprimidos uns aos outros, mal respirando, falando pouquíssimo, cheios de angústia e de tédio. Aguçamos os ouvidos para captar o que ocorria lá fora. De vez em quando escutávamos alguns barulhos ameaçadores vindos da rua. No final da tarde, tio Leo, que não estivera escondido conosco, chegou para nos resgatar. Soubemos que várias casas da vizinhança tinham sido cercadas e desocupadas durante o dia. Mas não a nossa. Ainda estava para acontecer. Nesse meio tempo, ele conseguiu arranjar a situação para mais seis pessoas. Uma hora depois, os corações partidos, nos despedimos de Stefan, Jadwiga e Henryk, que finalmente haviam conseguido empregos na fábrica Schultz. Saíram depressa. Então, um homem misterioso, com botas de cano longo e casaco de couro, apareceu para levar Maryla, a mãe dela e a cunhada de Leo para o lado "ariano". Não parecia judeu. Também saíram depressa. Leo e a mulher ficariam no hospital, que lhes parecia mais seguro. E assim mamãe, Sophie e eu ficamos no apartamento de Leo acompanhadas apenas do casal com o bebê. O jovem pai dava telefonemas desesperados para os amigos do lado "ariano" tentando encontrar um esconderijo para os três. Nosso futuro ainda estava nas mãos de Julian.

Tivemos notícias dele na manhã seguinte. Telefonou para dizer que tinha finalmente encontrado alguma coisa para nós e que nos levaria para um lugar seguro no dia seguinte. Entrementes, deveríamos deixar a rua Leszno imediatamente e ir para a parte norte do gueto. Ele sugeriu a casa de minha tia-avó Bella, na rua Nowolipie. Na noite seguinte ele nos apanharia lá, e a partir daí não precisaríamos nos preocupar.

Agora tínhamos um objetivo bem definido: sobreviver por alguns dias. Mas era muito tarde para sairmos do apartamento de Leo naquela manhã. Ouvimos os veículos alemães percorrendo a rua Leszno mais cedo que de costume. Juntamente com a jovem família, corremos para o nosso esconderijo e lá permanecemos outra vez até o final da tarde. Só nos atrevemos a sair quando todos os sons da rua finalmente cessaram.

Foi uma tarde tórrida e sonolenta. O mundo do outro lado das janelas parecia estranhamente plácido. Rapidamente, pegamos alguns de nossos pertences e um pequeno suprimento de comida em lata, desejamos boa sorte aos companheiros de esconderijo e deixamos o apartamento. Quando estávamos para sair pelo portão da frente, de súbito ouvimos o conhecido barulho de vozes ásperas e veículos pesados freando nas imediações. Não havia tempo para subir correndo de volta, não havia tempo para pensar. Num impulso, nos viramos e corremos para o pátio. As vozes e os passos pesados já estavam se aproximando do portão... Dentro de segundos os caçadores nos descobririam no meio do pátio ensolarado. Então eu vi, no final do pátio, uma cerca em ruínas. Sem pensar, corri na direção dela, puxando comigo mamãe e Sophie. Com toda a minha força empurrei as tábuas soltas, elas desabaram e nós passamos. Num átimo de tempo nos vimos do outro lado da cerca, num lugar verde e calmo que me era extraordinariamente familiar: tínhamos aterrissado no terreno do hospital em ruínas no qual eu havia trabalhado um ano antes. Num lance de inspiração, corri para os alicerces que ainda restavam. Eu me lembrava muito bem. Escondida por entulhos, lá estava uma entrada estreita que conduzia a uma intacta passagem subterrânea. Mergulhando nessa escuridão podíamos ouvir, nitidamente, do lugar em que tínhamos acabado de nos esconder, os sons da batida. Lentamente, sem fazer ruído, caminhamos pela passagem escura como breu até chegarmos ao final. A outra saída estava fechada por escombros. Paramos e aguardamos na escuridão, os corações palpitando, os ouvidos atentos. Silvos, gritos e choros chegavam até nós abafados por camadas de tijolos e entulho. O tempo passava mais devagar, o mundo inteiro tinha deixado de existir. Havia apenas os caçadores enraivecidos sob o sol ardente e nós três mergulhadas na total escuridão. O tempo se arrastava.

De repente ouvimos o som de passos sobre nossas cabeças. Havia dois homens lá, conversando em voz alta. Entendemos de pronto que estavam revistando o terreno. Petrificadas, nós nos grudamos aos escombros. Senti meu coração palpitar no fundo da garganta. Os passos chegaram mais perto, depois desceram. Os caçadores entraram na passagem subterrânea e pararam em seguida, como que relutando em ir adiante.

— Alguém aí?

O grito áspero e estridente, multiplicado pelo eco, parecia um tiro mortal. Um intenso feixe de luz se moveu diligentemente pelas paredes úmidas do corredor... chegando cada vez mais perto, mas sem nos alcançar... ainda não... Meu coração engasgado na garganta... a morte, a morte se aproximando... Depois, um áspero e desmobilizante "*Niemand*!" (Ninguém!). A luz desaparecendo, o ruído de passos diminuindo, longe. Silêncio. Escuridão. Medo.

Entorpecidas, coladas à parede do corredor, não ousamos deixar a toca nas longas horas que se seguiram. Quando finalmente o fizemos, a noite profunda e o toque de recolher já tinham envolvido o mundo em sombras. Nada havia que pudéssemos fazer àquela hora, senão voltar para o apartamento de Leo. Encontramos a porta da frente entreaberta, a mobília virada de pernas para o ar, o piso coberto do vidro de pratos quebrados e das penas de almofadas retalhadas. Corremos para a cozinha. Não havia ninguém. A porta do esconderijo de ontem estava escancarada. Também não havia ninguém lá. Vazio, o carrinho do bebê estava debaixo da pia da cozinha... O babador úmido do bebê sobre a mesa... O boneco do bebê no chão...

Conseguimos chegar à rua Nowolipie bem cedo na manhã seguinte. Então, ao entrarmos na casa, me ocorreu que minha tia-avó Bella podia ter sido deportada ou morta a tiros há muito tempo. Para minha surpresa, ela ainda estava lá. Pálida e extremamente magra, mas animada e senhora de si. Deu-nos calorosas boas-vindas com seu bom humor habitual.

— Ainda estou lutando contra Hitler, como podem ver – disse ela, beijando cada uma de nós. — Não há muita alegria atualmente, tenho de viver de cevada em vez de caviar.

O dia se arrastou, interminável. Estava muito quente e abafado no quartinho dela, mortalmente calmo ao redor. Mantivemos os ouvidos aguçados, revivendo os eventos do último dia e da noite. Eu estava tentando imaginar que dia seria, qual data. Minha tia-avó, que vinha escrevendo um diário, me ajudou. Era terça-feira, 18 de agosto, o que significava que era meu aniversário, provavelmente o último. Eu tinha 16 anos.

Julian chegou, como tinha prometido, para nos levar embora pouco antes do toque de recolher. Sentia não poder fazer nada por Bella, mas ela o animou dizendo que tinha cuidado de si mesma a vida inteira e não precisava da ajuda de ninguém. Nós lhe oferecemos as três últimas latas de comida e, cheias de remorso, deixamos a velha senhora à própria sorte.

Verificamos que nosso novo "lar" ficava a apenas cinco minutos da casa de Bella, mais ao norte, na rua Nowolipie nº 18. Julian nos disse que o gueto tinha sido reduzido a simples blocos de prédios abrigando só os judeus oficialmente excluídos da deportação: operários das fábricas alemãs, alguns empregados do Conselho Judaico, alguns funcionários do hospital e os membros da polícia judaica. As pessoas dispensadas recebiam cartões de registro especiais declarando que lhes era permitido morar no gueto. As mulheres dos homens dispensados também o eram, mas não seus filhos ou pais. Parecendo um tanto fanfarrão, Julian disse que tinha se beneficiado de um conhecido seu de elevada posição, assim como uma grande quantia em dinheiro, para conseguir os cartões de registro de suas duas "esposas": uma era vovó Viera, a outra, mamãe. Vovó era a "esposa" que moraria com ele nas dependências do hospital. Mamãe teria de ser a mulher de um policial e morar sem o "marido" no bloco correspondente. Não havia, é claro, cartões de registro para Sophie e eu. Apesar disso, ficaríamos com mamãe. Nada mais podíamos fazer.

Da nova casa e dos dias que se seguiram, só tenho uma vaga lembrança. Umas quatro ou cinco famílias de médicos da polícia judaica se acotovelavam no mesmo e velho apartamento, com seus filhos, roupas de cama, panelas e malas; eram grosseiras, rixentas e inquietas. Infelizmente, sem um homem para cuidar de nós, fomos logo postas no pior quarto, pelo qual todos tinham de passar quando iam e voltavam do sanitário. Não que realmente importasse. Depois dos horrores dos últimos dias e noites, de alguma forma nos sentimos aliviadas. Um estranho mecanismo nos fez crer que estávamos seguras ali. Ao menos por enquanto. O mesmo mecanismo nos tornou indiferentes ao que continuava ocorrendo fora do quarteirão policial, à sorte de dezenas de milhares de seres humanos levados diariamente para a *Umschlagplatz*, e de lá para os trens. Todo dia histórias arrepiantes sobre a *Umschlagplatz* eram contadas por testemunhas: policiais que estavam de serviço ou pessoas que tinham sido ajudadas a escapar em troca de dinheiro ou por piedade.

Àquela altura, creio eu, notícias sobre as câmaras de gás – e não campos de trabalhos forçados – que esperavam pelos deportados em Treblinka já chegavam ao gueto trazidas pelos poucos que conseguiram escapar. Mas demorou um bom tempo até que chegassem aos nossos ouvidos. Não pensávamos muito no que poderia ter acontecido com nossos inumeráveis amigos e parentes. Tínhamos perdido todo o contato com eles desde que saímos da rua Leszno. Até o meu amor se dissipava pouco a pouco, mergulhando no passado, se tornando mais um sonho do que um acontecimento real. Mas eu continuava aguçando o olhar para encontrar Roman entre os desconhecidos que se amontoavam nos pátios e passagens entre as casas do bloco policial.

Desde o dia em que nos despedimos de Stefan, Jadwiga e Henryk, eu tinha me transformado na verdadeira chefe da família. Sem o irmão, mamãe se sentia insegura e indefesa. Agora era eu que tinha de cuidar de nossa vida diária, acalmando os ânimos, encontrando comida, até mesmo cozinhando. Também tinha de dizer a mamãe e Sophie o que elas precisavam fazer e tomar todo tipo de decisão por elas, que aceitavam minha liderança com gratidão. Sophie, minha brava ajudantezinha-de-ordens, estava sempre pronta a auxiliar e colaborar. Tranqüila e serena, raramente fazia perguntas. Compreendia.

Todos os blocos remanescentes no reduzido gueto estavam circundados por cercas ou arame farpado para evitar a comunicação entre eles. O bloco ocupado pelos trabalhadores da fábrica Schultz ficava muito perto do lugar onde morávamos, mas separado dos apartamentos dos policiais por uma cerca alta de madeira. Não me lembro como aconteceu, mas entramos em contato com Stefan e conseguimos marcar um encontro, com hora e local exatos, dos dois lados da cerca. Havia uma brecha entre duas tábuas do tapume, larga o bastante para que nos pudéssemos ver e falar. Era um final de tarde ameno e calmo. Por um tempo, não havia ninguém ali. Eles chegaram, todos os três, e ficamos nos alternando em nossos respectivos lados da cerca para que cada um pudesse ver os outros e trocar algumas palavras. Stefan disse que não acreditava nem na segurança deles nem na nossa. Deveríamos fazer contato com tia Maria e pedir que nos encontrasse um esconderijo do lado "ariano" o mais breve possível. Jadwiga contou que o trabalho era extremamente duro, costurando roupa de baixo para os soldados alemães dez horas por dia. Eu soube por ela que Hanka e a mãe estavam vivas e com saúde, empregadas na mesma fábrica. Com uma súbita esperança, perguntei por Roman. Não, Jadwiga não o tinha visto. Entretanto, disse ela, havia milhares de pessoas trabalhando na fábrica e morando naquele bloco – era impossível ver todas elas.

Henryk foi o último a falar conosco. Pediu que o beijássemos através da cerca. Comprimiu seu rosto na brecha entre as tábuas e nós o beijamos, uma após a outra. Depois fizemos o mesmo e ele nos beijou o rosto uma a uma. Eu me senti terrivelmente perturbada, embora não soubesse que estávamos nos despedindo dele para sempre.

Nas primeiras horas de 6 de setembro, um domingo, fomos subitamente acordadas pelos companheiros de apartamento que corriam feito loucos para um lado e para o outro recolhendo seus pertences. Um novo cartaz fora afixado nas paredes do bloco policial às quatro horas da manhã. Os moradores do bloco policial tinham de desocupá-lo antes das dez horas e se mudar temporariamente para um lugar mais ao norte, na rua Wolynska. As portas dos apartamentos deveriam ficar abertas. Quem fosse encontrado no bloco depois das dez horas seria fuzilado.

Tínhamos menos de quatro horas para nos aprontarmos. Havia rumores de que estávamos indo para a rua Wolynska apenas para um novo registro, mas também se ouvia a sinistra palavra "seleção". Qualquer que fosse o boato verdadeiro, para mim e Sophie ambos significavam a ameaça final. Éramos moradoras "rebeldes"* do bloco policial, sem cartões de registro, sem direito de viver. Deveríamos acompanhar mamãe ou ficar ali? Ou deveríamos permanecer juntas e descobrir um lugar para nos escondermos? Mas com isso mamãe perderia a oportunidade de obter o novo cartão de registro que nos era tão vital. Ela estava totalmente fora de si e eu tinha de decidir o que fazer. Todos os vizinhos estavam levando consigo os filhos "rebeldes". Ninguém desejava separar a família, muito menos nós. Logo tomei a decisão: Sophie e eu iríamos com mamãe. O que quer que acontecesse, devíamos ficar juntas.

---

* Na gíria do gueto, "rebelde" era qualquer pessoa que vivesse sem permissão dos nazistas na área reduzida do gueto após a primeira deportação – uma pessoa sem "o número da vida".

Então veio a questão de o que levarmos conosco. Pobres como estávamos ainda tínhamos algumas roupas do corpo e de cama, além de lembranças que Julian conseguira tirar da casa de Leo. Resolvemos levar pouca coisa. Já sabíamos do estorvo em que isso se transforma quando é preciso fugir ou se esconder. Como era óbvio que o apartamento seria revistado quando fôssemos embora, mamãe insistiu em queimar suas lembranças mais caras, que sempre guardava consigo numa malinha. Mas ela mesma não conseguiria fazê-lo. Fui para a cozinha, acendi o forno e queimei esses objetos um a um: fotografias antigas, alguns poemas que mamãe tinha escrito na mocidade, cartas de amor de papai, um ramo de mimosas secas. Sabia que papai o entregara a mamãe ao se declarar pela primeira vez. Pegou fogo instantaneamente e desapareceu numa chama. Não pude deixar de chorar.

Parecia sensato levar alguma comida. Mas não tínhamos nada além de umas batatas cruas que eu havia comprado um dia antes de um trabalhador judeu empregado fora do gueto. Resolvi não levá-las. Não demoraria muito tempo para estarmos de volta ou mortas.

Nas ruas, milhares de pessoas com seus bebês, trouxas e sacolas pesadas caminhavam desordenadamente para o norte. Aparentemente, todos os blocos do gueto tinham de ser desocupados, e todos os moradores receberam a ordem de se juntarem num espaço exíguo naquela manhã. Gente das fábricas e dos blocos do conselho agora se misturava conosco. Ouvi alguém dizer:

— É a polícia judaica, bem feito para eles!

Captei alguns olhares críticos e me senti profundamente desconcertada. Mas meus olhos se mantinham ocupados procurando Roman na multidão.

A rua Wolynska, que eu nunca tinha visto antes, era uma das mais pobres, sujas e abandonadas do gueto de Varsóvia. Os antigos moradores daquelas casas horríveis deviam ter sido deportados muito tempo antes. Todas as portas dos apartamentos estavam entreabertas, mostrando imagens repugnantes de destruição e sujeira. Os recém-chegados eram conduzidos por um policial judeu de serviço e se sentavam no chão, um ao lado do outro. Entramos num daqueles apartamentos sórdidos e nos sentamos no chão, as costas apoiadas, por sorte, na parede. As pessoas continuavam entrando. Mulheres se lamentavam em voz alta, crianças choravam. Em questão de segundos o cômodo estava totalmente apinhado. Por um policial, que cuidava de sua própria família amontoada ao nosso lado, soubemos que nossa estada na rua Wolynska podia durar várias horas ou vários dias. Ninguém sabia ao certo do que se tratava. De repente percebemos que não tínhamos comida.

Eram nove horas da noite, uma hora antes do toque de recolher. Apesar das súplicas de minha mãe, resolvi voltar à Nowolipie e trazer as batatas. O dr. Koenig, a mulher e os dois filhos – uma das famílias com que dividíamos o apartamento da Nowolipie – estavam sentados ao nosso lado. O filho mais velho, Adam, um garoto astuto de 13 anos, se apresentou como voluntário para ir comigo, provocando na mãe uma reação quase histérica. Conseguimos sair despercebidos e começamos a caminhar contra a corrente humana que ainda ondulava rumo ao norte. Ao nos aproximarmos da esquina, vimos soldados lituanos e ucranianos patrulhando a rua Nowolipie. Recuamos e instintivamente nos escondemos no portão da casa mais próxima. Fazia um silêncio mortal, todos os moradores tinham saído. Eu quis correr de volta para rua Wolynska, mas Adam me segurou pelo braço e me puxou escada acima. As portas da frente dos apartamentos estavam abertas, como fora ordenado. Entramos no primeiro deles. Antes de eu perceber o que estávamos fazendo na casa de outras pessoas, Adam já esquadrinhava o apartamento à procura de comida. Logo descobriu seis latas de sardinhas no óleo escondidas em cima de um guarda-roupa. Colocou duas no meu bolso, pegou as outras e saímos. Voltamos em segurança para a rua Wolynska pouco antes das dez horas da manhã. Eu sentia um misto de vergonha e orgulho.

Passamos o dia sentadas no chão, espremidas entre outras famílias, mal conseguindo sair para o pátio onde uma única privada de madeira era alvo do assédio ininterrupto de uma multidão impaciente. Nada aconteceu. Continuávamos esperando. Julian agora estava conosco. Ele nos disse que vovó tinha sido levada um dia antes para o lado "ariano". Ela estava relativamente a salvo, aos cuidados de sua nora mais nova, Halina. Julian tinha entregue o cartão de registro usado por ela a uma outra pessoa. Sua nova "esposa", uma jovem vistosa, estava sentada ao lado dele, ternamente aconchegada. Mas ele não parecia se importar, o olhar tenso e distante. Percebi que estava um pouco bêbado.

Quando caiu a noite, ousamos abrir uma das latas que eu trouxera e comemos as sardinhas com as mãos. Nossos vizinhos cozinhavam cevada num fogareiro que, providencialmente, haviam conseguido trazer. Não tínhamos o que cozinhar. Lentamente, muito lentamente, a noite abafada ecoando a angústia humana pouco a pouco foi passando.

De manhã ouvimos dizer que o registro seria feito na praça ao lado, ao meio-dia. Os que tinham sobrevivido ao registro no dia anterior disseram que milhares de pessoas estavam sendo enviadas à *Umschlagplatz* diretamente da praça. Não somente os que não possuíam o antigo cartão de registro, sobretudo crianças e idosos, mas também centenas de trabalhadores empregados nas fábricas alemãs. Tomadas pelo terror, a esperança se sobrepondo à razão, as pessoas tentavam usar as poucas horas restantes para salvarem os filhos. Julian, já desperto de seu estupor, procurava febrilmente por um amigo, um jovem policial cuja mulher fora morta a tiros uma semana antes. Esperava que o viúvo tivesse guardado o cartão de registro da esposa. Finalmente o encontrou e perguntou se ele poderia me levar para o registro como sua esposa. Mas o policial já tinha prometido fazer isso para uma outra mulher "rebelde". Para mim, de qualquer forma, nada disso fazia sentido. Mesmo que tivesse conseguido o cartão, não iria embora com aquele homem deixando Sophie para trás.

A *Aktion* teve início exatamente às 11 horas. O apito ensurdecedor e uma ordem gritada em alemão exigiam que o povo fosse para as ruas. Horrorizadas, mas resignadas, as pessoas saíam de suas casas, os velhos cartões de registro prontos para serem apresentados, as trouxas deixadas para trás. Num acesso de desespero, Julian disse para Sophie e para mim que ficássemos onde estávamos, empurrou mamãe e a jovem mulher para a porta e os três desapareceram no tumulto.

Ficamos então sozinhas, apenas Sophie e eu, no apartamento deserto, no prédio vazio, em meio aos móveis espalhados. Um silêncio mortal tinha substituído os clamores e o choro das últimas horas. Entorpecidas, percorremos um a um os apartamentos na esperança de encontrarmos outros seres humanos, talvez algumas crianças ou velhos deixados para trás. Mas todos tinham ido embora. Ou talvez estivessem se escondendo – eu imaginava onde. Estranhamente, a verdade nua e crua de que a qualquer momento poderíamos ser encontradas e imediatamente mortas a tiros não me passou pela cabeça. Todos os meus pensamentos, sentimentos, toda a minha imaginação estavam na praça com mamãe.

— Se mamãe não voltar, não quero continuar vivendo – disse Sophie de repente.

Era exatamente isso que eu estava pensando. Chegamos ao apartamento em que tínhamos passado o dia e a noite anteriores. Fui para a cozinha e examinei o fogão. Mas era apenas um forno simples aquecido a carvão – gás era obviamente um luxo inacessível nessa parte miserável da cidade. Meus olhos captaram o lampejo de uma faca comprida e enferrujada e eu tremi de pavor: não, nunca, não dessa maneira. Na mesa da cozinha eu vi um fogareiro com uma panela vazia em cima. Ao lado estava uma garrafa grande cheia pela metade de álcool metilado roxo. O rótulo "Veneno!", com uma caveira preta desenhada embaixo, parecia estar piscando para mim: "É disto que você precisa!" Sophie estava do meu lado, contemplando a garrafa, os olhos bem abertos. Sabia o que eu estava pensando, concordava em silêncio. Encontrei duas canecas sujas, lavei-as cuidadosamente com a água da torneira e coloquei-as sobre a mesa junto à garrafa. Trouxemos então dois bancos quase destruídos, sentamo-nos à mesa e ficamos aguardando em silêncio. Não me ocorreu que, se bebêssemos o líquido roxo, não apenas poderíamos sobreviver, mas também ficar cegas. Algum tempo se passou e eu já estava adormecendo quando ouvi Sophie dizer:

— Estou com uma fome horrível.

Imediatamente percebi que também estava morrendo de fome. Nossa segunda e última lata continha quatro sardinhas carnudas. Cada qual tirou uma e bebemos um pouco do óleo, deixando o resto para mamãe, caso ela voltasse. Ainda havia esperança... Enquanto aguardávamos, caímos no sono.

O rumor da multidão retornando nos fez ficar de pé. Mamãe foi a primeira pessoa a irromper no apartamento. Chorando e rindo ao mesmo tempo, ficou repetindo que, enquanto vivesse, nunca mais se separaria de nós. No seu peito, pendurado em um fio, um cartão alaranjado mostrava um selo e um número de quatro dígitos. Todas as pessoas que ainda retornavam do registro usavam os mesmos cartões. Isso queria dizer que tinham tido permissão para voltarem da rua Wolynska para as antigas casas. A maioria estava angustiada e em estado de choque. Durante o registro, centenas de pessoas, mesmo tendo os cartões antigos, tinham sido escolhidas e enviadas para a *Umschlagplatz*, em especial crianças e idosos, inclusive policiais judeus e suas famílias, agora. Muitos de nossos companheiros tinham perdido seus filhos ou pais. Nós tínhamos mais uma vez sobrevivido.

Precisávamos então enfrentar um novo perigo: voltar ao bloco. Logo recebemos ordem para sairmos da rua Wolynska e nos reunirmos no pátio espaçoso em frente ao Conselho Judaico. Julian não estava conosco, mamãe o perdera de vista logo após o registro. Saímos juntamente com os outros, Sophie e eu grudadas nos braços de mamãe, as únicas sem os números salva-vidas. Sem os retângulos alaranjados cobrindo nossos peitos sentiamo-nos quase nuas. Sendo uma criança, sem ao menos ter altura para fingir outra coisa, Sophie parecia correr especial perigo.

À luz faiscante do pôr-do-sol, oficiais e soldados nazistas, armados com rifles e chicotes, percorriam o pátio de um lado para outro organizando a multidão refratária numa coluna ordenada. Gritando, apitando, brandindo os chicotes, obrigavam as pessoas a se alinharem comprimidas, cinco pessoas por fileira. Junto com dois desconhecidos, fomos imediatamente empurradas para formarmos uma fileira de cinco e nos juntarmos à coluna. Mais cinco logo se seguiram: os nazistas eram eficientes e rápidos. As pessoas pareciam apavoradas, a respiração ofegante, não se arriscavam a emitir palavra.

— Vejam, há duas garotas "rebeldes" entre nós – uma voz aguda e histérica vibrou de repente atrás de mim. Assustada, eu me virei. Na fileira atrás da minha, uma mulher com cerca de 40 anos bem-vestida e aparentemente inteligente, me olhava com indignação.

— Elas não têm direito – disse ela para minha mãe. — Pessoas inocentes podem morrer no lugar delas!

— Mas elas também são inocentes – suspirou mamãe, angustiada.

Um berro em alemão nos ordenou que caminhássemos, interrompendo assim a discussão. A coluna tremeu e começou a se mover, atentamente acompanhada à distância por alguns nazistas. Estávamos nos aproximando deles quando a mulher de trás gritou:

— *Herr Offizier! Herr Offizier!*

Paramos... O homem de uniforme paralisou nossa fileira com seu rifle. Senti a coronha pressionando fortemente o meu peito sem número.

— *Wer schreit?* (Quem gritou?)

— *Herr Offizier!* – gritou novamente a mulher.

— *Ruhe!* (Calada!) – Num acesso de raiva, o nazista deu-lhe uma chicotada no rosto. Ela urrou de dor e em seguida emudeceu. — *Nachzuschicken!* (Em frente!) – gritou ele, retomando o rifle. — *Schnell, schnell!* (Rápido, rápido!)

Nem olhou em redor. Retomamos a marcha, quase correndo para nos juntarmos às fileiras à frente.

Quando por fim chegamos à Nowolipie, os nazistas desapareceram e as fileiras se dispersaram em pequenos bandos de pessoas amedrontadas correndo desordenadamente para seus refúgios. Não havia ninguém quando entramos no apartamento. Éramos as primeiras, senão as únicas sobreviventes. Os sinais da revista e do saque já eram esperados. Todas as nossas roupas tinham desaparecido, mas as batatas estavam lá. Entorpecida, incapaz de pensar ou sentir, comecei a descascá-las automaticamente. Foi quando uma única dúvida se ergueu em minha mente, palpitando, importunando, atormentando. Será que a mulher estava certa? Alguém poderia morrer no meu lugar?

Um desconhecido abriu a porta, um homem alto e forte com um saco nos ombros. Perguntou se os Rider, o casal com quem dividíramos o apartamento, tinham voltado. Não tinham. Ao ouvir isso, o desconhecido refletiu por algum tempo, depois pegou sua carga e a colocou sobre o chão.

— Abra, mocinha – disse ele, e saiu sem uma palavra de explicação.

Com as mãos trêmulas, abri o saco. Enroscada num sono tranqüilo, lá estava uma garotinha, a filha de dois anos de nossos companheiros de apartamento. Seus pais provavelmente acreditaram que aquele homem teria maiores chances de salvá-la do que eles próprios. Talvez lhe houvessem pago por isso, ou talvez ele tivesse agido por mera compaixão. De qualquer forma ele havia conseguido, tinha arriscado sua vida e trazido a criança de volta do pátio fatal.

A garotinha obviamente havia sido drogada. Mamãe pegou-a no colo, tentando acordá-la. Beijou-lhe o rostinho pálido e passou os dedos suavemente por seus cabelos cacheados. Senti uma onda de calor se avolumando em meu coração gelado, amor por esse pedacinho de ser humano indefeso, amor por minha mãe.

A criança acabou acordando de seu sono induzido e começou a chorar. Com a energia recuperada, tomei-a dos braços de mamãe e comecei a amamentá-la com água quente adoçada com a única porção de açúcar que consegui encontrar. Ajudou. Ela parou de chorar e começou a sorver o líquido avidamente. Estava aninhada em meus braços, macia e quente. Desejei que fosse minha para sempre. Queria cuidar dela, protegê-la do frio, da dor, da morte.

O dr. Rider e sua mulher voltaram em segurança mais tarde naquela mesma noite. Foram mantidos por mais tempo no pátio. Pegaram de volta seu pequeno tesouro chorando lágrimas de alívio. De Adam e sua família nada soubemos até o dia seguinte, quando todos retornaram vivos, mas apavorados. Durante o registro, Adam e o irmão mais novo tinham sido separados dos pais e levados para a *Umschlagplatz*. Em desespero, os pais resolveram segui-los até o local fatal, e lá chegando usaram toda a sua astúcia e o dinheiro que tinham para resgatarem os meninos e escaparem com eles. As outras famílias com quem dividimos o apartamento jamais retornaram.

Julian sobreviveu, e quando veio ver se ainda estávamos vivas se encontrava obviamente bêbado. Era uma manhã chuvosa e estávamos tremendo de frio pois todas as nossas roupas de inverno tinham sido roubadas. Falando pouco, Julian saiu por alguns instantes e depois voltou carregado de capas, vestidos quentes e casacos. Não disse de onde vinham, nem perguntamos. Um vestido de lã amarela que imediatamente vesti pareceu-me vagamente familiar, como se já tivesse visto alguém usando-o antes.

Nosso problema de roupa fora assim facilmente resolvido, mas não o de comida. Uma vez que o registro ainda continuava e todo o tráfego entre o gueto e o lado "ariano" tinha sido interrompido, era impossível encontrar alguma coisa para comprar. Por alguns dias vivemos das batatas, mas elas também estavam acabando. Então Adam, que tinha se recuperado rapidamente do choque de suas experiências recentes e era de novo o mesmo rapaz destemido e astuto de antes, me convenceu a realizarmos uma expedição audaciosa. Disse que sabia onde poderíamos encontrar comida e eu fui com ele sem hesitação. Subindo e descendo através de um emaranhado de sótãos e escadas, mais uma vez chegamos ao prédio-fantasma. Os apartamentos, com as portas abertas, estavam todos desertos, mas evidentemente ainda não tinham sido saqueados. Parecia que os moradores tinham saído às pressas vários dias antes. No primeiro em que entramos ainda havia sobre a mesa da cozinha tigelas com sopa pela metade e pedaços de pão. Tanto a sopa quanto o pão estavam recobertos de um mofo esverdeado. No apartamento do lado, uma partida de bridge fora abruptamente interrompida: quatro mãos de baralho e o registro inacabado da pontuação, rabiscado numa folha de papel, tinham sido deixados sobre a mesa. Uma garrafa de vinho aberta e quatro copos vazios completavam o cenário. Tremendo de excitação e fome, peguei a garrafa e bebi do gargalo. Havia estranhas partículas macias no vinho. Coloquei o resto num copo para ver o que eram: moscas mortas.

Continuamos a sondagem e num dos apartamentos nos deparamos com uma pilha de livros. Eram livros bons: Freud, Mann, Zweig. Peguei alguns e levei-os comigo. No dia seguinte voltei lá e peguei mais alguns. Logo me acostumei a remexer as casas de pessoas mortas e até aprendi a tirar algum prazer disso. Sabia que a corrupção se havia infiltrado em minha alma e eu não estava dando a mínima. "O 'registro' durou de 6 a 12 de setembro. Foram deportadas 54.000 pessoas e mais de 2.600 morreram, fuziladas ou por suicídio."*

---

* Archiwum Ringelbluma: Ghetto Warszawskie, lipiec 1942 – styczen 1943, P.W.N. Warszawa 1980, p.294-5.

A *Encyclopaedia Judaica*, vol.16, afirma:

Em seguida às deportações, a área do gueto foi uma vez mais drasticamente reduzida e algumas fábricas e vários blocos de prédios ficaram do lado de fora dos novos muros cercados por arame farpado para evitar que alguém pudesse encontrar abrigo ali. Os alemães também fixaram em 35.000 pessoas o número máximo de habitantes com permissão de permanecerem no gueto ... Os líderes do movimento clandestino avaliaram a nova situação. No primeiro encontro, decidiram criar a Organização da Luta Judaica e empreender ações de resistência a novas deportações. Alguns membros do movimento tinham conseguido escapar de Treblinka e trazido ao gueto informações sobre o verdadeiro destino dos deportados, ou seja, a aniquilação física ...

Algo entre 30.000 e 50.000 judeus, na maioria trabalhadores das fábricas e suas famílias, permaneceram legalmente no gueto, empregados dentro ou fora dele ... Além destes havia de 20.000 a 30.000 judeus vivendo no gueto "ilegalmente" ...

Nesse período, faziam-se intensos preparativos para a resistência armada ...

No fim de setembro o bloco policial foi transferido da rua Nowolipie para a Zamenhoff. Da janela de minha nova morada eu podia ver o memorável pátio do Conselho Judaico, tendo à esquerda a entrada fortemente guardada do reduzido gueto. Os Rider e os Koenig se mudaram conosco, e uma outra família – um casal de meia idade, seu filho adulto e sua jovem criada – se juntou a nós no apartamento de quatro cômodos. Dessa vez mamãe decidiu que deveríamos ficar com o menor espaço – uma parte do corredor – para evitar discussões com os nossos companheiros. Encontrei um cobertor velho e o estendi na passagem para nos proteger do movimento doméstico e nos dar alguma privacidade.

A *Aktion* parou por algum tempo e a vida foi gradualmente assumindo uma vez mais o controle sobre a morte. De minha janela eu observava as procissões de judeus empregados fora do gueto cruzando o portão a caminho do trabalho a cada manhã e retornando no final da tarde. Apesar da rigidez da revista, em geral conseguiam contrabandear alguma comida. Mais tarde, à noite, eles a vendiam nas áreas dos fundos. Agora aqueles pátios internos e passagens eram os únicos lugares em que a vida decorria em plena atividade, já que andar nas poucas ruas da parte de dentro dos muros era muito perigoso.

Aos poucos fomos nos recuperando do estupor que se apossara de nós no início dos aterrorizantes dias do "registro", e com a volta dos sentimentos pudemos avaliar nossas perdas. A primeira era Henryk. Fora tirado das fileiras de operários no dia do registro. Nunca voltou. Stefan e Jadwiga estavam com ele quando tudo aconteceu. Sem terem como reagir, viram as pessoas serem "selecionadas" para deportação e arrastadas à *Umschlagplatz*. Não havia nada que pudessem fazer. Eles sobreviveram ao registro, mas logo em seguida abandonaram a fábrica e se estabeleceram num sótão deserto do bloco policial, lá permanecendo como "rebeldes". Concluíram que era melhor se esconderem do que permanecerem na fábrica, expostos e indefesos.

Não havia como saber se a tia-avó Bella ainda estava viva. Já fazia algum tempo que a rua Nowolipie estava fora dos limites do gueto. A área esvaziada em agosto fora cercada por arame farpado e continuava desabitada. Uma unidade especial nazista chamada *SS Werterfassungstelle* (Centro da SS para o Recolhimento de Valores) tinha sido encarregada de recolher os bens abandonados pelos deportados e enviá-los ao Reich. Os judeus eram empregados para executarem as tarefas mais duras e vis. Num dia de outubro um desconhecido veio falar com mamãe. Ao ajudar os nazistas a esvaziarem uma casa na rua Nowolipie, encontrara uma senhora idosa deitada no chão. Estava morrendo de inanição, mas ainda consciente. Só havia um homem da SS na área. O desconhecido pediu-lhe que poupasse a vida daquela senhora. Por acaso, o alemão estava de bom humor e permitiu que o ajudante tomasse conta da "velha bruxa". O homem trouxe Bella para o gueto e a colocou no hospital. Ela lhe pediu que encontrasse mamãe e lhe dissesse para ir vê-la no seu leito de morte. Ela não sabia onde mamãe estava, mas o desconhecido teve o trabalho de procurar nosso novo endereço no Conselho Judaico. E lá estava ele.

Mamãe se despencou imediatamente para o hospital. Recusou-se a me levar com ela. Voltou profundamente abalada. O que vira no hospital era um farrapo humano, ossos envoltos por uma pele amarelada; o rosto, um dia belo, encovado e recoberto por uma espécie de tumor; os olhos já ofuscados por uma névoa mortal, mas ainda consciente. Com um fiapo de voz, Bella fez um esforço desesperado para contar sua história a mamãe. Tinha ficado em seu apartamento esse tempo todo. Por uma estranha coincidência, ninguém apareceu para matá-la. Pouco a pouco comeu seu reduzido suprimento de arroz e cevada e então saiu em busca de comida. Mas as ruas já estavam desertas. Depois ficou fraca demais para andar. Tentou cortar as próprias roupas e cozinhá-las, mas não conseguiu comê-las. E assim tinha vivido da água da torneira. Por quanto tempo? Quatro semanas, talvez cinco, não sabia dizer. "Foi assim que a charmosa Bella perdeu a sua luta contra o sr. Hitler" – essas foram as últimas palavras que mamãe ouviu dela. Morreu três dias depois. Mamãe fez o possível para garantir um funeral adequado: ela foi enterrada numa cova individual e uma tábua com seu nome gravado foi depositada sobre o chão.

O inverno se aproximava rapidamente. Dias curtos e noites longas se insinuavam, trazendo frio, miséria e angústia. Ninguém acreditava que o perigo estivesse de fato afastado. Esperávamos que a *Aktion* recomeçasse a qualquer momento e agora tínhamos plena consciência de que a deportação significava a morte nas câmaras de gás. Em algum lugar de nosso vasto mundo a guerra atingia o seu auge. A batalha de Stalingrado, que transcorria desde o verão, tornava a vitória nazista ainda menos provável. Mas para nós, na nossa cidade, na nossa rua, os alemães ainda eram os mesmos senhores incontestáveis.

À noitinha, os vizinhos novamente se encontravam para falar dos acontecimentos recentes. Stefan e Jadwiga desciam do seu sótão. Juntos, nos empenhávamos em descobrir possíveis maneiras de fugir.

Meus dias eram preenchidos com a leitura e a busca de comida. Graças ao Conselho Judaico, os moradores legítimos do bloco, aqueles dotados dos números salva-vidas, passaram a ter direito a rações diárias de sopa grátis. Com o número de mamãe e uma tigela, eu entrava na fila da sopa no pátio dos fundos dia após dia. Enriquecida com cevada, batatas ou qualquer outra coisa que pudéssemos encontrar ou comprar, essa era a nossa principal refeição diária, senão a única. Muitas vezes eu saía tarde da noite em busca de pão. Havia uma padaria clandestina funcionando no beco de trás. O engenhoso padeiro, que adquiria a farinha de contrabandistas, trabalhava apenas à noite, fazendo e vendendo pães, ainda quentes, antes do amanhecer.

Meu caminho para a padaria passava por um labirinto de porões e corredores subterrâneos. Adam sempre ia comigo. Eu não ousaria ir sozinha. Mesmo com ele do meu lado eu sentia a pele se arrepiar ao penetrarmos nas sombras densas desse mundo oculto. Caminhando bem lentamente, muitas vezes engatinhando, era comum encontrarmos objetos estranhos bloqueando o caminho. Uma vez esbarrei em algo macio e úmido que poderia ser apenas um monte de palha apodrecida. De outra vez pisei num gato morto. Às vezes éramos obrigados a escalar uma barricada de caixas ou móveis velhos obstruindo o caminho. Um ruído estranho nas proximidades me fazia tremer. Eram ratos correndo no escuro, ou alguém mais em busca de pão. A volta em geral era menos assustadora. O aroma do pão quente me fazia sentir mais segura. Era difícil deixar de dar uma mordida naquela crosta deliciosa.

Nossas expedições em busca de pão melhoraram um pouco quando Adam conseguiu roubar uma lanterna de um vizinho. Uma vez, com essa luz fraca, eu vi um folheto preso na parede do porão: "Irmãos", dizia, "não morram em silêncio. Resistam ao terror nazista. Vamos lutar." Estava assinado "ZZW"*. O apelo penetrou fundo em minha mente.

Em 29 de outubro ouvimos tiros vindos da esquina e logo soubemos que o chefe da polícia judaica, Jakob Lejkin, fora assassinado na rua Gesia. As pessoas murmuravam que se tratava de um ato de retaliação realizado por uma organização judaica clandestina. Alguns diziam que havia uma adolescente entre os que planejaram o atentado. Tudo isso me inquietava.

Nesses dias sombrios de estabilidade temporária, eu não tinha uma amiga íntima, ninguém da minha idade com quem pudesse conversar. Depois de um longo intervalo, recomecei a escrever meu diário.

2 de novembro de 1942

"Eles dizem "lutem". Sim, claro, é o único jeito, embora não haja muita chance de sobrevivência se o fizermos. Porém o que mais podemos fazer? Existe uma coisa chamada "dignidade", bastante esquecida hoje em dia. Sim, estou pronta para me juntar a eles, mas a quem? Quem são, onde posso encontrá-los? Tenho tentado descobrir os responsáveis por aquelas palavras. As pessoas que vejo são o sr. K e o sr. R., sujeitos decentes mortalmente preocupados em encontrar um modo de salvar suas esposas e seus filhos. Ou o jovem F., no quarto oposto, ocioso e vadiando, seminu, o dia inteiro. Só está interessado no traseiro magro da criada, que fica beliscando para fazê-la gritar. Deve estar louco.

Há também meus dois tios, Stefan em primeiro lugar. Falei com ele, claro. Sobre o folheto e tudo mais. Ele disse que, nas nossas condições, a simples idéia de enfrentar o Exército Alemão, que conquistou toda a Europa, só poderia ter sido concebida por uma mente doentia. A única maneira de resistir aos nazistas, diz ele, é evitar que nos matem. É por isso que está fazendo o possível para levar todos nós para um bom esconderijo do lado "ariano".

---

* Zydowski Zwiazek Wojskowy (União Militar Judaica). A ZZW foi pouco depois incorporada à ZOB (Organização da Luta Judaica), responsável pelo Levante do Gueto de Varsóvia.

Por fim, mas não menos importante – Julian. Eu também queria falar com ele, mas desisti. Estava novamente bêbado quando veio aqui ontem. Agora está encarregado de uma ambulância e muito atarefado, disse ele. Odiei a maneira como me olhou ao dizer que eu cresci nos últimos tempos. Pediu que eu tomasse conta de uma garrafa de aguardente pura para ele, porque, disse, quase não se pode confiar num vizinho hoje em dia. Tranquei a garrafa naquele imenso guarda-louça que bloqueia estupidamente metade de nosso quarto, pensando vagamente em Adam e suas habilidades.

É difícil admitir até para mim mesma, mas passei a sentir ódio por Julian. É realmente horrível, eu sei. Ele é irmão de meu querido pai, se parece tanto com ele. Salvou nossas vidas, ainda nos ajuda. Talvez eu o odeie exatamente por isso, só porque dependemos tanto dele.

Se meu pai estivesse aqui... Estaríamos bem mais seguras com ele, nossa situação seria bem melhor. Ele decerto saberia exatamente o que fazer e como enfrentar o pior. Sei que mamãe pensa o mesmo. Sei que sente terrivelmente a falta dele e muitas vezes chora. Ontem à noite eu a ouvi murmurando: "Por que você me abandonou?" Ela devia estar dormindo quando disse isso.

Na verdade, estou feliz pelo fato de papai não estar aqui. Ele certamente enfrentaria a polícia judaica. E se o fizesse eu talvez não conseguisse suportar. Além disso, tenho certeza de que ele está mais seguro onde quer que se encontre. Nestas condições, quanto menos entes queridos tivermos à nossa volta, melhor. O amor é uma coisa terrível nos dias atuais. Acho que é muita sorte minha não ter marido nem filhos. Principalmente filhos...”

A falta de amigos, a impossibilidade de prosseguir os estudos, a amarga consciência de estar ociosa quando havia uma luta clandestina sendo travada, tudo isso começava a me perturbar.

12 de novembro de 1942

“Sophie acaba de voltar do pátio dos fundos, cantando. Ela tem novos amigos e passa a maior parte do dia com eles. Bom para ela. Eles lhe ensinaram uma canção hebraica que ela agora canta o tempo todo com sua voz clara. Eu estava lendo *A montanha mágica*, de Thomas Mann, que exige muita concentração. Disse-lhe rispidamente que calasse a boca e a ridicularizei por cantar uma coisa que talvez não entenda. Sophie se sentiu insultada e retrucou que sabia muito bem o que dizia a canção porque seus amigos tinham traduzido para ela palavra por palavra. Era sobre moças e rapazes judeus que não querem viver na humilhação e deixam seus países de origem para construírem uma nova nação nos desertos da Palestina.

Agora não consigo mais ler. Fico pensando nas pessoas que sabem o que fazer de suas vidas. Pessoas que decidem enfrentar um poder militar esmagador. Pessoas que almejam construir uma vida melhor em algum lugar distante. Ou as que fazem a mesma coisa em seus próprios países, lutando contra a desigualdade social. Não sou nenhuma delas. Não pertenço a lugar algum. Minha vida tem algum propósito? Haverá alguma razão pela qual eu deva continuar lutando para viver? ”

Um dia, sozinha e melancólica, eu me lembrei da garrafa de bebida que Julian me pedira para guardar. Nunca tinha experimentado bebidas pesadas, mas muitas vezes ouvira dizer que elas ajudavam a superar a tristeza. Me meti no enorme guarda-louça e fechei a porta atrás de mim, de modo a não ser apanhada em flagrante por alguém que chegasse. Uma vez lá dentro, abri a garrafa e tomei um gole de aguardente pura. Era como se estivesse engolindo fogo. Todas as fibras do meu corpo queimavam. Comecei a tossir forte em minha prisão, procurando recuperar o fôlego e me debatendo contra a parede de madeira compensada do fundo. De repente ela cedeu e eu me vi num quartinho escuro. Não demorou para que eu percebesse que era um esconderijo para dez, talvez umas 15 pessoas bem apertadas, perfeitamente oculto por trás do imenso guarda-louça de carvalho que nos roubava espaço no quarto minúsculo, mas que era pesado demais para ser removido. Ao contrário do esconderijo de tio Leo, este estava vazio, mas eu não tinha dúvidas de que alguém havia trabalhado arduamente para torná-lo seguro. Onde estavam essas pessoas agora? O que tinha acontecido com elas? Será que foram apanhadas antes de conseguirem chegar lá, ou teriam sido descobertas lá dentro e retiradas? De qualquer forma, agora tínhamos herdado o lugar e poderíamos nos sentir um pouco mais seguros se algo viesse a acontecer. Tonta pelo efeito da aguardente, saí do espremido guarda-louça e disparei para contar a boa-nova aos outros.

A *Werterfassung* agora precisava de mais gente para ajudar nas casas desertas, e as mulheres desempregadas dos operários das fábricas, dos policiais e dos funcionários do conselho eram de tempos em tempos convocadas para o trabalho compulsório. Em meados de novembro mamãe recebeu uma ordem por escrito para se apresentar no pátio do Conselho Judaico no dia seguinte às sete horas da manhã. Ela estava de cama com gripe. Não se apresentar na hora e no local devidos poderia ser desastroso – ela poderia perder o número salva-vidas. Percebi que eu poderia facilmente assumir seu lugar: eles verificavam somente os números, não os rostos; os seres humanos não importavam, o que contava era apenas o retângulo laranja. Assim, na manhã seguinte, com o número de mamãe pendurado no pescoço, eu me apresentei na praça. Fazia um frio terrível e as mulheres lá reunidas estavam agachadas, enregeladas e inquietas. Havia jovens e também mulheres com mais de 50 anos, nem todas "esposas", eu tinha certeza. Avistei uma que me pareceu vagamente familiar. Levou algum tempo para que eu concluísse que costumava vê-la na rua antes da *Aktion*. Ela subia e descia a rua Leszno à noitinha usando uma maquiagem espalhafatosa. Era uma prostituta. Eu sempre imaginara quem poderia sentir atração por aquela mulher feiosa, vulgar e nem ao menos jovem. Agora, sem a maquiagem, ela não parecia nada vulgar, mas sim abatida e miserável. Meu coração se contraiu de compaixão.

Recebemos ordem de formar fileiras e marchar. Escoltadas por dois policiais judeus e um único guarda alemão, cruzamos o portão do gueto e nos dirigimos à área deserta do lado de fora. Logo paramos em frente a um conjunto de edifícios grandes e suntuosos. Aos pares, éramos enviadas para os apartamentos a fim de escovarmos o chão e limparmos as janelas. Eu me vi num enorme apartamento de seis cômodos junto com a prostituta. Ela era gentil e amigável. Dividimos muito bem a tarefa. Ela ficou com os três cômodos dos fundos e eu, com os três da frente.

Tudo que havia dentro do apartamento fora retirado e este estava vazio, pronto para receber novos moradores. Num dos cômodos da frente, contudo, eu encontrei uma ampla quantidade de porcelanas e cristais lapidados, aparentemente trazidos de outros apartamentos e prontos para serem levados para a Alemanha.

Escovar chão e limpar janelas não era minha atividade favorita. Eu era lenta e desajeitada no trabalho e realmente não gostava dele. Além disso, eu pensava com desgosto naqueles para quem estava me matando: alemães, talvez, ou aquela espécie de poloneses capazes de assumir os apartamentos de judeus assassinados. De modo que eu não procurava trabalhar rápido nem direito. Sozinha, mergulhava nos meus pensamentos, rara oportunidade que de fato apreciava. De vez em quando um dos policiais dava uma olhada em volta sem sequer disfarçar que pouco lhe importava o que eu fazia.

No cômodo em que estavam guardadas as porcelanas, decidi fazer uma pausa. Sentei no chão para examinar a coleção mais de perto. Havia refinados aparelhos de jantar e de café feitos da porcelana mais fina e profusamente decorados a mão; frágeis conjuntos de cristal lapidado; vasos e estatuetas de valor incalculável, alguns muito antigos, alguns de rara beleza. Sempre gostei de coisas bonitas e sempre tive prazer em manuseá-las. Agora podia me saciar, pegando esses objetos preciosos e os alisando suavemente. Ao mesmo tempo, pensava nas pessoas às quais esses copos e vasos tinham pertencido e servido e que agora estavam mortas. Logo novos proprietários, mais provavelmente oficiais nazistas e suas famílias, espalhariam esses objetos valiosos sobre suas mesas, devorariam comida roubada de toda a Europa nesses pratos frágeis, beberiam soberbos vinhos franceses nessas taças lindas... Sentindo uma dor quase física, comecei a destruir, no maior silêncio possível, as xícaras, estatuetas e pratos mais preciosos, batendo com força um contra o outro. Foi meu primeiro ato de resistência. E também o único.

Mamãe logo se recuperou da gripe, mas, quando chegou a próxima ordem do Conselho Judaico, fui novamente trabalhar no lugar dela. E assim continuou. Eu não queria vê-la realizando aqueles trabalhos sujos, sendo humilhada pelas reclamações estúpidas de um policial grosseiro, sendo revistada e empurrada pelos guardas alemães ao voltar para o gueto. Eu também odiava tudo isso, mas, sendo mais jovem, podia enfrentar esse suplício com mais facilidade. E assim passei a me apresentar a cada vez que chegava uma convocação para mamãe.

Geralmente me mandavam limpar apartamentos vazios. Estavam imundos na maioria, apresentando sinais das vidas miseráveis e do fim súbito de seus antigos habitantes. Eu mergulhei na indizível sujeira dos trapos e da roupa de cama de mendigos, nas profundezas de suas existências infelizes interrompidas de modo tão abrupto num dia luminoso do último verão.

Meus companheiros de trabalho não eram apenas mulheres. Uma vez fui designada para um bloco de apartamentos junto com um rapaz. Logo nos reconhecemos. Natan era amigo de Roman, tinham estudado juntos e ele se lembrava bem de mim da festa que tínhamos organizado pouco antes da *Aktion*. Animados pela feliz coincidência, esquecemos o trabalho fatigante, sentamo-nos sobre uma pilha de cobertas mofadas que deveríamos remover do apartamento e queimar no pátio, e começamos a conversar seriamente. Tentando não mostrar o quanto me preocupava a resposta, perguntei a Natan sobre Roman. Não, Natan não o vira nem ouvira falar dele desde julho. Mudamos logo de assunto. Tínhamos tanta coisa em comum. Natan, tal como eu, vivia como "rebelde" no bloco da polícia. Tinha perdido os pais e duas irmãs pequenas durante a *Aktion*. Assim como eu, ele se apresentava para o trabalho compulsório no lugar de outra pessoa, mas fazia isso em troca de comida. Também queria se juntar ao movimento clandestino, mas, também como eu, não tinha idéia de como fazê-lo. E, é claro, pretendia voltar a estudar. Sentados sobre aquela pilha de sujeira, demos início a uma amizade genuína. Aquele dia enfadonho de dezembro ficou um pouco menos desolador; aquele lugar apavorante e a tarefa nojenta que fazíamos deixaram de nos incomodar por algum tempo. Era formidável ter um amigo, compartilhar idéias e sentimentos. Quando a jornada de trabalho chegou ao fim, nós nos separamos, determinados a juntarmos esforços e tentarmos fazer alguma coisa útil de nossa vidas.

Alguns dias depois apareceu outro amigo. Eu estava na fila da ração de sopa quando alguém tocou meu ombro suavemente. Um policial jovem e de beleza incomum sorria para mim por debaixo de seu boné azul-marinho. Quase não acreditei no que via. Conhecia esse rapaz do passado distante, do mesmo grupo de crianças que estudavam em casa bem antes da guerra. Sim, eu me lembrava do pequeno Daniel, motivo de riso para outras crianças. Inteligente, mas muito mimado pelos pais ricos, sempre vestido com terninhos de veludo escuro que lhe realçavam os cabelos cacheados um tanto femininos, caía em prantos pela mínima razão. Uma vez fez xixi nas calças durante a aula e se engasgou com os soluços enquanto os outros se dobravam de rir. Mas como é que ele viera a usar esse uniforme e esse cassetete?

Ouvi sua história na mesma noite quando ele me visitou para uma longa conversa. Tal como Natan, tinha perdido pai e mãe nos primeiros dias da *Aktion*. Foram levados de casa durante uma batida. Daniel não estava, tinha ido visitar um amigo naquele dia e assim sobreviveu. De início se sentira totalmente perdido, mas o pai de seu amigo, que era membro influente do Conselho Judaico, tinha tomado conta dele e o ajudado a entrar na polícia judaica. Um pouco mais novo que eu, mas alto e forte, Daniel não tinha nem 16 anos quando recebeu o emblema de autoridade e a ordem de tomar parte na *Aktion* ao lado de soldados alemães e lituanos.

— Era um trabalho revoltante – disse, com expressão estupefata. — Mas depois de um tempo aprendi a enfrentar. A gente aprende a lidar com as piores coisas se tiver inteligência e coragem – acrescentou vagamente, com um irônico sorriso.

Eu o ouvi com incredulidade, perplexa. Essa última observação, embora obscura, trouxe um pouco de esperança ao meu coração amedrontado. *Havia*, afinal, alguns policiais de valor, que arriscavam as próprias vidas ajudando vítimas a escaparem. Eu sabia que Julian fazia o possível, mesmo por desconhecidos. Daniel também devia ser um desses poucos. Devolvi-lhe o sorriso sem fazer perguntas e, quando ele propôs que tornássemos a nos ver em breve, não fiz objeção.

Ele apareceu alguns dias depois para sairmos juntos. Pareceu-me um contra-senso. Para mim, "sair" significava ir a pátios e porões. Misterioso e solene, Daniel declarou que desejava que eu me divertisse muito naquela noite, que eu desfrutasse de algo de que tinha sido privada. Antes de sairmos, com a mesma expressão solene, ele me entregou um presente. Era um medalhão de rara beleza. Feito de prata, gravado na parte de trás, ornado por rubis e turquesas na frente, era uma peça de artesanato antiga e preciosa. Encantada e surpresa, eu não sabia se aceitava ou não. Imaginei que tivesse pertencido à mãe de Daniel e não me considerava a pessoa certa para herdá-lo. Daniel riu e disse que o medalhão decerto tinha pertencido à uma mãe, mãe de alguém, mas não sua mãe. Explicou que simplesmente o encontrara numa casa abandonada durante a *Aktion* e o apanhara para dar de presente à primeira moça bonita que encontrasse. Eu era a pessoa certa para ganhá-lo, disse ele. Senti um desejo irresistível de aceitar o presente. Percebi que, se Daniel não o tivesse encontrado e cometido a ousadia de colocá-lo no bolso, o precioso medalhão logo teria embelezado o pescoço da mulher de um nazista. Assim, o remorso se desvanecendo, prendi o medalhão no pescoço. Mas, enquanto nos dirigíamos por ruelas esconsas para o misterioso local de diversão, eu me sentia desconfortável.

Revelou-se um pequeno porão, a entrada oculta por uma enorme pilha de madeira. Não se ouvia nenhum som do lado de fora, mas logo que entramos nossos ouvidos se encheram com a algazarra de pessoas se divertindo. Iluminado por algumas velas, o porão estava cheio de homens, a maioria de boné azul-marinho. Havia poucas mulheres. Estavam todos comendo e bebendo ao redor de uma mesa longa e tosca. Outra mesa, que servia de bar, apresentava bebidas e comida à venda por preços fantásticos, garrafas de vodca, pedaços de carne, ovos cozidos, pães frescos. Metade da mesa estava coberta por grandes travessas contendo uma torta de aparência deliciosa.

O cheiro forte de comida invadiu meu nariz e fiquei tonta. Aturdida, quase desmaiei. Passava fome desde o verão. Não o suficiente para morrer, mas o bastante para me sentir faminta e fraca a qualquer hora do dia ou da noite. Daniel segurou o meu ombro impedindo que eu caísse. Logo me recuperei. Ele estava conversando com uma mulher vulgar e corpulenta que tomava conta do bar. Entregou-lhe um maço de notas. Em troca recebemos duas maravilhosas fatias de torta de maçã, grandes e quentinhas, embrulhadas em jornal. Daniel me acompanhou com o olhar embasbacado enquanto eu devorava avidamente a primeira fatia. Ele parecia se sentir feliz. Ofereceu-me um copo de vodca, mas eu recusei terminantemente. Um tanto desapontado, pediu um para si. Cheia de uma alegria afetuosa, eu o observei enquanto brincava com o copo. Ele tirou o boné; com o cabelo louro encaracolado brilhando à luz das velas, parecia uma criança, o garotinho mimado de que eu ainda lembrava. Seu rosto inocente se contorceu numa leve expressão de repulsa. Eu tinha certeza de que ele detestava até mesmo o cheiro da vodca. Bebeu-a de um só gole apenas para se exibir, para me impressionar com sua masculinidade.

Terminei a torta e olhei em volta, confusa. O som rouco dos gracejos de homens grosseiros se entregando à comida e à bebida e o riso estridente de suas mulheres bêbadas me fizeram sentir náuseas. Não, esse não era o nosso lugar, nem meu nem de Daniel. Eu ansiava por ar puro, queria sair imediatamente dessa repulsiva casa de prazeres. No caminho de volta eu estava calada. Pensava se queria tornar a me encontrar com Daniel. Ainda criança, mas já com poder em suas mãos e sem muita força para resistir à tentação, ele estava obviamente escorregando para o mal. Não tinha os pais, nem um irmão ou irmã para ajudá-lo. De repente me dei conta de que era meu dever lhe estender a mão. De que modo, ainda não sabia, precisava avaliar. Ao nos despedirmos, pedi a Daniel que não me procurasse antes que eu mesma entrasse em contato com ele. Ele concordou e disse que estaria de serviço no portão do gueto todas as noites na semana seguinte. Com certeza eu poderia vê-lo da minha janela, disse ele, e ele ficaria encantado se eu me dispusesse a descer e conversar um pouco.

Alguns dias depois tive boas notícias de Natan. Ele havia encontrado um professor que se oferecera para nos ensinar – a princípio, só matemática e física. Mas prometera acrescentar letras e artes se outros alunos se juntassem a nós. Logo pensei em Daniel. Inteligente e talentoso, era a pessoa certa. Seria muito bom estudar com ele. Além do mais, isso afastaria sua mente de seu trabalho infame.

Mal consegui esperar para vê-lo no portão naquela noite. Fiquei espreitando pela janela. Por fim percebi sua silhueta esguia perto da figura corpulenta de um guarda alemão. Estavam ocupados em checar uma longa fila de operários voltando do trabalho do lado "ariano" para o gueto. Corri do terceiro andar escada abaixo e estava caminhando com rapidez em direção ao portão quando um espetáculo horroroso me fez parar. Vi Daniel lutando com um trabalhador magro e mais velho. Ele puxou o casaco esfarrapado do homem, encontrou um saco volumoso preso no forro, tirou-o bruscamente e jogou o conteúdo sobre o calçamento. Atemorizado e fora de si, o homem cambaleava tentando explicar alguma coisa ou pedindo clemência. O guarda alemão, ocupado com outros operários, de costas, não tomou conhecimento. Debruçando-se sobre a mercadoria espalhada, Daniel inspecionou os sacos e pacotes de comestíveis. Ele não me viu. Quase chorando, o pobre homem puxou uma nota do bolso.

Chocada, tomada pela repulsa, eu me virei para fugir e desaparecer sem ser vista. Ficaria mais envergonhada ainda se Daniel soubesse que eu tinha testemunhado esse ato desonroso. Mas era muito tarde. Ele levantou o corpo a fim de pegar a nota e de repente nossos olhos se encontraram. Ele estremeceu e por uma fração de segundo houve terror e vergonha em seus olhos. Depois, abruptamente, seu rosto se contraiu num esgar forçado. Agarrou o cassetete e com toda força começou a bater na cabeça e no rosto daquele velho frágil. Em seguida o derrubou no chão e chutou o corpo indefeso com suas botas pesadas. Fugi e nunca mais vi nem ouvi falar de Daniel. Mas fiquei com o medalhão, e ainda o tenho.

Dezembro se passou. Eu ia às aulas noturnas com outra garota e com meu amigo Natan. O professor era um homem de meia-idade, abatido e amedrontado. Vivia como "rebelde" nas vizinhanças, num quartinho escuro que dividia com estranhos – uma família de três pessoas. Ficávamos sentados nesse quarto tentando nos concentrar em logaritmos, enquanto a tal família nos observava. Apesar de nossa dedicação inicial, não foi bom. Estávamos todos famintos; esperávamos que a *Aktion* recomeçasse a qualquer momento. Dia a dia cresciam os rumores aterrorizantes de que o fim do gueto de Varsóvia era iminente.

Minha família estava determinada a sair do gueto e se esconder do lado "ariano". Desde outubro tia Maria, com a ajuda de alguns amigos, vinha fazendo esforços desesperados a fim de encontrar um abrigo para nós. Ela faria qualquer coisa para salvar nossas vidas, morreria satisfeita se isso pudesse ajudar, e no entanto não tinha condições de nos levar para morar sob o mesmo teto que ela porque não tinha moradia própria. Depois de ter residido com meus avós até o início da guerra, passou a viver num único cômodo com a irmã e o cunhado.

Após um longo intervalo estávamos novamente em contato com tia Maria. Em dias marcados, ela visitava a outra irmã, que era parteira e tinha telefone próprio. Tia Maria então esperava até que ligássemos. Não era fácil encontrar um telefone no gueto. Geralmente mamãe fazia suas chamadas da sala de serviço da ambulância quando Julian estava trabalhando.

Na segunda semana de janeiro tivemos uma boa notícia. Havia uma família pronta para receber mamãe, Sophie e eu. Outra pessoa, uma senhora solteira, concordara em acolher Stefan e Jadwiga em sua casa. Nossos futuros anfitriões também cuidaram de nos providenciar carteiras de identidade forjadas atestando nossas origens "arianas". Para isso precisavam de uma grande soma em dinheiro e de fotografias especiais que disfarçassem nossos traços judeus.

Assim, ainda não podíamos sair do gueto. Primeiro tia Maria precisava vender outras pinturas e objetos de prata a fim de levantar a quantia necessária, enquanto nós tínhamos de arranjar as fotografias. Isso não era problema: havia em nosso bloco um fotógrafo esperto que ganhava a vida alterando as fisionomias das pessoas. Poucos dias depois eu meditava a respeito de uma foto mostrando uma garota de nariz pequeno e cabelo liso.

17 de janeiro de 1943

"Aqui estou eu, uma virgem cristã olhando com esperança para o futuro. Para um futuro mais seguro, talvez. Não adianta tentar me enganar: não é a minha cara. Essa foto poderia ser mostrada com segurança até para os meus piores inimigos – mas meu verdadeiro rosto, não. Vou ficar presa na casa de alguém, sem poder sair, sem poder ver ninguém, exceto os desconhecidos que estarão arriscando suas vidas por nos abrigarem. E enquanto eu estiver morando lá, entediada e a salvo, meus amigos e vizinhos por trás destes muros estarão morrendo pouco a pouco. E talvez lutem antes de morrerem. Sei que deveria ficar e compartilhar seu destino. É estranho, mas Julian parece sentir a mesma coisa. Ele veio esta manhã para discutir detalhes de nossa fuga. Planejou tudo. Vamos sair do gueto com os operários do turno da noite. Nunca voltaremos. Julian disse que jamais fugirá para o lado "ariano", seu lugar é aqui com os outros judeus.

Havia tristeza e amargura em sua voz, e ele não estava bêbado. No final das contas, penso que ele pode estar envolvido na luta clandestina. Por algum motivo, tive vergonha de perguntar.

Depois que ele saiu eu fui ao dentista. Era minha última consulta. Vamos torcer para que eu não precise de dentista antes do fim da guerra, do contrário poderei perder todos os dentes e morrer de dor, impossibilitada de sair. Meu dentista atual me deixa irritada desde o dia em que fui consultá-lo pela primeira vez. Não agüento a mulher e a sogra dele observando o tempo todo a minha boca aberta, embora possa perdoá-las por isso – não têm outra diversão hoje em dia. Também não o culpo pela dor terrível que sempre me causa. Afinal, não ter anestésicos nem instrumentos adequados não é culpa dele. O que realmente me irrita e que não consigo agüentar é sua conversa enquanto manuseia desajeitadamente meu dente dolorido. Fica se lastimando da desnutrição, da insegurança e assim por diante, fazendo estúpidas perguntas retóricas como: "Será que conseguiremos sobreviver? Vamos sobreviver?" E a cada vez que termina o serviço e eu estou de novo em condições de falar, ele lança sua última e mais importante pergunta: "O que é que seu tio acha?" E fica em suspense esperando minha resposta. Toda vez que vou lá ele faz isso. Que é que eu poderia dizer a ele? Será que ele pensa que Julian é Deus todo-poderoso? Um policial judeu é apenas um policial judeu; hoje em dia ele não sabe mais que qualquer outro judeu, eu suponho. Assim, esta manhã, quando o infame dentista me fez mais uma vez sua estúpida pergunta, fitando-me com esperança e ansiedade, senti uma vontade irresistível de dizer alguma coisa maldosa. "Tio Julian diz", respondi com um ar grave, "que amanhã terá início uma nova *Aktion*." Foi uma brincadeira vergonhosamente cruel. Agora me arrependo muito por ter dito isso. ”

A segunda leva de deportações começou a 18 de janeiro de 1943 quando os nazistas irromperam no gueto, cercaram inúmeros prédios e deportaram os moradores para Treblinka. Eles destruíram o hospital, mataram os pacientes e deportaram os funcionários. Muitos operários que trabalhavam fora do gueto foram incluídos entre os deportados. As organizações clandestinas, insuficientemente equipadas e mal-preparadas, ainda assim ofereceram resistência armada, que redundou em quatro dias de luta nas ruas ...

Em conseqüência, a segunda leva de deportações foi suspensa após quatro dias, durante os quais os alemães só conseguiram enviar 6.000 pessoas para Treblinka. Cerca de outras 1.000 foram mortas no próprio gueto.

Encyclopaedia Judaica, vol.16

Passamos quatro dias escondidos atrás do imenso guarda-louça de carvalho, 15 pessoas ao todo, apinhadas no quartinho vazio e escuro como breu. Havia conosco três crianças pequenas que poderiam ter gritado e a qualquer momento revelado nosso esconderijo. Por acaso não o fizeram. Na primeira manhã nosso apartamento foi invadido e revistado. Podíamos ouvir passos pesados e vozes ásperas que vinham do nosso próprio quarto. Alguém examinou o guarda-louça e disse em alemão que estava vazio. Os caçadores foram embora. Uma vez mais tínhamos sobrevivido.

Algum tempo depois ouvimos tiros de revólver e explosões de granadas. Ao anoitecer, quando o primeiro dia do reinício da *Aktion* chegou ao fim e saímos do esconderijo, soubemos que naquela manhã um grupo de judeus armados tinha atacado soldados alemães. Um nazista e um casal de combatentes judeus tinham sido mortos em nossa rua. O alemão já fora levado embora, mas quando me arrisquei a sair os cadáveres de uma menina e de um menino ainda jaziam sobre a calçada bem em frente ao nosso portão. Senti uma estranha necessidade de olhar seus rostos. À luz esmaecida do pôr-do-sol, pude ver como ambos eram jovens. O cabelo escuro da menina estava espalhado sobre a neve manchada por seu sangue. Eu a conhecia. Sabia muito sobre ela. Seu nome era Halinka. Tal como eu, era filha de um médico, um ano mais nova que eu. No gueto, ela freqüentava um grupo mais jovem de alunos da "Aliança". Minhas amigas, e eu mesma, costumávamos fazer muitas fofocas sobre ela, com sentimentos mistos de ultraje e inveja. Com menos de 15 anos já tinha um amante. Esse amante, um bonito rapaz moreno de 18 anos, agora jazia na neve ao lado dela. Meu coração se contraiu de dor. Em desesperada agonia, chorei por eles e odiei a mim mesma, uma virgem íntegra se escondendo como covarde enquanto outros lutavam e morriam.

Tarde da noite, um vizinho que durante o dia fora capturado e levado para a *Umschlagplatz* retornou são e salvo. Ele nos disse que devia sua fuga a Julian. Dirigindo a ambulância para cima e para baixo naquele lugar mortal, meu tio retirava da multidão, quando conseguia, homens e mulheres escolhidos ao acaso, colocava-os no veículo e os levava de volta a seus blocos. Era um verdadeiro herói, disse o homem. Ao ouvir aquilo, tomei uma rápida decisão. Tinha certeza de que havia feito um julgamento equivocado sobre Julian. Obviamente, ele era a pessoa certa para se pedir orientação. Queria vê-lo e falar com ele imediatamente. Mas primeiro precisava encontrar Natan. Há muito tempo, tínhamos prometido um ao outro estarmos juntos se houvesse uma chance de nos unirmos à luta.

No meio da noite, saí de casa e corri precipitadamente para a casa de Natan. O apartamento que ele compartilhava com desconhecidos estava deserto, a porta escancarada. Os sinais usuais de violência e saque me revelavam a trágica história de meu amigo. Sabia que jamais voltaria a vê-lo, jamais o ouviria dizer que me amava, jamais poderia corresponder a seus sentimentos. Cega de desespero, esquecida do perigo que espreitava na escuridão, mergulhei no labirinto subterrâneo e me dirigi ao hospital.

O prédio estava extraordinariamente calmo e escuro, mas na extensão do andar térreo que abrigava o pronto-socorro, vi uma luz fraca atravessando as frestas da janela escurecida. Rezei para que Julian estivesse lá. Sem fazer barulho, entrei no minúsculo saguão. Não havia ninguém por lá, mas consegui ouvir a voz de Julian por trás da divisória de compensado. Fiquei imóvel, pois não desejava falar com ele na presença de outra pessoa. Esperei. Sem intenção de bisbilhotar, ouvi a conversa de meu tio com outro homem que eu sabia ser seu ajudante de enfermagem e motorista. Com a mente totalmente concentrada no que iria dizer a Julian, não tomei conhecimento do tema da conversa deles. Então percebi que estavam contando dinheiro. Tomada de surpresa, mal conseguia acreditar no que estava ouvindo, mas era verdade: eles estavam contando dinheiro, montes e montes de dinheiro. Aturdida, depois apavorada, compreendi. Ou talvez só tenha imaginado que compreendi. Segurando a respiração, bem devagar, sem fazer ruído, saí de lá e voltei correndo para o meu bloco.

Dos três dias de esconderijo que se seguiram, só me lembro vagamente como um pesadelo de angústia e desespero. O som abafado de explosões e tiros esporádicos que vinha das ruas significava que a luta ainda prosseguia. Ao mesmo tempo, a *Aktion* seguia seu curso. À noitinha, fora do nosso buraco, ouvíamos histórias terríveis sobre o dia que acabara de passar. O hospital do gueto não mais existia, os pacientes assassinados ali mesmo, os médicos e enfermeiros levados embora do próprio trabalho ou de suas casas.

Por acaso ouvi a história de meu dentista contada por uma pessoa que, escondida no mesmo apartamento, tinha testemunhado o incidente. Ele foi arrastado de seu quartinho junto com a mulher e a sogra. Nem mesmo pareceu surpreso quando o soldado nazista, ajudado por um policial judeu, entrou no quarto. Tendo recebido a ordem de sair, calmamente ajudou a mulher e a sogra a vestirem os casacos, apanhou o dele no cabide e pegou as galochas, já que estava nevando intensamente lá fora. Enquanto tentava calçá-las, o nazista o chutou com violência e desatou a rir: "Deixe isso aí, idiota. Você nunca mais vai precisar de galochas."

Dirigindo sua ambulância em torno da *Umschlagplatz*, Julian sobreviveu à *Aktion*. Quando, no quinto dia, os nazistas se retiraram do gueto, a luta de rua teve uma pausa e os sobreviventes emergiram de seus buracos, ele fez o possível para que conseguíssemos fugir. Não pude fitá-lo quando veio nos dizer o que fazer. Foi a última vez que o vi. Ele permaneceu no gueto até o fim, e morreu em suas ruínas na primavera seguinte. Nunca saberei se fez parte das fileiras da Organização da Luta Judaica. Nem por que precisava do dinheiro que algumas das vítimas evidentemente lhe pagavam por sua ajuda. Seria apenas ambição, ou estaria seguindo ordens de sua organização, desesperadamente necessitada de dinheiro para comprar armas e munição? Não sei, de modo que não o julgo. Que descanse em paz.

Mamãe, Sophie e eu saímos do gueto de Varsóvia no dia 25 de janeiro de 1943. Ao anoitecer, vestimos todas as roupas que tínhamos e enchemos os bolsos com nossos pertences menores, no meu caso o meu diário e a fotografia de Roman. Carregar trouxas estava fora de questão, já que precisávamos fingir que íamos para o trabalho. Juntamo-nos à multidão de operários reunidos no pátio do Conselho Judaico e nos apresentamos ao encarregado, que tinha prometido a Julian que nos tiraria do gueto. Ele nos disse para ficarmos na primeira fileira da coluna, e logo liderávamos a procissão de maltrapilhos em direção ao portão do muro. Rapidamente o atravessamos, seguidas pelos trabalhadores. Estávamos do lado de fora dos muros. Em silêncio mortal, a coluna prosseguiu pela área deserta que separava o gueto do lado "ariano".

Súbito me dei conta de que já estávamos lá, do outro lado. As ruas da velha cidade, cobertas pelas sombras de uma noite invernosa em tempo de guerra, e que no entanto me eram comovedoramente familiares, pareciam estranhamente calmas. Uns poucos transeuntes caminhavam apressadamente junto aos prédios sem olharem em volta, lançando apenas rápidas e furtivas olhadelas para as fileiras de desafortunados, marcados pelas estrelas azuis, que marchavam tristes pelo meio da rua, fora das calçadas interditadas.

Até hoje há em Varsóvia um largo poste que se destaca na esquina das ruas Kozla e Senatorska. Estávamos exatamente nos aproximando dele quando nosso guia, que liderava a coluna, se virou e ordenou, sussurrando, que tirássemos nossas braçadeiras e grudássemos no poste. Depois, encobertas pela coluna que passava, uma a uma contornamos o poste e saímos correndo pela rua Senatorska, rápido, rápido, até o portão número 10, que estava aberto. Em sua sombra acolhedora, uma pequena figura curvada me envolveu carinhosamente em seus braços:

— Louvado seja Nosso Senhor Jesus Cristo! – sussurrou tia Maria entre soluços. — Santa Virgem, ajudai-nos!

1

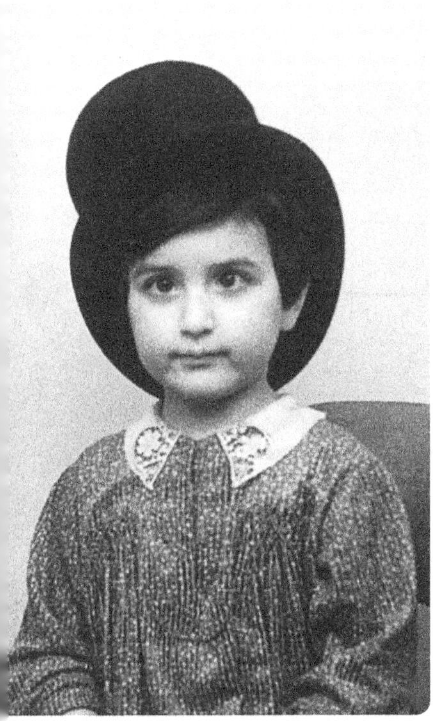

2

1, 2 e 3 - "Eu crescia numa família feliz": Sophie com cerca de 7 anos, eu aos 11 anos e meus pais em Varsóvia, no início de 1939. Em setembro Hitler invadiu a Polônia.

3

4

4 - "Corpo e alma da casa": Maria Bulat, a tia Maria, fidelíssima babá cristã da família.

5 e 6 - Stefan, meu tio materno, no verão de 1939, e Jadwiga, sua esposa, em fotografia de 1942. "Eles eram apaixonados, e eu os adorava. Eram meus ídolos."

5

7

8

9

7 - Sophie aos 11 anos, logo depois de seu acidente. "As crianças que viram o acidente são unânimes em afirmar que o motorista alemão fez aquilo de propósito, atropelou Sophie porque quis. Podia facilmente ter evitado."

8 - Eu com cerca de 15 anos, no gueto de Varsóvia. "Eu me tornava mais e mais acostumada aos horrores do dia-a-dia. Nas ruas, os cadáveres de pessoas mortas de inanição ou pelos tiros dos nazistas não me chocavam mais. ... Pouco a pouco minha consciência se tranqüilizava pela reconfortante percepção de estar *fazendo alguma coisa por eles.*"

9 - Mamãe em 1941. "Todos os seus pensamentos e sentimentos tinham um único dono, papai, que estava em algum lugar distante num campo de prisioneiros russo. Jamais em sua vida ela trairia seu grande amor."

10

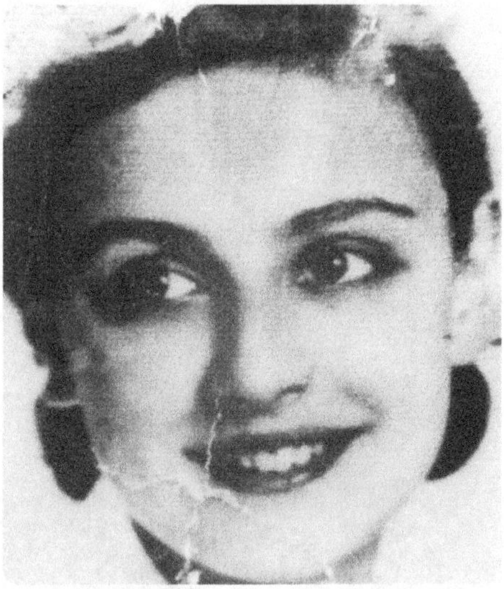

10 - "Mamãe, Sophie e eu saímos do gueto de Varsóvia no dia 25 de janeiro de 1943." Eu aos 17 anos, numa fotografia tirada em um dos diversos lugares onde me escondi após deixar o gueto.

11 - Sophie e eu logo após a guerra. "Nas piores crises, nos desastres mais iminentes e inevitáveis, mamãe, Sophie e eu sempre tivemos um pouco de sorte. Não fomos queimadas vivas, não morremos de tifo, conseguimos escapar por um triz repetidas vezes no curso da guerra."

12 - "Nós tínhamos mais uma vez sobrevivido." Em 1946, ajudando a limpar o que restou do gueto de Varsóvia. Eu estou no meio, passando tijolos.

5. Fora dos muros

PROCLAMAÇÃO*

Pena de Morte por ajudar judeus que saíram de áreas residenciais judaicas sem autorização.

Numerosos judeus deixaram recentemente sem permissão as áreas de residência que lhes foram designadas. Neste momento eles ainda estão no distrito de Varsóvia.

Declaro pelo presente que, de acordo com o terceiro decreto do Governador-Geral, referente às restrições residenciais no Governo-Geral, de 15 de outubro de 1941 (UBL GS, p.595), não apenas os judeus que abandonaram dessa maneira as áreas residenciais a eles designadas serão punidos com a morte, mas a mesma punição será imposta a qualquer pessoa que abrigue tais judeus. Isso não inclui somente fornecer abrigo e comida, mas qualquer outra forma de ajuda, *e.g.*, transportar judeus em qualquer tipo de veículo, comprar bens de judeus etc.

Pelo presente instruo a população do Distrito de Varsóvia a informar imediatamente a delegacia ou comando policial mais próximo sobre qualquer judeu que permaneça fora da área residencial judaica sem autorização ...

Varsóvia, 6 de setembro de 1942
CHEFE DA SS E DA POLÍCIA
Distrito de Varsóvia

* Proclamação do Chefe da SS e da Polícia, cit. por Josef Banas, *The scapegoats*, traduzido por Tadeusz Szafar. Londres, Weidenfeld & Nicolson, 1979.

De mãos dadas com Sophie, as lágrimas me cegando os olhos, segui tia Maria e mamãe pela Krakowskie Przedmiescie em direção a meu novo "lar". Estava escuro, fazia um frio intenso, uma chuva gelada começava a cair e um vento cortante me chicoteava o rosto – o tempo perfeito para prisioneiros fugirem. Com os narizes enterrados nas golas dos casacos, nós nos sentíamos quase seguras. Ninguém olhava para nós. Mesmo os exaustos policiais poloneses e os poucos nazistas que ousavam enfrentar as condições atmosféricas pareciam preocupados demais com o tempo para prestarem atenção naquelas quatro figuras desajeitadas em busca de abrigo na escuridão. O cheiro envolvente de pão fresco vindo de um portão por que passamos quase me fez desmaiar. Nos últimos oito dias não tínhamos tido nada para comer a não ser um punhado de cevada mal cozida e engolida noite após noite. De repente me ocorreu que ao fim de nosso percurso haveria não apenas um teto, mas também uma refeição decente esperando por nós. A idéia me fez sorrir.

Da Now Swiat viramos à esquerda para a rua Swietokrzyska e logo chegamos à rua Marszalkowska. Lá, na esquina das duas ruas, bem perto do lugar em que eu tinha passado minha infância, estava a casa para a qual nos dirigíamos: um magnífico prédio de seis andares de apartamentos para pessoas abastadas, muito parecido com o nosso da rua Sienna. Por sorte, não havia ninguém na entrada, mas a ampla escada de mármore com janelas cuidadosamente escurecidas refulgia à luz. Essa era a menor parte de nosso percurso, porém a mais perigosa: tínhamos de subir a escada e nos esgueirar para o apartamento sem sermos notadas. Nossa segurança futura, assim como a de nossos anfitriões, dependia disso. Tivemos sorte outra vez: subimos a escada e tocamos a campainha do apartamento do segundo andar sem termos visto uma só alma.

A pesada porta de entrada se abriu instantaneamente.

— Bem-vindas, bem-vindas, caras senhoras – um senhor alto com barbicha e bigode grisalhos nos saudou calorosamente. — Entrem, entrem, saiam desse frio.

Seus olhos miúdos sorriam de modo amigável, suas palavras soavam como se fôssemos suas convidadas queridas e há muito esperadas. Parecia despretensioso em seu agasalho usado. Movendo-se ao nosso redor com animação, ajudando-nos a tirar os casacos surrados, ele conversava alegremente com seu cão, um vira-lata feio chamado Miki, que pulava e latia desde o momento em que entramos no saguão.

Uma senhora idosa e gorducha vestida com um roupão quente surgiu do cômodo adjacente para também nos dar boas-vindas. Apertou nossas mãos afetuosamente e afagou com carinho o cabelo de Sophie, dizendo:

— Como vocês todas parecem cansadas.

Pediu-nos que a chamássemos apenas de "vovó", e seu marido de "vovô". Guiando-nos por uma série de cômodos espaçosos mobiliados com móveis antigos, ela levou-nos até um menor, que seria o nosso quarto. Era comprido e estreito, com três camas, três cadeiras e uma mesa. Um tapete grosso que ocupava todo o piso abafava nossos passos, e a ampla janela da frente estava cuidadosamente vedada por uma cortina pesada. O ambiente era quente e aconchegante.

Vovó se retirou discretamente e por alguns momentos ficamos sós com tia Maria, que tinha de voltar para casa logo em seguida pois em breve soaria o toque de recolher. Então pudemos nos olhar e nos beijar. Ela nos trouxe roupas limpas e levou consigo nosso trapos para lavá-los e livrá-los dos piolhos. Prometeu estar de volta logo pela manhã. Depois saiu apressada, deixando-nos entorpecidas no meio do quarto, incertas quanto ao que fazer em seguida, atordoadas pelo zelo, o silêncio e a fome. Não tínhamos nada para desempacotar, nada para guardar, e não ousávamos nos sentar naquelas cadeiras antigas sem um banho demorado, muito menos nos deitar naquela roupa de cama incrivelmente alva. Mas não ficamos muito tempo naquele estado de perplexidade. Logo ouvimos uma batida forte na porta que se abriu repentinamente antes que pudéssemos responder. Uma senhora loura e bonita, ágil e imponente, aparentando seus quarenta e tantos anos, vestida e maquiada com esmero, entrou bruscamente no quarto e logo assumiu o comando da situação. Apresentou-se como a sra. Serbin, a filha viúva dos "avós" Sokolnicki, nossa senhoria. Estávamos cansadas demais, disse ela, para conhecermos os outros membros da família ou discutirmos os detalhes de nossa permanência em sua casa. Isso podia esperar até a manhã seguinte. Em vez disso, deveríamos tomar um banho, comer e ir para a cama. Satisfeitas, aceitamos a sugestão.

Naquele banheiro asseado, dentro da banheira cheia de água quente, inalando a fragrância há muito tempo esquecida de um sabonete de verdade, mergulhei num feliz alheamento. O mundo em que de repente me encontrava nada tinha a ver com meu passado recente, assim como não parecia ser o presságio de alguma coisa significativa no futuro. Mas nem o passado nem o futuro importavam mais, não nesse momento singular e atemporal. Será que eu já estava morta? Seria esse o júbilo da eternidade?

Batendo vigorosamente à porta, a sra. Serbin me trouxe de volta à realidade e me salvou de um fim trágico na banheira. Anunciou que o jantar seria servido em nosso quarto. Ainda consigo recordar o sabor daquele delicioso talharim com ricota e açúcar que eu engoli bem depressa de modo a não sentir nem mais um único minuto de fome. Mais tarde, deitada na cama no escuro, não consegui dormir: a cama era limpa demais, macia demais. Não estava acostumada a esse conforto. Acessos de uma tosse violenta que vinha me importunando nos últimos tempos levaram toda a minha sonolência embora. Uma torrente de pensamentos amargos varreu para longe os últimos traços de êxtase. Eu estava num lugar desconhecido, diante de um futuro desconhecido e entre pessoas desconhecidas. O cruel mas familiar mundo a que eu pertencia ficara atrás dos muros. Eu o abandonara, fugindo em busca de segurança, do luxo de um banho perfumado e de uma cama macia. Eu abandonara o meu povo deixando-o à mercê de seu terrível destino. Nas primeiras horas da noite, banhada em lágrimas de angústia e culpa, pulei da cama e me estirei no tapete. Ali, fria e miserável, finalmente caí no sono.

Nos dias que se seguiram nós aprendemos a arte de sobreviver num esconderijo. Passo a passo, adquirimos o conhecimento e as habilidades que eram esperadas dos hóspedes pagantes de uma grande e bem-estabelecida família polonesa. Passo a passo, ficamos conhecendo cada um dos membros da família, seus vícios e virtudes particulares, seus hábitos e fraquezas cotidianos. Aprendemos as regras que deveríamos seguir.

Era fácil lidar com vovô e vovó Sokolnicki. Ambos eram pessoas calorosas e compreensivas, dotadas de uma cultura profunda e de um fino tato. Vovô Sokolnicki, nascido numa antiga família da pequena nobreza do leste polonês, era arquiteto aposentado. Antes da Revolução Russa ele tinha estudado, e depois trabalhado, em São Petersburgo. Seus projetos eram altamente valorizados e lhe granjearam o louvor do próprio Czar. Foi lá que ele conheceu sua futura esposa, filha de um nobre polonês. Os três filhos do casal nasceram na Rússia, mas foram criados como bons católicos e patriotas poloneses. A família fugiu da Rússia logo no início da Revolução e se estabeleceu em Varsóvia, onde morava desde então. Pouco antes de irromper a guerra vovô se aposentou, pondo fim a uma longa e exitosa carreira que abrangia dois países e duas culturas.

Klara, a filha mais velha dos Sokolnicki, era uma solteirona frágil de meia-idade, tímida e acanhada, uma espécie de patinho feio. Ela e a mãe dividiam as tarefas principais, cuidando de todas as necessidades da casa. Ambas devotavam o tempo livre às orações. De fato, Klara me lembrava uma freira, eu freqüentemente me perguntava por que ela não tinha preferido viver num convento em vez de se escravizar na movimentada casa de sua família. Era uma pessoa meiga e gentil, sempre pronta a ajudar todo mundo, nós inclusive.

Do filho mais novo dos Sokolnicki, Andrzej, sabíamos muito pouco. Ele chegava e saía sem dizer a ninguém quais eram seus planos. Só o vimos três ou quatro vezes durante nossa permanência na rua Marszalkowska. Nunca descobrimos que espécie de atividade o mantinha fora, nem qual era a sua ocupação. Eu me sentia atraída por aquele homem magro e pálido com trinta e poucos anos – ele nos tratava com o charme de um verdadeiro príncipe lidando com princesas de puro sangue. Eu gostava de ouvir sua risada no quarto ao lado e me deleitava com as romanças russas que ele às vezes cantava sozinho em seu aposento. Havia um ar de mistério em torno de Andrzej e eu queria que ele falasse comigo e me contasse seus segredos. Mas na maior parte do tempo ele parecia muito ocupado. Quando estava em casa, permanecia à parte, a mente sempre a quilômetros de distância. Algum tempo depois tive a surpresa de saber que fora Andrzej que primeiro ouvira falar a nosso respeito e insistira com a irmã para que nos desse abrigo.

Não era preciso dizer que a pessoa mais importante na casa, sua chefe e guia, era a filha do meio dos Sokolnicki, a sra. Serbin. Eu nunca soube seu primeiro nome. Seus pais se referiam a ela como "a filha". Klara, respeitosamente e com um toque de temor, dizia "a irmã". Não estava claro o motivo disso. Creio que todos os membros da família dependiam do apoio financeiro da sra. Serbin, mas, em relação a isso, também era difícil imaginar onde essa viúva de meia-idade e desempregada obtinha recursos para manter tantos parentes.

A sra. Serbin era bem diferente de seus pais, irmã ou irmão, ou mesmo de sua própria filha. Era até difícil acreditar que ela tivesse o mesmo sangue e os mesmos ancestrais que eles. Áspera, ágil, ansiosa por viver uma vida boa e prazerosa, não mostrava nem um pouco da gentileza ou compreensão de seus parentes em relação a outras pessoas. Em lugar da sutileza deles, mostrava uma vivacidade e um vigor absolutos. Enquanto a mãe e a irmã ficavam em casa trabalhando e rezando, ela passava a maior parte do dia no cabeleireiro, na costureira ou num café com amigos. Desde o início nós nos sentimos desconfortáveis na presença da sra. Serbin. Depender dela era humilhante para nós.

A terceira e a quarta gerações da família também viviam no apartamento – a filha única da sra. Serbin, Musia, com o marido e o filho de dois anos apelidado de Kizia. Os Bach eram um jovem casal taciturno, de aparência permanentemente inquieta. Os dois trabalhavam muito e ganhavam pouco. O marido mal conseguia sustentar a família com o salário de auxiliar administrativo. Musia freqüentava alguns cursos clandestinos, tentando combinar os estudos com os deveres de mulher e mãe.

Havia outro hóspede pagante na casa. Só soubemos disso na manhã seguinte à nossa chegada quando a porta se abriu e tia Maryla, minha favorita, aquela que tinha se mudado, entrou rapidamente no quarto, de roupa de dormir, para nos abraçar finalmente. Eles não tinham nos informado de sua presença antes com medo de que pudéssemos ter um colapso nervoso, exauridas como estávamos naquela primeira noite.

O último morador da casa, tirando Miki, o vira-lata, era "A Mulher". Nunca vimos essa pessoa, nem devíamos vê-la. Era apenas uma arrumadeira e auxiliar de cozinha que chegava de manhã cedo e saía antes da refeição noturna. Ela podia ser a pessoa mais honesta e magnânima do mundo, mas a regra de ferro da casa era que as três senhoras Lubowicki, ou seja, mamãe, Sophie e eu, não deveriam, em circunstância alguma, mostrar seus rostos para qualquer outra pessoa que não fossem os membros da família Sokolnicki. Assim, durante a maior parte do dia ficávamos confinadas em nosso quarto, sem podermos sequer abrir a porta quando A Mulher estava por perto. Tínhamos de acordar cedo para usarmos o sanitário e o banheiro antes de todos os outros, depois nos trancarmos até o anoitecer. Por volta das seis horas, vovó batia suavemente na porta trazendo a animadora notícia de que A Mulher tinha ido embora e que poderíamos ir em segurança para "o quarto menor".

Assumimos o nome "Lubowicki" na primeira semana depois de nossa chegada ao lado "ariano", juntamente com as novíssimas *Kennkarten* (carteiras de identidade) que mostravam nossos rostos "arianos" e atestavam que tínhamos nascido numa propriedade rural perto de Lida, cidadezinha do leste polonês que fora ocupada pelos russos. Os documentos, evidentemente, eram falsos. O nome foi escolhido por vovô Sokolnicki porque parecia puramente polonês e fino. Precisávamos de tudo isso para sermos registradas como moradoras da casa, para o caso de alguém notar que havia outras pessoas vivendo no apartamento além dos membros da família. Além disso, sem nossos registros a sra. Serbin não conseguiria cupons de ração extras.

De modo algum poderiam aqueles papéis grosseiros nos salvar se fôssemos apanhadas pelos nazistas ou pela polícia azul-marinho*. Alguns judeus que se escondiam do lado "ariano" tinham a sorte de possuir autênticas certidões de nascimento e batismo que haviam pertencido a pessoas agora falecidas. Eram bem mais caras e não podíamos pagar por elas. Ademais, não tínhamos, de qualquer modo, a menor intenção de sair: com nossa aparência tipicamente judaica, nem mesmo os melhores documentos poderiam nos salvar. Maryla, para quem vovô Sokolnicki tinha arranjado uma carteira de identidade igualmente grosseira, estava em posição um pouco mais confortável: tinha "melhor aparência" – não era tão morena nem tão "típica" quanto nós. Por essa razão, algumas vezes – muito raramente – ela podia sair, e lhe era permitido movimentar-se com liberdade pela casa, conversar com A Mulher, caso desejasse, e utilizar o sanitário quando quisesse. Também fazia as refeições junto com a família, na longa mesa antiga da sala de jantar, enquanto as nossas eram servidas em nosso quarto, três vezes ao dia, por vovó Sokolnicki ou Klara.

Desde a primeira noite eu soube que não iríamos mais morrer de fome, mas ao mesmo tempo suspeitei de que também não teríamos o suficiente para nos sentirmos satisfeitas. Eu estava certa. As porções de comida saborosa e agradavelmente apresentada que recebíamos não eram suficientes para alimentar um bebê. Vovó e Klara estavam cientes disso e sempre desviavam o olhar, embaraçadas, quando nos traziam as refeições. Não era culpa delas. Sabíamos muito bem que teriam satisfação em nos servir um carneiro inteiro se lhes fosse possível. Mas estavam nas mãos da sra. Serbin, que mantinha o armário trancado e a chave em seu bolso depois de tirar a ração diária de comida da família, pela manhã. Maryla afirmava que a família e ela própria eram tratadas apenas um pouquinho melhor. Mas uma vez ela dera uma espiada no quarto particular da sra. Serbin e por acaso a tinha visto sentada à sua penteadeira. Sobre esta havia presunto, queijo e caviar.

Finalmente, duas pessoas de fora tiveram permissão de nos visitar. Tia Maria vinha duas vezes por semana e era nossa principal ligação com o mundo exterior e com nossos entes queridos. Stefan e Jadwiga também já

---

* A polícia azul-marinho foi criada durante a ocupação alemã em torno de um núcleo de veteranos da polícia polonesa do pré-guerra, reforçado por poloneses de ascendência alemã e colaboracionistas.

estavam escondidos do lado "ariano". A senhoria deles era a mulher que se divorciara do sr. Richter, o motorista de meu avô antes da guerra. Zina Richter odiava o ex-marido e permanecia verdadeiramente devotada a nossa família. Cuidou de Stefan e Jadwiga com fervor e desprendimento. De vez em quando tia Maria os visitava, levando-lhes qualquer coisa de que necessitassem, incluindo notícias nossas. Duas vezes por semana ela nos visitava, e dela recebíamos tudo de que necessitávamos e ficávamos sabendo de Stefan e Jadwiga. Deslocando-se entre os dois esconderijos, vendendo coisas e fornecendo amplas somas de dinheiro que deviam ser pagas todo mês às nossas respectivas senhorias, tia Maria levava uma vida exaustiva e arriscada. Nunca fora uma mulher audaciosa e de iniciativa. Calada, de coração mole, com aproximados 50 anos, lutando em silêncio pelas vidas de cinco pessoas que amava, subitamente se tornara uma heroína. O cabelo estava grisalho, o rosto cansado mostrava sinais de insônia e ansiedade. Suas visitas eram para nós os pontos culminantes da semana, os únicos acontecimentos que aguardávamos desesperadamente, sem contar o fim da guerra, que nunca parecia aproximar-se.

A segunda pessoa do mundo exterior que nos visitava de vez em quando, trazendo consigo uma nesga de ar puro e um rasgo de esperança juvenil, era o sr. Stas Chmielewski. Não o conhecíamos antes. Era um amigo de Maryla, ou melhor, de Karol, seu irmão ausente, desde a época anterior à guerra. Bem mais tarde compreendi que era algo mais que amizade o que unia Stas a Karol, muitos anos mais velho. O que quer que fosse, a sincera dedicação de Stas não apenas aos familiares mais próximos de Karol, mas também a seus parentes mais distantes – e até mesmo aos judeus como um todo, já que Karol era judeu –, se revelou total e surpreendentemente constante, tendo sobrevivido ao próprio Karol. Quando Maryla e sua mãe idosa fugiram do gueto durante a primeira *Aktion*, Stas, tal como um filho e irmão amoroso, tomou-as sob seus cuidados. Alojou a velha senhora com sua própria mãe e, tendo amizade com Andrzej Sokolnicki e sua família, conversou com eles sobre a possibilidade de abrigarem Maryla. Depois, no inverno, informado por tia Maria, que o procurou em busca de socorro, fez o mesmo por nós, sem sequer nos conhecer pessoalmente.

Nós nos demos bem com Stas desde sua primeira visita, como se o conhecêssemos há séculos. Era muito simples. Ele era um sujeito sereno, alegre e espirituoso, nem um pouco atemorizado pelo que fazia por nós e por muitas outras pessoas. Afirmava que, sendo solteiro, sem nenhum vínculo com outra pessoa a não ser sua mãe, que vivia bem por conta própria, podia se dar ao luxo de assumir riscos. Foi o que disse quando o conhecemos e mamãe tentou lhe agradecer pelo que tinha feito por nós.

No começo fiquei encantada por Stas. Desligada da vida normal, privada da companhia de jovens, estava inclinada a me afeiçoar por qualquer pessoa que fosse bonita, jovem e do sexo masculino. Stas era tudo isso ao mesmo tempo: 32 anos, alto e forte, olhos azuis e cabelos claros (de que eu particularmente gostava), e com o rosto franco de um rapaz do campo. Vestia-se segundo a moda da época da guerra – botas de cano longo, culotes, paletó de *tweed*, um chapeuzinho engraçado com uma pena verde – nem um pouco parecido com o que papai e meus tios usariam, mas isso não me importava. Satisfeita com minha nova amizade, tentei me convencer de que Stas se parecia com Roman. Na verdade, tirando os olhos azuis e os cabelos louros, eles não tinham nada em comum.

Mas Stas não ligava para mim. Isso ficou claro após um tempo e eu me senti um pouco desapontada. Imaginei que a vida em reclusão me tornara inteiramente desinteressante. Revelei minhas dúvidas para mamãe, mas ela disse que eu estava errada. Corando um pouco, explicou-me com delicadeza que Stas pertencia a um certo tipo de homens que não sentiam atração por mulheres. Entendi mal o que ela disse e senti pena de Stas, pensando que ele era impotente.

Nossa vida, garantida pela porta trancada, oculta pelas cortinas pesadas e abafada pelo tapete espesso, transcorria sem acidentes, da higiene matinal ao banho à tarde, de refeição a refeição, entre uma visita e outra de nossos dois anjos da guarda. Os outros momentos, passávamos conversando e lendo. Vovô Sokolnicki tomou a si a tarefa de nos fornecer livros que pegava por empréstimo numa biblioteca. Tinha um gosto literário refinado e uma boa compreensão do que poderia nos fazer esquecer as desventuras. A ele devo minha introdução à literatura russa. Durante minha estada de quatro meses na rua Marszalkowska, consegui ler quase tudo de Tolstoi e Tchekov, me apaixonei por Pushkin e Turguenev, tive uma noção de escritores soviéticos como Sholokhov e Alexsei Tolstoi, dos quais vovô também gostava.

Minha ociosidade, minha inutilidade e o vazio dos meus dias me causavam muito sofrimento. De vez em quando eu sugeria a vovó Sokolnicki que poderia ajudá-la em algumas tarefas da casa, mas ela gentilmente recusava. Eu não podia sair do quarto durante o dia, e à noite, quando A Mulher ia embora, todas as tarefas diárias tinham sido feitas. Por vezes, Musia, oprimida por seus deveres dobrados, entrava de repente no quarto e nos pedia que tomássemos conta de Kizia por uma hora ou duas. Eu adorava esses curtos períodos em que aquela criança frágil e indefesa dependia de mim, quando eu podia alimentá-la e aconchegá-la, sentir que ela gostava de mim sem segundas intenções. Mas ao mesmo tempo eu tremia ante a idéia do que poderia acontecer com ela se nossa presença sob o mesmo teto fosse descoberta.

Cansada de ler, muitas vezes eu passava horas pensando em meu pai, em Roman e em minhas amigas. Sentia amargamente a falta delas. Uma vez tia Maria me trouxe boas-novas. Por acaso, tinha encontrado na rua a mãe de Hanka. Esquecendo todas as precauções com a segurança, as duas mulheres ficaram andando para cima e para baixo na rua trocando informações. Hanka e a sra. K. tinham fugido do gueto pouco antes da segunda *Aktion*. Com a ajuda de amigos, conseguiram documentos relativamente seguros e encontraram um lugar também relativamente seguro para viver. Não precisavam se esconder, já que pareciam duas simples camponesas. A sra. K. arranjou um emprego e ganhava algum dinheiro. Hanka retomou os estudos com um grupo de ensino clandestino.

A notícia me deixou aturdida, feliz e ao mesmo tempo com inveja, já que não podia sair e me juntar a um grupo de estudos. Tia Maria, porém, tinha outras novidades. A sra. K. estava em contato com uma pessoa que tinha sido babá de Zula antes da guerra. Zula fugira do gueto sozinha – a mãe fora levada na primeira *Aktion*. Procurou diretamente a antiga babá que a acolheu de braços abertos sob o seu teto com imenso carinho. Mas Zula não era de ficar quieta em casa, viva demais, despreocupada demais para agüentar o confinamento. Depois de uma semana, ignorando advertências e súplicas, ela correu para a rua a fim de respirar o ar fresco e ver as pessoas andando sob o sol. Com um medo mortal, a velha senhora a seguiu à distância. Zula não era uma garota que pudesse passar despercebida. O cabelo cor de fogo, o belo rosto pálido atraíam a atenção de todos. Não podia haver grandes dúvidas sobre sua origem judaica. Em um momento ela foi avistada por três nazistas que passavam preguiçosamente pela rua. Eles a detiveram, conversaram com ela por algum tempo, depois a empurraram por um portão. Algum tempo depois ela reapareceu totalmente nua. Dando gargalhadas, os alemães pararam um bonde que passava, empurraram a moça nua para dentro, pularam atrás dela e fizeram sinal para que o condutor prosseguisse. Entorpecida e indefesa, a velha viu o corpo branco e o cabelo ruivo desaparecerem em meio ao tráfego pesado. Zula jamais retornou.

Em algum lugar além da janela encortinada o inverno perdia a sua força, empurrado lentamente pelos céus mais luminosos e pelas chuvas pesadas do início da primavera. Desanimada e aflita, atormentada por uma doença sem nome, eu passava a maior parte dos dias na cama. Mamãe e tia Maria estavam angustiadas por não saberem o que fazer comigo. Chamar um médico estava fora de questão. Além disso, parecia óbvio que não era de médico que eu precisava, mas de ar fresco e liberdade.

Durante toda a guerra tia Maria manteve contato com Halina, minha tia "ariana", que sempre demonstrava um ávido interesse por nossa situação e estava pronta para ajudar. Sabendo de minha tristeza, Halina sugeriu que eu lhe fizesse uma visita. Assumindo um grande risco por manter contatos íntimos com Vladek – seu marido judeu que morava do lado "ariano", mas não com ela, e estava envolvido no movimento de resistência –, escondendo vovó Viera em seu apartamento de um quarto, ocupada em fazer toda espécie de transações ilícitas para sustentar o marido, a sogra e o filhinho, Halina não podia me convidar para ficar com ela por mais que dois dias. Mas isso significava muito para mim. Sair, andar na rua, ficar num lugar diferente, ver outras pessoas além das de sempre, tudo isso parecia realmente excitante. Mas primeiro o assunto tinha de ser discutido por nossos anfitriões. A sra. Serbin era terminantemente contra. Afirmou, não sem razão, que o fato de eu ir e voltar colocaria todos em perigo, além de quebrar as normas que havíamos concordado em obedecer. Para minha grande surpresa, todo o restante da família se colocou a favor da minha aventura. Vovô Sokolnicki, Klara, Musia e até seu marido taciturno conseguiram convencer a sra. Serbin de que não havia nada de errado em eu sair, já que – disseram eles –, ao contrário de mamãe ou de Sophie, eu não tinha traços judeus tão acentuados: o cabelo era menos escuro, os olhos claros e o nariz de tamanho médio. Por precaução, vovó Sokolnicki me trouxe um chapéu para cobrir meu cabelo ondulado enquanto a sra. Serbin, sem parar de resmungar, me emprestou seus óculos escuros porque meus olhos, embora claros, eram tipicamente judeus devido àquela expressão triste e sonhadora – conforme explicou.

No anoitecer de uma sexta-feira, acompanhada de tia Maria que estava morrendo de medo e evidenciava isso, conduzida à porta da frente por toda a família e até mesmo abençoada com o sinal da cruz pelas mãos de vovó Sokolnicki, como se estivesse embarcando numa expedição ao Pólo Norte, finalmente saí do meu confinamento. Como os dias já eram mais longos, ainda havia claridade, e o ar estava fresco e perfumado. Eu não saía a céu aberto havia três meses e a primeira coisa que senti foi uma tonteira. Caminhamos pelas ruas principais da cidade e eu olhava em volta, excitada, enquanto tia Maria, cambaleando curvada ao meu lado, murmurava com nervosismo:

— Pelo amor de Deus, não encare as pessoas!

Vi de repente meu reflexo num grande espelho na vitrine de uma loja. Seria mesmo eu? O que vi foi uma criatura de sexo indefinido metida num sobretudo de inverno, longo demais e de um marrom horrível, com um desajeitado chapéu masculino de cor cinza e enormes óculos escuros cobrindo metade da cara que mais parecia uma abelha, e não a de um ser humano. Rechacei o desagrado e retomei o caminho perturbada, amaldiçoando em silêncio, não os nazistas, mas aqueles que consideravam mais seguro me transformar num monstro.

Contrariando todas as expectativas, a vida na casa de Halina parecia transcorrer sem acidentes. Era uma mulher dinâmica, bonita, meiga e corajosa. Nascida numa família de classe trabalhadora, logo aprendera a lidar com as dificuldades do dia-a-dia e enfrentava com bravura os riscos dos tempos de guerra. Ao me ver disfarçada, desatou a rir, ao mesmo tempo em que lágrimas rolavam pelo seu rosto. Ela me abraçou calorosamente e me fez trocar de roupa no corredor para que minha avó não ficasse chocada com minha aparência.

Vovó Viera estava muito mais velha e mais magra do que seis meses antes. Vivendo em constante ansiedade em função dos quatro filhos, dos quais Julian parecia ser sua maior preocupação, ela tinha envelhecido rapidamente.

Foi um fim de semana calmo e feliz. Aproveitei a companhia de meu primo Jurek, agora um menino de seis anos encantador e inteligente. Ele se afeiçoou a mim instantaneamente e ficava me trazendo doces do guarda-louça de sua mãe, o que para mim era um prazer indescritível. Ao menos por ora eu não sentia fome. Domingo à tardinha Halina acompanhou-me de volta à rua Marszalkowska. Ela me proibiu de usar o chapéu e os óculos e me estimulou a ficar à vontade na rua. Eu me senti muito melhor assim.

Minha próxima visita a Halina estava marcada para 17 de abril. Dessa vez fui sozinha, vestindo um casaco primaveril novo, trazido por Stas da barraca que tinha no mercado. Era uma noite quente e clara, e eu me sentia novamente jovem e atraente. Mas algo tinha mudado na casa de Halina desde que eu lá estivera, um mês antes. Vovó não estava mais lá. Halina tivera de acomodá-la com amigos na periferia da cidade, pois corriam rumores na vizinhança de que sua sogra tinha uma aparência ligeiramente judaica. Isso, porém, não impediu Halina de correr o risco de me distrair. Na manhã de domingo ela me levou a um café na cidade onde nos encontramos com tio Vladek. Ele era quase um estranho para mim, e no entanto era gostoso conversar outra vez com um tio. Na verdade, foi a última vez que o vi. Ele foi fuzilado alguns meses depois por uma patrulha nazista, junto com muitos outros membros da resistência polonesa. Tal como meu pai e Josef, não morreu por ser judeu, mas por ser um polonês lutando contra os nazistas.

Na tarde de domingo Halina deu uma festa para seus amigos: um advogado de meia-idade indisfarçavelmente apaixonado por ela, uma jovem animada e um primo tímido que trabalhava como operário de fábrica. Ela me apresentou a eles como sua sobrinha, sem esconder quem eu era. A refeição foi preparada por ela e bebemos um monte de vodca. Eu me sentia uma verdadeira convidada, igual aos outros.

Na manhã seguinte fui despertada pelo som de fortes explosões. Era o dia seguinte ao Domingo de Ramos e por um momento, ainda meio adormecida, fiquei pensando por que alguém tinha decidido anunciar a ressurreição com seis dias de antecipação*. Mas logo percebi que havia algo mais acontecendo. Podia-se ouvir o fogo violento de metralhadoras. Halina saiu correndo para ver o que se passava. Voltou aflita. As pessoas nas ruas disseram que estava ocorrendo uma batalha atrás dos muros do gueto.

Os sons de luta pesada continuaram por todo o dia. À noitinha, quando saí da casa de Halina para voltar à rua Marszalkowska, o céu estava nublado pela fumaça. O cheiro pungente de incêndio me trouxe à mente as lembranças do sítio de Varsóvia. Lá estava eu em perigo, sofrendo junto com outras pessoas. Agora, vergonhosamente segura, eu via de fora a luta impotente do meu povo. Quando cheguei em casa, vovô e vovó Sokolnicki, Klara e os Bach estavam reunidos na sala de estar, rezando. Seus rostos estavam sérios.

Os dias que se seguiram, retumbando ao som de explosões e tiros de metralhadora, trouxeram notícias ainda mais confusas. Ninguém sabia muito bem como tudo tinha começado, mas o fato de haver um levante no gueto era dado como certo. Estava claro que não poderia durar muito, que em um ou dois dias o poder militar alemão, com sua força esmagadora, sufocaria

* Costume polonês de estourar fogos na manhã de Páscoa.

a inconseqüente rebelião organizada por um bando de desesperados. E no entanto a batalha prosseguia. O gueto estava em chamas, o gueto lutava.

Demorou alguns dias para que os Sokolnicki se recobrassem do choque inicial e, ainda com um ar grave, retomassem a rotina diária. Vovô voltou a freqüentar a biblioteca, vovó retornou ao espanador e ao ferro de passar, murmurando suas preces cristãs pelas almas dos combatentes judeus. Pouco a pouco o assunto da Páscoa e de como conseguir comida para a comemoração se introduziu nas conversas da família, juntamente com relatos terríveis sobre pessoas morrendo queimadas, mulheres com bebês no colo pulando das janelas de casas em chamas, grupos de combatentes retirados de seus abrigos subterrâneos e executados na hora.

Nossos dias eram vazios, nossas noites, insones. De madrugada, quando todos os outros moradores dormiam, mamãe, Sophie e eu nos esgueirávamos pela sala de estar, abríamos a porta da varanda e contemplávamos o céu – era vermelho vivo por causa das chamas que devoravam a área norte da cidade. De vez em quando o uivo agudo de uma metralhadora cortava o silêncio das ruas desertas. Uma súbita lufada de vento norte enchia as calçadas de detritos carbonizados.

Na Sexta-Feira Santa a sra. Serbin me pediu para ajudá-la na cozinha. A Mulher estava de folga no feriado e havia muita coisa a fazer, já que todo o trabalho tinha sido adiado em função dos últimos acontecimentos. Por essa razão, todos os membros femininos da família estavam ocupados na cozinha quente e espaçosa sob o comando da sra. Serbin. Em outra ocasião eu teria grande prazer em bater ovos, descaroçar passas, inalar o doce aroma de baunilha de um bolo recém-saído do forno. Agora, porém, minha mente estava distante de meus dedos atarefados. A atmosfera de animação, tão natural quando uma equipe se empenha para terminar sua tarefa a tempo, me causava náuseas. E no entanto era melhor assim do que estar trancada no quarto com minha própria dor.

No Dia da Páscoa fomos convidadas a participar da ceia com a família. Fiz todo o possível para ficar com a cara boa e não ser uma desmancha-prazeres. Ninguém ali estava alegre, mas havia um acordo tácito de que naquela noite não se deveria discutir a questão do Levante do Gueto. Foi difícil suportar, meus pensamentos estavam todos lá. Mamãe e Sophie se sentiam da mesma forma, de modo que, logo após o último prato, nos retiramos para o nosso quarto.

Stas se ofereceu para passar conosco o Domingo de Páscoa e chegou de manhã, vestindo seu melhor paletó de *tweed*, bem-arrumado e com boa aparência, embora visivelmente triste. Preferiu fingir que não, e fez o possível para nos alegrar. Até trouxe seu gramofone e alguns discos para desviar nossas mentes da dor. "Rosamunde, você veio com o vento norte", cantava uma forte voz masculina. Vindas do norte, nuvens de fumaça negra escureciam o céu radiante. Uma fuligem densa continuava caindo e se grudava às paredes e calçadas da cidade em festa. "Aleluia", comemoravam as multidões nas igrejas de Varsóvia.

O Levante do Gueto entrava em sua terceira semana.

Cartazes nazistas pendurados por toda a cidade instavam os poloneses a denunciarem judeus escondidos no lado "ariano", tanto fugitivos recentes quanto os que tinham escapado anteriormente. Um crescente sentimento de perigo tomou conta de todas nós. As regras de segurança foram reforçadas. Minhas saídas estavam fora de questão.

Uma vez, no meio da noite, ouvimos um alerta de ataque aéreo: bombardeiros aliados rugiam muito acima da cidade. Logo começamos a ouvir fortes explosões distantes. A defesa área alemã reagiu com rajadas violentas. Rápida e tranqüilamente, os moradores do prédio se dirigiram ao abrigo subterrâneo. Não podíamos nos arriscar a sermos vistas pelos vizinhos, de modo que permanecemos no apartamento. Os velhos Sokolnicki decidiram ficar conosco. Vovó murmurava suas preces, vovô conversava jocosamente com o vira-lata, e todos estávamos nas nuvens pois acreditávamos que o socorro e a retaliação tão esperados estavam finalmente chegando dos céus. No dia seguinte ficamos sabendo que os bombardeiros russos tinham conseguido danificar uma base estratégica alemã em Varsóvia, mas que também tinha havido muitas baixas entre os poloneses.

Logo depois do ataque aéreo, a batalha do gueto finalmente chegou ao fim. No dia 15 de maio os nazistas explodiram a sinagoga da rua Tlomackie para assinalar sua vitória sobre os judeus de Varsóvia. A caçada aos sobreviventes se intensificava.

Minhas noites eram agora atormentadas por pensamentos torturantes e pesadelos horríveis. Uma vez vi Roman em meu sonho. Vivíamos juntos num quartinho, escondendo-nos tanto dos nazistas quanto dos vizinhos, que poderiam descobrir que dormíamos na mesma cama. No meu sono, ouvi uma violenta batida na porta e acordei aterrorizada. À luz fraca da aurora vi a sra. Serbin. Três homens altos com chapéus escuros e paletós de couro negro vinham com ela, entrando em nosso quarto.

— Seus documentos, sra. Lubowicki – gritou a sra. Serbin. — Estes senhores desejam ver seus *Kennkarten*.

Um agudo lampejo de reconhecimento fez meu coração afundar: a Gestapo! Era o fim, a morte estava em minha cama. Com as mãos trêmulas, mamãe tirou as três carteiras de identidade que sempre guardava em sua bolsa. Um dos homens acendeu a luz, mas não olhou os documentos: encarou diretamente o rosto terrificado de minha mãe enquanto seus companheiros examinavam Sophie e eu.

— Judias – concluíram. — Levantem-se depressa, vocês vêm conosco – disse friamente o primeiro deles. Falava polonês.

Eles nos deram cinco minutos para nos aprontarmos e sairmos do quarto, e levaram consigo a sra. Serbin. Após alguns instantes ela estava de volta, o rosto afogueado, a voz trêmula.

— Dinheiro – disse ofegante. — Estão prontos a nos deixarem em paz por uma quantia. Deve dar o dinheiro a eles, sra. Lubowicki, pela segurança de todos nós.

— Quanto? – murmurou mamãe, ligeiramente aliviada. — Não tenho dinheiro aqui.

A soma que desejavam era 100.000 *zloty*, uma fortuna que não tínhamos como conseguir. Mesmo que tia Maria vendesse todos os bens restantes, que já estavam escasseando, não obteria metade da quantia exigida. Mas ficou claro que os três homens não eram da Gestapo. Tratava-se, obviamente, de chantagistas que, embora perigosos, estavam prontos a negociar. Recuperando o controle, mamãe resolveu corajosamente enfrentá-los. Vestida e senhora de si, dirigiu-se ao chefe deles em seu alemão fluente. Ele olhou para ela embaraçado – não entendia essa língua. Isso deu a mamãe uma posição melhor para negociar. Após alguns instantes a exigência caiu para 40.000. Foram estabelecidas as condições: os homens voltariam dentro de três dias para receber o dinheiro. Foram embora depressa.

Não havia tempo a perder. Nosso abrigo tinha deixado de ser seguro. Por uma questão de segurança, nossa e de nossos anfitriões, precisávamos sair logo, quanto mais cedo melhor. Vovô Sokolnicki correu em busca de tia Maria. Ela veio depressa, abatida e soluçando. Nós nos sentamos junto com ela e a sra. Serbin para tentarmos encontrar uma solução. Se conseguíssemos sair dali, tia Maria poderia levantar algum dinheiro para o resgate e, sozinha, a sra. Serbin seria capaz de negociar mais facilmente com os malandros. Certo, mas para onde poderíamos ir?

Logo ficou claro que não podíamos contar com Halina. A única pessoa a quem poderíamos pedir um abrigo temporário era Zina Richter, a mulher que já abrigava Jadwiga e Stefan em seu apartamento minúsculo. Mas não havia como lhe pedir, nem mesmo como avisá-la com antecedência de que estávamos indo. Tínhamos de sair *imediatamente*.

Era um dia luminoso, a caçada aos judeus estava no auge e nossos olhos assustados pareciam mais judeus que nunca. Profundamente abatidas, imaginávamos como fazê-lo, como chegar inteiras à casa de Zina. Para nossa surpresa, a melhor idéia veio de Klara. Havia agora muitas pessoas feridas em Varsóvia, disse ela. Outras velavam seus entes queridos que tinham sido mortos no último bombardeio. Entendemos logo sua idéia.

De sua espaçosa cômoda, vovó Sokolnicki tirou um chapéu preto com um véu fino da mesma cor que ela costumava usar nos velórios de parentes. Klara trouxe a caixa de primeiros-socorros da família. Mamãe seria a carpideira, o rosto oculto por trás do véu. Sophie, a pessoa ferida: metade do rosto, inclusive o nariz, coberto de ataduras, só um olho negro semicerrado olhando tristemente lá de dentro – era correto parecer triste em tais circunstâncias. Rapidamente resolvemos que eu deveria ir sem disfarce. Vovô desceu e, como não houvesse táxis disponíveis na Varsóvia ocupada, chamou um cabriolé. Então nos despedimos apressadamente das pessoas que tinham sido as primeiras a nos dar abrigo e partimos rumo ao desconhecido.

6. Em fuga

Os cavalos trotavam lentamente pelas ruas principais. O velho condutor, do alto de seu assento, de costas para nós, deixava escapar profundos suspiros a todo instante. Os transeuntes nos olhavam apiedadas. Só então, no conforto do cabriolé, é que começamos a perceber a gravidade de nossa situação. Não sabíamos (e nunca viemos a saber) como os chantagistas tinham chegado até nós. Era muito incerto que, uma vez satisfeitos, deixariam a sra. Serbin ou mesmo tia Maria em paz. Podiam estar nos seguindo naquele exato momento e, assim, prestes a descobrir a casa de Zina, com Stefan e Jadwiga lá escondidos. Para onde nos voltássemos, colocávamos em grande perigo quem tentasse nos ajudar.

Duas batidas lentas e três batidinhas rápidas. Vagarosa e relutantemente a porta da frente se abriu. Um par de belos olhos nos fitou com perplexidade. Depois Jadwiga deu um grito de terror. Parecendo que ia desmaiar, logo nos deixou entrar e trancou a porta. Stefan, chamado por ela, não pareceu menos apavorado. Zina não estava.

Era nosso primeiro encontro desde que saíramos do gueto em janeiro, e assim, por um momento, fomos tomados pela emoção. Mas isso não durou muito. Sentados na cozinha de Zina ouvimos Stefan e Jadwiga contarem sua história horripilante, antes de começarmos a lhes contar os detalhes de nossas próprias experiências recentes.

Na manhã do dia anterior Zina saíra para seu trabalho de faxineira diarista e não tinha retornado. Com uma ansiedade crescente, Stefan e Jadwiga esperaram por ela em vão. Quando chegou a hora do toque de recolher, perceberam que algo de sério devia ter acontecido com ela. Além disso, estavam com fome, dependiam das compras que Zina fazia diariamente. Procurando algo para comer começaram a revistar a cozinha, e depois o quarto de Zina. E então de repente, sobre um móvel trancado, junto da cabeceira, Jadwiga notou uma ampola de morfina quebrada e uma seringa pela metade. Num relance, eles entenderam – Zina era viciada.

Tendo vivido com ela já por algum tempo, sabiam que era meio desequilibrada, com um humor que mudava rapidamente num mesmo dia, mas atribuíam isso à sua solidão, à falta de um companheiro, talvez à sua tolerância em relação à bebida. Mas, conhecendo a verdade, estavam apavorados. Se Zina tivesse sido presa na rua, o que no tempo da guerra acontecia todos os dias com pessoas comuns em Varsóvia, poderia estar pronta a fazer qualquer coisa para obter sua morfina. Era uma mulher honesta e de coração terno, mas a necessidade da droga poderia fazê-la trair seus hóspedes em troca de liberdade. Estava claro que Stefan e Jad-wiga precisavam sair de lá imediatamente. E nós três também. Mas não havia para onde ir. Estávamos num beco sem saída.

Zina voltou para casa na manhã seguinte. Parecia abatida e angustiada. Ao ver mamãe, Sophie e eu, irrompeu em lágrimas. Beijando cada uma de nós, ficou repetindo "sinto muito, sinto muito", depois se trancou no quarto. Após um tempo, reapareceu, controlada. Nunca disse onde tinha passado aquelas últimas 60 horas.

Na manhã seguinte, Zina saiu para o trabalho como de hábito. Não estávamos com fome, já que no dia anterior Jadwiga se aventurara a ir à rua para comprar comida. Mas o crescente suspense tinha transformado cada um de nós num feixe de nervos. Ficamos todos de pé num pulo quando ouvimos bater à porta.

Mas foi uma batida especial, duas lentas e três batidinhas rápidas. Era tia Maria. Estava pálida e cansada, mas trazia boas-novas. Em um dia e meio conseguira vender todo o restante das pinturas de meu avô e já tinha dois terços da soma exigida pelos chantagistas. Esperava obter o resto emprestado. Nesse ínterim, a sra. Serbin tinha entrado em contato com um homem que estava pronto a nos levar para um novo abrigo naquele mesmo dia, mais tarde. A hora e o lugar em que encontraríamos esse homem já estavam estabelecidos. Tia Maria não conhecia os detalhes – quem ele era, para onde pretendia nos levar, por quanto tempo e a que preço. Precisávamos confiar nele, não havia escolha.

Com esse problema resolvido de alguma maneira, restava um outro a exigir uma decisão imediata: não tínhamos dinheiro. Tinha chegado a hora de usarmos a última coisa que mamãe havia guardado durante todos esses anos para um momento de aperto. Era um anel de platina com um diamante grande e reluzente de grande valor. Embora nascida e criada numa família de posses, mamãe era uma mulher muito modesta. Tinha, é claro, muitas jóias bonitas de menos valor – presentes de aniversário dos pais e dos tios –, mas raramente usava alguma. A aliança e um reloginho de ouro eram seus únicos adornos. Nunca usaria algo tão ostensivamente caro quanto esse anel de diamante. De qualquer modo, ele não se destinava a ser usado. Com a aproximação da guerra, papai decidira investir todas as economias de seus longos anos de árduo trabalho nessa única jóia, uma vez que acreditava que ela proporcionaria mais segurança à sua família do que o dinheiro. Ele estava certo. Agora tinha chegado o momento de aperto. Mamãe tirou o anel de um saquinho de tecido que sempre levava consigo preso no sutiã e o entregou a tia Maria para que o vendesse.

A pobre tia Maria ainda manuseava nervosamente aquela preciosidade, louca para escondê-lo em segurança no próprio sutiã, quando soube que Stefan e Jadwiga também precisavam com urgência de um novo esconderijo. Ela pareceu estar à beira de um colapso cardíaco. E então aconteceu uma coisa extraordinária: súbita e inesperadamente um anjo da guarda desceu do céu. Ouvimos duas batidas lentas e três batidinhas rápidas e logo em seguida uma mulher desconhecida, mas de aparência amigável, apertava cordialmente nossas mãos. Apresentou-se como a sra. Koterba, a irmã mais velha de Zina. Pareceu um tanto confusa por ver tanta gente no apartamento, mas não demorou muito para adivinhar quem éramos.

Sem perda de tempo, a sra. Koterba nos contou o que a trouxera. Zina recentemente começara a ter um relacionamento amoroso com um sujeito que era, por acaso, grande amigo dos Koterba. Na noite anterior, sem ser convidado, ele tinha ido conversar com o casal. Ficara muito perturbado ao descobrir que Zina era viciada. Ingenuamente, tentara curá-la ele mesmo, mantendo-a afastada da droga. Trancou-a no seu apartamento por dois dias e duas noites, fazendo o possível para conscientizá-la do perigo que o vício representava. Zina estava num estado terrível, dando chutes e mordidas, lamentando-se e falando coisas sem nexo. Dissera algo sobre estar escondendo judeus em seu apartamento, que poderiam morrer de fome se ele a mantivesse presa. Pediu que ele fosse até lá e visse por si mesmo que ela não estava mentindo. Até o instruiu sobre a forma de bater à porta para que o deixassem entrar. O homem não chegou a fazer isso, mas quando Zina por fim se acalmou ele a deixou sair. Depois foi procurar ajuda com os Koterba.

Tudo isso era novo para a sra. Koterba. Não sabia nada sobre o vício de Zina nem sobre o fato de ela estar abrigando judeus. Disso ela até suspeitava, pois sabia o quanto Zina era devotada à nossa família. Mas não tinha dito uma palavra sobre essa suspeita, e tentara animar o homem prometendo tomar conta de Zina. Depois que o amigo foi embora, ela e o marido passaram a noite pesando o que fazer. Por fim, ela decidira ir ver se realmente havia alguém escondido no apartamento da irmã.

E lá estava ela, interessada e eficiente, procurando uma solução. Zina devia ir para um hospital e se curar do vício, disse. Mesmo que ela ficasse em casa, esconder-se sob o seu teto seria extremamente perigoso, já que não se podia mais confiar nela. A sra. Koterba e seu velho e bom marido estavam prontos a assumir e oferecer abrigo, mas apenas para um casal. Não esperavam encontrar cinco pessoas. Surpresas e comovidas, logo lhe explicamos que só Stefan e Jadwiga precisavam de sua ajuda, pelo que a sra. Koterba suspirou aliviada.

Os detalhes foram logo acertados. Zina não devia saber coisa alguma sobre a visita da irmã ou sobre Stefan e Jadwiga irem morar com ela. Quando voltasse do trabalho deveríamos mentir para ela dizendo que tínhamos encontrado abrigo para os cinco e preferíamos ficar juntos no mesmo esconderijo, o que era impossível naquele apartamento minúsculo. Por motivo de segurança, Jadwiga e Stefan deveriam esperar que se passasse uma hora de nossa partida, e então ir diretamente para a casa dos Koterba. Tudo isso acertado, a sra. Koterba saiu, desejando-nos boa sorte.

Se os moradores da rua Walicow tivessem olhado por suas janelas às seis horas daquela tarde, teriam visto uma viúva negra, uma criança ferida e uma jovem de aparência ligeiramente mediterrânea saindo de um portão e caminhando apressadas para a esquina. Talvez alguém as tenha notado e ficado imaginando quem se escondia por trás do véu negro e das ataduras brancas. Mas as três figuras lúgubres seguiram seu caminho sem dificuldades. Um cabriolé de aluguel aguardava por elas na esquina, com um homem elegantemente vestido esparramado no assento de passageiros. Ao ver as mulheres que estava esperando fez um rápido aceno, convidando-as a subir.

O cabriolé trotou pelo centro da cidade em direção ao rio. O homem se mostrava distante, reticente, provavelmente com medo. Só abriu a boca uma vez para sussurrar o endereço para onde nos dirigíamos e instruir minha mãe a que se apresentasse à senhoria como viúva de um major polonês. Nem chegou a dizer o nome da senhoria.

— Ela sabe realmente quem somos? – sussurrou minha mãe com ansiedade.

— Não é preciso falar com ela sobre isso – resmungou o homem sumariamente, depois freou o cabriolé e desceu por um instante.

Prosseguimos em marcha lenta por alguns minutos mais. Ao chegarmos à ponte Poniatowski, o condutor encostou o veículo ao meio fio.

— Chegamos, senhoras.

Mamãe lhe pagou, ele deu um toque na pala do chapéu, estalou o chicote e pôs-se a caminho lentamente. Ficamos sozinhas, deslumbradas pelo rio cintilante que há tanto tempo não víamos. Uma longa fileira de prédios altos e modernos, construídos pouco antes da guerra para pessoas importantes, se estendia pela margem do rio de frente para a ponte. Um deles seria nossa morada.

O elevador nos conduziu suavemente ao sétimo andar. Atendeu à porta uma mulherzinha pálida, de idade indefinível e olhos inquietos. Ela nos cumprimentou efusivamente, parecendo muito à vontade. Trancou a porta após entrarmos e logo começou a falar de sua terrível gripe, do tempo que não estava tão quente quanto deveria estar em maio e sobre seu irmão que não poderia ter conosco antes de sábado, já que trabalhava como ferroviário longe de casa, onde dormia apenas nos fins de semana. Ao nos levar para o "nosso" quarto, aproveitou para recolher algumas roupas que estavam no chão do corredor, tirar poeira de uma estante com a ponta dos dedos e examinar no espelho uma espinha no nariz. Não havendo perguntas, não houve necessidade de respostas.

— Está frio, frio, queridas. Como vocês sabem, o aquecedor central não funciona hoje em dia. Fiquem à vontade, queridas; queridas, sintam-se em casa, por favor. Vocês dormem tarde? Não? Perfeito, queridas. É bom para vocês dormirem cedo. Eu fico acordada até tarde e acabo dormindo de manhã. Vocês não se incomodam, queridas, se incomodam?

Aturdidas pelo fluxo de palavras, examinamos apaticamente o amplo aposento quase vazio, com uma janela aberta que dava para a ponte. As camas estavam apenas semi-arrumadas, os lençóis como se alguém os tivesse usado por uma ou duas noites. Não havia outros móveis. A cozinha também parecia desleixada, malcuidada. A senhoria, que naquele meio tempo já se havia apresentado como "simplesmente" Lily, insistiu para usarmos a cozinha quando quiséssemos, já que ela raramente o fazia. Preferia comer fora e só cozinhava quando o irmão estava lá. De modo tímido e ansioso, mamãe perguntou se ela se importaria de fazer compras para nós. Lily riu.

— Sou terrível quando se trata de compras, querida – disse ela. — Mas se você quer... Lily faz qualquer coisa pelas pessoas de que gosta. E eu gostei de vocês, queridas, realmente gostei de vocês três.

Saiu logo em seguida, deixando-nos trancadas no apartamento. Sem nada melhor para fazermos, fomos examinar nosso novo ambiente. Era um apartamento grande, dois dos quartos trancados, os outros dois mobiliados com requintes de um conforto pequeno-burguês: poltronas e sofás extremamente macios forrados em cetim, entulhados com dúzias de almofadas bordadas à mão e bonecas de pano; toalhas ornamentais de crochê por sobre as mesinhas e guarda-louças; plantas exóticas nos vasos; quadros com molduras douradas retratando o pôr-do-sol avermelhado ou cervos em florestas; montes de conchas, estátuas de faiança, bolas de cristal maciço.

— Como é que pessoas com esse tipo de gosto possuem um apartamento nesta vizinhança? – especulou mamãe.

Não podíamos acender a luz em nosso quarto porque as janelas não tinham cortinas nem persianas próprias para o blecaute, de modo que, superando a repugnância, caímos na cama e de alguma forma conseguimos dormir. Tarde da noite eu acordei com um violento acesso de tosse. Tremia de febre, estava evidentemente doente. O barulho vindo de outros quartos significava que não estávamos mais sós. Fiquei escutando com atenção. Parecia que estavam dando uma festa animada no quarto ao lado – eu podia ouvir a trêmula tagarelice de pessoas embriagadas, risadas femininas, tonitruantes gargalhadas masculinas misturadas a uma fanhosa "Rosamunde" despejada por um gramofone defeituoso. Logo percebi que havia duas mulheres participando da festa, uma delas Lily, e pelo menos três homens. Agora, segurando a respiração, eu era toda ouvidos. Sim, não havia dúvidas, os três homens falavam alemão. Ouvi passos rápidos e suaves na escuridão, Sophie estava trancando a porta. Mamãe estava sentada na cama estupefata pois também não conseguia mais dormir. Todas nós sabíamos: estávamos presas num bordel alemão ou algo do gênero.

Não dissemos palavra sobre o que sabíamos quando na manhã seguinte, pouco antes de meio-dia, Lily saiu de seu quarto, tão simpática e inquieta como no dia anterior. Seus visitantes noturnos tinham desaparecido bem mais cedo. Eu espreitei pelo buraco da fechadura quando eles estavam indo embora e consegui perceber de relance os uniformes cinza-escuros no corredor.

Lily se aprontou e, sem que a lembrássemos, foi comprar algumas coisas para nós. Voltou feliz, com um pacote de cinco quilos de espinafre, depois tomou um gole de café preto e voltou para a cama.

Três dias se passaram até que tia Maria recebesse da sra. Serbin nosso novo endereço e viesse nos visitar trazendo dinheiro e notícias. Mal podíamos esperar para vê-la pois mais uma vez necessitávamos muito de sua ajuda. As orgias no quarto ao lado prosseguiam noite após noite. Uma vez alguém tentou forçar a tranca de nosso quarto. Não podíamos ficar for muito mais tempo na casa de Lily. Além disso, eu realmente estava doente, com febre e tosse à noite, e exausta de dia. Precisava de um médico.

Tia Maria mergulhou no desespero ao ouvir tudo isso. Tinha trazido boas notícias e ansiava por um momento de tranqüilidade na vida dela e na nossa. Os chantagistas tinham levado apenas 22.000 e prometido nunca mais voltar. Jadwiga e Stefan estavam a salvo com os Koterba, adequadamente instalados. O anel de diamante fora vendido a um preço razoável e poderíamos seguir vivendo escondidas por algum tempo, quem sabe até o fim da guerra.

— Jesus, meu Senhor – gritou tia Maria numa oração sem esperança. — Que devo fazer agora, a quem devo recorrer para salvar vocês, minhas pobres, pobres meninas?

Chegou o fim de semana e o irmão de Lily apareceu. Era um homem rude e gordo, com cerca de 50 anos, falando um polonês áspero, com sotaque estrangeiro. Era alemão de nascimento, Reichsdeutsch, como informou com orgulho logo que fomos apresentados. Estranhamente, pareceu satisfeito em nos ver e desejoso de nos agradar. Nós nos sentamos com ele e Lily nas poltronas acetinadas, comendo lingüiças alemãs com chucrute cozido e bebendo cerveja, que detestávamos. Era difícil rejeitar sua hospitalidade. Aquecido pela comida e pela bebida, ele nos falou de seu trabalho. Quando jovem, fora ajudante de maquinista, mas com a guerra seu trabalho se tornara mais gratificante e respeitável. Era agora um guarda de trem armado, servindo na ferrovia Varsóvia-Berlim em busca de contrabandistas, guerrilheiros e judeus. Contou-nos histórias singulares sobre seus feitos, como conseguira capturar ou matar alguns desses bandidos.

Mais e mais excitado por seu relato, ele de repente pegou minha mão, me puxou para o sofá e me forçou a me sentar ao lado dele. Passou o braço pesado em volta de meus ombros.

— Vamos dançar esta noite, minha bela *Fräulein*?

Eu estava rígida, horrorizada, tentando evitar o hálito dele, que recendia a cerveja e chucrute. Mamãe veio logo em meu socorro.

— Desculpe, Herr Schmidt – disse ela resolutamente. — Não vou deixar que ela saia esta noite. Está doente, coitadinha, veja como está pálida. Está com febre e com uma tosse forte. – Era verdade, e Lily confirmou as palavras de minha mãe inclinando a cabeça.

— *Schade*, *schade* (Pena, pena) – lamentou Schmidt, muito desapontado. — Então fica para sábado que vem. Vou levar você a *einen fabelhaften Nacht-Klub* (uma boate fabulosa). Você vai dançar com *Offizieren* da mais alta patente, *mein Schatz* (meu tesouro), mas primeiro comigo.

Apertou meus ombros com a ternura de um urso, fazendo-me quase desmaiar. Sentindo-se subitamente com sono, saiu cambaleando pelo corredor, puxando Lily consigo. Obviamente não era irmão dela.

Doente e com medo, eu contava os dias com uma angústia crescente. Devíamos fugir o quanto antes da casa de Lily, mas o sábado era para mim a data fatal. Segunda, terça e quarta se passaram. Eu ficava por longas horas grudada à janela, observando ansiosamente o rio, a rua, a ponte. Pelo menos dessa vez podia fazer isso em segurança: daquela altura, ninguém poderia me notar nem me reconhecer. O tempo estava esplêndido, o auge da primavera. Jovens casais passeavam despreocupados, de mãos dadas pela ponte. Os vestidos coloridos das moças farfalhavam à brisa suave. Uma senhora sentada na calçada vendia adoráveis buquês de lilases frescos brancos, púrpura ou azulados. Lamentoso e desafinado, um cantor de rua aleijado entoava "Rosamunde".

Tia Maria voltou sexta-feira de manhã. Ainda não havia encontrado um lugar para nós, mas Stas tinha algo em mente e lhe implorara que nos dissesse para aguardarmos com paciência até o fim da semana seguinte quando, ele esperava, uma pessoa com quem entrara em contato estaria pronta para nos levar. Mas no meu caso paciência era impossível – eu tinha que ir embora no dia seguinte.

Depois de ouvir minha história tia Maria ficou pensando por algum tempo. De qualquer forma, tinha vindo para me levar com ela naquela tarde. Marcara uma consulta médica para mim. Não importava o que acontecesse, não me traria de volta para esse antro do vício; iria me esconder, me colocar em segurança em algum lugar... onde? Ainda não sabia.

Eu me aprontei e saí com tia Maria, o coração pesando como chumbo, pois estava deixando mamãe e Sophie sem ter a menor idéia de quando, onde ou se tornaria a vê-las.

A médica, uma senhora idosa, era pediatra. Eu não era mais uma criança, mas para tia Maria o mais importante era saber que podia confiar nela. Com efeito, ela era uma pessoa doce e carinhosa. Imediatamente soube quem eu era, mas não disse uma palavra a respeito. Levou um longo tempo me examinando e o fez de modo minucioso. Seu veredicto foi um choque: eu tinha tuberculose, os dois pulmões haviam sido afetados.

A médica me explicou que não havia necessidade de desespero porque a doença ainda estava em seu estágio inicial e, como era o primeiro caso em toda a família e não havia indícios de uma tendência hereditária, eu tinha boa chance de recuperação, desde que comesse bem e pudesse respirar muito ar fresco. Morar no campo ou nas montanhas era a única coisa que ela podia receitar, além do remédio para a tosse e a febre, e também dos tabletes de cálcio. Quando estava me vestindo, captei um olhar dela, triste e piedoso. Ela se recusou a aceitar dinheiro.

Do consultório tia Maria me levou à casa de sua irmã Helena, a parteira. Embora fosse, tal como tia Maria, uma pessoa dedicada e de princípios elevados, Helena mal pôde disfarçar a ansiedade quando me viu à sua porta. Em silêncio, empurrou-nos para o banheiro e se trancou conosco. Profundamente constrangida, disse que não queria que seu filho me visse. Antoni, explicou ela, era um homem corajoso e impecável, só podia se orgulhar dele. Mas ficaria zangadíssimo se me visse em sua casa. Não que fosse um covarde, longe disso. Sentindo-se culpada por nos revelar um segredo mortal, Helena explicou que Antoni era um membro de alto escalão do movimento clandestino, comandante de uma unidade militar e responsável pela ligação com o Ocidente. Sua casa devia estar livre e acima de qualquer suspeita.

Mas Helena não me mandou embora. Ela me acolheu, primeiro por uma só noite, depois, como eu ainda não tivesse para onde ir, por mais dois dias e duas noites. Mantendo-me fora das vistas do filho, ela lhe disse que eu era uma paciente que havia tido um aborto espontâneo e precisava ficar deitada até parar a hemorragia. Colocou-me em sua cama e lá fiquei deitada dia e noite. Doente e exausta, cochilava a maior parte do tempo, o rosto escondido sob os travesseiros, já que Antoni aparecia de vez em quando para apanhar algum de seus pertences. No terceiro dia Helena implorou a tia Maria que me levasse embora: Antoni precisava do quarto naquela noite para uma reunião secreta.

Não me lembro de onde fiquei nos três ou quatro dias seguintes. Entorpecida pela febre, apenas semiconsciente, vaguei com tia Maria por ruas desconhecidas da periferia da cidade, ou me sentei em bondes lotados sob o olhar curioso de desconhecidos. Dormi em lugares estranhos: no apartamento do primo de alguém, no do amigo de uma outra pessoa... Afinal chegou o dia em que tia Maria pôde me levar para o novo esconderijo prometido por Stas, onde tornei a ver mamãe e Sophie.

De todos os meus esconderijos, foi desse que eu gostei mais. A Nowy Swiat, a principal via que ligava a cidade antiga ao centro, sempre fora uma rua fina e elegante antes da guerra, e assim permanecia. Durante a ocupação nazista era usada principalmente pelos alemães. A casa em que encontramos abrigo fora seriamente danificada durante o sítio. Só o andar térreo sobrevivera intacto e agora abrigava uma empresa comercial alemã. O primeiro andar tinha sido parcialmente destruído e por essa razão não era usado pela empresa que mantinha suas janelas sem vidraças rigorosamente vedadas com madeira. Mas as paredes, o piso e o teto se agüentavam bem. Nada havia acima do primeiro andar a não ser destroços carbonizados, a única coisa que sobrou dos pavimentos superiores.

A empresa alemã funcionava lá embaixo das oito horas da manhã às quatro horas da tarde, quando então os empregados saíam e o zelador trancava a porta da frente, só a destrancando na manhã seguinte. O zelador era polonês. Vivia no prédio com a mãe, num pequeno apartamento conjugado no térreo, ao lado do escritório da empresa. Alto, moreno e carrancudo, na faixa dos 30 anos, Kazik parecia muito mais inteligente do que seu trabalho exigia. Não falava muito, era um homem mais de ação que de palavras. Seu trabalho para a firma era apenas uma fachada que ocultava vários tipos de atividades secretas. Uma delas era esconder judeus. Não dois ou três, mas dezenas. Todo o espaçoso primeiro andar do prédio era usado como abrigo. Dois amplos cômodos e uma cozinha, precários e com pouca mobília, funcionavam como a principal área de convivência durante o dia e à noite se transformavam em dormitórios. O acesso a essa área se dava através de uma pequena portinhola na parede, pouco acima do piso. Podia ser facilmente camuflada e, se necessário, trancada por dentro. Um dispositivo de alarme com um botão escondido perto da vigia do portão da entrada, soaria baixinho lá em cima se Kazik fosse obrigado a deixar entrar um desconhecido.

Quando eu cheguei havia 15 pessoas escondidas no abrigo, famílias, casais, solteiros de todas as idades. Outras oito tinham saído um dia antes, abrindo assim espaço para nós. Todas as demais esperavam sair em breve. Levou algum tempo para sabermos para onde elas iriam.

Durante o horário de trabalho da empresa tínhamos de permanecer em nosso espaço de convivência sem fazermos barulho, mas depois das quatro horas estávamos livres para usarmos todo o andar e ficarmos à vontade. Ninguém nos veria nem ouviria – a menos, é claro, que fizéssemos muito barulho, já que havia uma sentinela alemã do lado oposto, na esquina da Nowy Swiat com a rua Swietokrzyska. Kazik e sua mãe faziam todas as compras e as entregavam diariamente depois das quatro horas. Só então podíamos cozinhar e comer: o cheiro de comida vindo do andar de cima, supostamente vazio, teria atraído as suspeitas dos empregados alemães que trabalhavam lá embaixo.

Era uma vida quase agradável se comparada com a situação anterior. Embora passar dias e noites na companhia de estranhos, dormindo ao lado deles, sem privacidade alguma, não fosse exatamente algo de que gostássemos, apesar de tudo nos sentíamos muito melhor com eles que sozinhas. Minha saúde melhorou muito, em parte devido aos remédios receitados pela gentil doutora, mas principalmente porque havia outras pessoas com quem conversar.

Há muito me esqueci dos nomes e dos rostos da maioria daqueles com quem dividimos, por um breve período, esse esconderijo. Mas houve um homem que me causou forte impressão e do qual ainda me recordo. O sr. Lusternik, um escritor, passava a maior parte do dia sentado em seu colchão, rabiscando sem parar naquele ambiente de penumbra. À noitinha ele lia seu novo conto em voz alta para quem quisesse ouvir. Eu sempre queria. Seus contos me emocionavam muito. Eram todos sobre eventos trágicos dos dois últimos anos, sobre as pessoas do gueto de Varsóvia. Certa manhã eu me sentei no meu colchão e escrevi meu próprio conto que reproduzo aqui numa versão abreviada. Baseava-se num incidente que ouvi de uma testemunha ocular.

"Um adolescente solitário foi preso numa batida e levado para a *Umschlagplatz* juntamente com uma multidão de pessoas gritando e se lamentando. O rapaz não gritava, mas caminhava em silêncio, à parte, segurando sua única propriedade: um violino. Na *Platz*, repleta de miséria humana, ressoando a choro, tiros e apitos do trem que partia para as câmaras de gás de Treblinka, ele foi notado pelo Commandant Brandt, chefe da *Umschlagplatz*, muito conhecido tanto por sua crueldade quanto pelos surtos ocasionais de benevolência que por vezes salvaram a vida de alguém. Nesse momento Brandt estava com essa disposição. Fez o rapaz parar e lhe ordenou que tocasse. Um estranho silêncio logo substituiu a gritaria. As pessoas se apertaram para dar espaço aos uniformes cinza-escuros que, ávidos por diversão, abriam caminho entre a massa. No meio da pequena clareira, o jovem magro e pálido com seu violino tremia de medo diante dos corpulentos nazistas. Por alguns instantes não conseguiu começar, os dedos tremendo. Então, de repente, ele tocou. Era uma música sutil e inspirada que soava como uma prece, como um poderoso pedido de socorro ao próprio Deus. Os condenados e seus carrascos contiveram a respiração. Todos acreditavam que a vida daquele jovem talentoso seria poupada. O rapaz também sabia disso, e sorriu. Terminou com ricos e potentes acordes de ação de graças. Novamente se fez silêncio. O rapaz aguardava, e também os ouvintes. O Commandant Brandt estava entorpecido, enfeitiçado. Levantando-se, olhou para o relógio e apontou para o rapaz: "Amanhã à mesma hora", disse, com um lampejo de deleite. "Ele vai tocar em Treblinka." E, como que para si mesmo, acrescentou: "Que pena!""

Essa história pode parecer sentimentalóide hoje em dia, mas é verdadeira. A guerra, o holocausto, foram palco de centenas de histórias semelhantes, dia após dia, hora após hora.

Deixei o sr. Lusternik ler o meu conto naquela mesma noite. Ele ficou sentado em silêncio por algum tempo, depois disse que eu devia começar a escrever sobre tudo o que tinha visto e ouvido no gueto, já que era muito importante registrar o que havia acontecido e deixar um testemunho escrito para o caso de não sobrevivermos.

Estávamos sentados sobre uma ampla caixa de madeira cheia de livros num dos quartos vazios. O sr. Lusternik estava fumando e me ofereceu um de seus cigarros. Foi assim que comecei a escrever e a fumar.

Logo depois disso o sr. Lusternik desapareceu de minha vida. Deixou o abrigo. A maioria dos moradores restantes também estava se preparando para ir embora. Finalmente soubemos para onde iriam. Tinham pagado fortunas, e estavam preparados para pagar ainda mais, a fim de serem levados para um acampamento em Vittel, um local de veraneio na parte da França ocupada pelos nazistas. Garantiram-lhes que nesse acampamento viveriam seguros e com algum conforto até o final da guerra. Os parceiros secretos nessa negociação eram oficiais nazistas.

O local de trânsito em que os voluntários se reuniram e esperaram algumas semanas antes de serem levados para Vittel era o Hotel Polski, na rua Dluga. As pessoas que tinham saído do abrigo pouco antes de nossa chegada ainda estavam esperando que as levassem. E com Kazik servindo de mensageiro, ficavam enviando mensagens aos antigos companheiros de abrigo, instando-os a se juntarem a elas. Aparentemente, a vida no Hotel Polski era como um acampamento de férias. As pessoas eram bem alimentadas, livres para fazerem o que bem entendessem. De noitinha, moças e rapazes passeavam livres na rua, resguardados por permissões especiais.

Esse quadro fez com que Sophie e eu desejássemos nos unir àquele grupo de pessoas de sorte e ir para Vittel. Mamãe ficou igualmente animada, mas ao mesmo tempo temerosa de que o preço fosse muito alto. Além disso, queria que Stefan e Jadwiga fossem conosco. Enviou-lhes uma longa carta por tia Maria. A resposta de Stefan foi rude: *Não!* Mesmo que dispusesse do dinheiro, jamais confiaria nos nazistas. Suspeitava de uma tramóia. E estava certo. Só depois da guerra é que se ficou sabendo que aquele negócio era uma armadilha mortal planejada pelos nazistas. Em vez de irem para Vittel, todas as vítimas do embuste foram enviadas a campos de concentração e assassinadas.

Quando a maioria de nossos companheiros de abrigo partiu, sentimo-nos subitamente abandonadas. Só três pessoas permaneciam: a mãe idosa do sr. Lusternik, que precisava esperar até o filho conseguir mais dinheiro para ela se juntar ao grupo, e um casal de meia-idade, Ralf e Olga. Ralf estava acamado com febre reumática. Desejávamos que Stefan e Jadwiga pudessem vir morar conosco na Nowy Swiat. Eles achavam que deviam deixar os Koterba em paz pois o sr. Koterba, homem bom e honesto, estava ansioso demais com a presença deles em sua casa. Ficava rezando dia e noite e estava a ponto de se transformar num maníaco religioso. Foi fácil acertar a vinda deles com Kazik e marcar uma data.

Na véspera da ansiada vinda de Stefan e Jadwiga, estávamos loucas de agitação. Ainda me recordo de como preparei uma refeição especial para eles: ovos cozidos mergulhados em creme azedo e salpicados de cebolinhas. Esperamos em vão, contudo. Veio o toque de recolher e eles não apareceram.

Tia Maria nos contou a história alguns dias depois. Eles estavam caminhando de braços dados pela Nowy Swiat, o nariz de Stefan parcialmente encoberto por um tapa-olho. Estavam quase chegando quando foram parados por dois desconhecidos e acusados de serem judeus. Como Stefan o negasse, eles exigiram que ele apresentasse uma prova. Empurraram o casal para um portão aberto próximo do nosso. Quando Stefan se recusou a desabotoar a calça, eles ameaçaram chamar o guarda alemão que estava do outro lado da esquina. Isso fez Stefan mudar de tática. Perguntou aos canalhas o que queriam para irem embora. Queriam tudo que pudessem levar. Roubaram de Stefan e Jadwiga os relógios, as canetas, o dinheiro. Depois desapareceram.

Ir para o esconderijo de Kazik agora estava fora de questão: os bandidos ainda podiam estar por perto. Pela mesma razão, seria arriscado voltar diretamente para a casa dos Koterba. Stefan e Jadwiga entraram na igreja mais próxima e se esconderam numa nave lateral escura. Logo em seguida o sacristão, que não tinha notado a presença deles, trancou a igreja. Ficaram lá até a manhã seguinte, quando retornaram à residência dos Koterba.

Com todas as minhas esperanças recentes frustradas, eu me recolhi aos meus pensamentos. Praticamente não havia com quem conversar. A sra. Lusternik não era o tipo de velhinha encantadora com quem as pessoas se aconchegam. Ralf e Olga, inteligentes e amáveis, estavam preocupados demais com a doença dele para poderem se interessar por qualquer outra coisa.

Os cuidados com nossa segurança estavam agora a meu encargo. Kazik me disse exatamente o que fazer caso soasse o alarme, e na mesma noite fez um teste comigo, apertando o botão no portão. Não ficamos assustados porque tínhamos sido avisados de que se tratava de um treinamento. Encostada na portinhola, segurei num laço especial preso a um grande e pesado saco de carvão que estava do lado de fora de nosso esconderijo e rapidamente o puxei na direção da parede. Desse modo, a portinhola ficava bloqueada por dentro. Quando, três minutos depois, Kazik subiu para checar meu desempenho, tudo que conseguiu ver foram cômodos vazios repletos de caixas de madeira e sacos pesados. O silêncio era mortal. Ninguém imaginaria que houvesse seis pessoas escondidas no aposento ao lado, ou mesmo que "o aposento ao lado" existisse. Kazik me elogiou a seu modo conciso, fazendo-me quase feliz por alguns instantes.

Já que agora havia espaço à vontade, pudemos nos mudar dos colchões no meio do quarto para as camas perto da janela tampada, o que nos proporcionava mais luz e um vislumbre da rua por entre os vãos das tábuas. De minha cama podia ver a sentinela alemã do lado oposto e o Cedergren, um dos edifícios mais altos construídos em Varsóvia antes da guerra e que abrigava a companhia de telecomunicações. Vez por outra entrevia soldados alemães marchando pela Nowy Swiat e cantando *Heili Heilo*. Essa canção hedionda era minha única distração musical. E minha única diversão visual era contemplar a foto de Roman, agora rota e amarfanhada. Já se passara um ano desde que eu me apaixonara por ele. Parecia um período desesperadamente longo em comparação com os meros três meses que tínhamos passado juntos.

Nosso único consolo eram os livros que Kazik tinha estocado para seus hóspedes numa grande caixa de madeira. Havia livros de todos os tipos imagináveis empilhados aleatoriamente para leitores de variados gostos: Shakespeare enterrado sob contos de amor de segunda categoria, histórias do faroeste misturadas com volumes avulsos da obra de Proust. Mamãe, Sophie e eu folheávamos esses livros durante horas à luz fraca que vinha das frestas nas tábuas das janelas, pegávamos dois ou três de cada vez, líamos os livros durante o dia, e de noite lá estávamos nós, folheando livros outra vez.

Os dias estavam mais longos. Não tendo nada melhor para fazer, íamos para a cama cedo. Um dia, na última noite de junho, eu estava deitada em minha cama tentando dormir. Estava quente. A luz pálida do fim do dia ainda se insinuava pelas janelas tampadas. Meus vizinhos respiravam normalmente, só Ralf gemia dormindo. De repente, nessa calma estranha, soou o alarme: pi... pi.... pi... Pulei da cama e, com tranqüilidade e rapidez, fiz tudo que devia fazer. Acordados com o susto, meus vizinhos estavam sentados, petrificados. De início pensamos que se tratava apenas de um novo treino, dessa vez sem aviso prévio. Três, cinco, oito minutos se passaram, contudo, e nada de Kazik aparecer. Então ouvimos passos do outro lado da parede. E vozes... Sim, havia homens falando alto, mas nenhuma das vozes era a de Kazik. Senti meu sangue gelar, Sophie tremia do meu lado. O arrastar de pesados objetos sendo empurrados deixava poucas dúvidas de que os desconhecidos procuravam nosso esconderijo. Logo removeram todos os sacos e caixas e, ignorando a portinhola pouco acima do piso, começaram a golpear a parede com o que pareciam ser cabos de pás ou coronhas de revólveres. Faziam um barulho horrível.

Com um medo mortal, mas já controlada, tentei imaginar o que fazer. Minha mente funcionava com toda a clareza. Alguém sabia de nosso esconderijo, sabia exatamente onde ficava. Mais cedo ou mais tarde conseguiriam entrar à força e nos pegariam. Se fossem nazistas estávamos perdidos. Se fossem apenas chantagistas ainda teríamos uma chance. Mas o barulho terrível que estavam fazendo poderia atrair a atenção da sentinela do outro lado da esquina, e nesse caso estaríamos perdidos outra vez. A primeira coisa a fazer era parar o barulho.

— Temos de deixá-los entrar – sussurrei.

Ninguém disse palavra. Descalça e de camisola, me aproximei da parede e gritei:

— Parem de bater. Vamos abrir.

A confusão parou imediatamente.

Eu me abaixei, removi a barra de ferro, empurrei e abri a portinhola. Imediatamente fui apanhada pelos cabelos e puxada para fora. Estonteada pela luz brilhante de uma lanterna, pude ver vagamente o homem que segurava meus cabelos com força: era baixo, usava uniforme alemão e tinha um revólver apontado diretamente para minha cabeça. Outro homem, alto, vestido em trajes civis, iluminou meu rosto com a lanterna e o examinou detidamente. Havia uma terceira figura agachada na escuridão, que eu reconheci como a mãe de Kazik.

— Quantos são vocês ao todo? – perguntou o civil asperamente. Falava polonês.

— *Beantworte, schnell, schnell, du verfluchtes Schwein* (Responda rápido, sua porca maldita) – gritou o alemão, puxando meu cabelo com força e apertando a minha fronte com o revólver.

— Seis – disse eu.

— *Luge!* (Mentira!) – rosnou o alemão. — Há quantos homens entre vocês?

— Apenas um.

— *Luge!* Que tipo de armas vocês têm? – O homem alto pareceu menos áspero dessa vez. Recuperei o senso: eles estavam com medo de nós.

— Entre e veja por si mesmo – respondi com ousadia. Em resposta, recebi um chute forte do alemão.

Por alguns instantes, os dois ficaram murmurando sobre minha cabeça. Consegui captar as palavras em alemão equivalentes a:

— Você vai, eu fico.

— Não, você vai.

Por fim, fui entregue ao polonês em troca da lanterna. Segurando a lanterna e a arma, o homem de uniforme se insinuou pela portinhola e desapareceu.

Como refém, fui deixada no escuro com o homem alto que me apertava firmemente contra si, como seu eu pudesse tentar fugir. Estava calado. Pouco a pouco, pude sentir que o aperto se afrouxava. Aos poucos foi ficando menos hostil, mais como um abraço amoroso. Só então percebi que estava de camisola. Tomada pelo pânico, tateei com a mão livre em busca da velha. Ela estava sentada no chão ao meu lado, num silêncio mortal. Eu me senti um pouco melhor.

Logo o homem baixo reapareceu na portinhola, convocando o companheiro a se juntar a ele lá dentro. Fui empurrada pela portinhola, seguida de meu opressor. A mãe de Kazik foi deixada para trás na escuridão. As velas que sempre tínhamos à mão para o caso de precisarmos agora estavam acesas. Os dois homens começaram a revistar a cama de Ralf, causando-lhe uma dor terrível. Nada encontraram sob o colchão nem debaixo do corpo sofrido. Mandaram que nos sentássemos na cama, um ao lado do outro, e iniciaram uma busca rigorosa, revirando as outras camas, as gavetas e as trouxas de roupa. Agora pareciam mais tranqüilos. Sem qualquer razão aparente, o alemão soltava de vez em quando um grunhido selvagem, enquanto o civil sorria e parecia muito amistoso. Ocorreu-me que estavam fazendo o jogo do "cara bom" e do "cara mau", como se esperassem ganhar alguma coisa desse jeito. Isso podia significar que ainda não estávamos perdidos.

Meu pressentimento logo se confirmou. Enquanto o mau se ocupava revistando a cozinha, o bom se aproximou, se sentou a uma mesinha, acendeu um cigarro e começou a falar em tom "confidencial". Perguntou como nos chamávamos, que tipo de doença mantinha Ralf na cama; chegou mesmo a dizer que sentia pena dele. Depois, apontou com os olhos para a cozinha e sussurrou:

— Tenham cuidado com ele. É um homem perigoso.

Era o sinal do início das negociações. Mamãe aproveitou imediatamente a chance.

— O que é que ele quer? – perguntou ela, também num sussurro, entrando no jogo. O homem alto ficou ponderando por um algum tempo.

— Bem... – disse ele com falsa relutância. — Tenho muito medo de que ele pretenda entregar todos vocês à Gestapo, e não há nada que eu possa fazer para detê-lo, a menos... a menos... que vocês consigam levantar uma quantia suficiente para satisfazê-lo. – Ele nos fitou com uma expressão de profunda preocupação e piedade. — Pensem nisso – acrescentou. — Vou deixá-los por alguns minutos para que possam discutir o assunto entre vocês. – Apagou o cigarro, levantou-se e se aproximou de mim. — Queria dar uma palavrinha com você – disse ele, novamente áspero. — Vamos lá para fora!

Tremi em minha camisola e estava abrindo a boca para dizer "não" quando o mau apareceu, vindo da cozinha. Ele ouviu as últimas palavras do colega e soltou um guincho, me apontando a arma:

— *Raus, raus*! (Fora, fora!)

Tremendo de frio e medo, eu me vi mais uma vez no escuro junto com o homem alto. Voltando ao papel de cara bom, ele apertou minha mão suavemente.

— Gostaria de lhe fazer uma oferta, querida – disse ele com voz macia. — Percebo que você é uma boa garota, bonita e corajosa ao mesmo tempo. Resolvi ajudá-la. Vou levá-la para minha casa de campo. Você vai viver comigo em segurança até o fim da guerra, ou quem sabe para sempre. Você aceita?

— Não – gritei espontaneamente, mas, recuperando o controle, logo mudei de tom. — Não – repeti com suavidade. — Agradeço sua oferta, mas não posso aceitar. Nunca na vida me separaria de minha mãe e minha irmã.

— Pense primeiro em você mesma, minha jovem – insistiu o homem, aproximando-se e colocando o braço em volta de minha cintura. — Você ainda pode mudar de idéia.

Seu rosto agora estava quase colado ao meu, suas mãos percorrendo meu corpo indefeso. Tentava me empurrar para longe da portinhola, em direção ao canto mais escuro do quarto. Comecei a lutar com todas as forças, mas em vão. Ele me segurava com força, me empurrando para o chão. A ajuda inesperada surgiu de repente no escuro.

— Deixe a moça em paz, senhor – disse a velha da maneira como os camponeses se dirigem aos mais novos. — Não vê que é apenas uma menina?

O homem alto pulou de lado, como que envergonhado por ter sido apanhado em flagrante. Furioso, esqueceu o papel de bom que representava.

— Saia daqui, velha bruxa! – grunhiu, e tateou em busca da mãe de Kazik, agachada nas sombras.

Deu-lhe um tapa no rosto e a obrigou a atravessar a portinhola. Acalmando-se, voltou em minha direção. Mas os preciosos segundos de demora eram tudo de que eu necessitava para me recobrar.

— Senhor – disse eu num tom grave –, foi muito gentil comigo e por isso me sinto obrigada a preveni-lo. Estou doente, tenho esse pior tipo de moléstia, entende...

Ele parou imediatamente, os braços ainda estendidos para me segurar. Esperei um soco, mas não veio. Ele ficou pensando, indeciso sobre o que fazer em seguida. Senti que não acreditou em mim, mas era muito cauteloso para assumir o risco. Esgotada a tensão, ele me disse secamente que voltasse ao abrigo e me seguiu em silêncio.

Todo o incidente não durou mais que dez minutos. Mas nesse tempo, mamãe, Olga e a sra. Lusternik, esta última morta de medo, conseguiram reunir algumas notas que colocaram sobre a mesinha. O cara mau estava de volta à cozinha engolindo vodca de um frasco que aparentemente trouxera consigo e devorando nossas conservas. Sem uma palavra, o homem alto começou a contar o dinheiro. Mamãe olhava para mim com angústia por cima dos ombros dele. Respondi a pergunta que ela não fez com uma piscada tranqüilizadora.

— Bem – disse o cara bom, colocando o dinheiro no bolso –, nada mal para começar, mas tenho certeza de que ele vai dizer que não é suficiente. Afinal, vocês são seis. Ele pode conseguir a mesma quantia se entregar vocês à Gestapo.

— Isso é tudo que nós temos – disse Olga bruscamente.

— Algum ouro, prata, pedras preciosas? – o homem agarrou a mão de Olga. — Você tem um belo anel, minha cara! Cada um de vocês deve ter alguma coisa desse tipo.

Olga tinha também um colar de pérolas no pescoço, e seu marido, um relógio de bolso com corrente de ouro. A velha senhora apareceu depressa trazendo seus óculos com armação de ouro e um broche antigo. Sophie e eu não tínhamos nada, mas mamãe mal conseguia esconder seu relógio favorito e sua aliança de casamento. Intimidada pelo olhar inflexível do homem, ela os tirou com relutância e colocou-os sobre a mesa ao lado das outras jóias. O cara bom pegou seu lenço e embrulhou todas elas. Enquanto ele se ocupava em dar o nó, mamãe de repente lhe pediu para deixá-la ficar com a aliança. Não implorou, não chegou ao ponto de se humilhar suplicando, apenas disse que era de grande valor sentimental para ela. Será que o homem alto estava tão profundamente imbuído do papel de cara bom, ou será que, afinal, ele não era de todo corrupto? Eu não soube e até hoje não sei. De qualquer forma, com um grande gesto de magnanimidade, ele retirou a aliança do lenço, olhou em volta, depois a jogou em cima do fogão de barro. Satisfeito consigo mesmo, deu uma piscadela para mamãe, o que significava que ambos eram parceiros enganando o cara mau.

O homem de uniforme tinha terminado o seu festim e voltou da cozinha, bêbado e fazendo estardalhaço. Depois de uma breve troca de sussurros com seu "assistente", ele nos grunhiu um "*raus*", que o homem alto traduziu como uma odem para que descêssemos para o andar térreo e lá permanecêssemos até segunda ordem. Já que Ralf não podia se movimentar, mandaram que ficasse deitado sem se mexer e olhando para a parede. Proibiram que nos vestíssemos ou levássemos qualquer coisa conosco.

E assim descemos do primeiro andar do jeito que estávamos, descalças e de camisola. A mãe de Kazik foi na frente e nos levou para seu apartamento. Evidentemente havia mais alguém morando lá além dela própria e do filho: uma jovem de beleza incomum estava amamentando o seu bebê recém-nascido. Parecia mortalmente amedrontada. Não havia dúvidas de que também era judia. Ficamos horas sentadas com ela e com a velha, enquanto a noite se passava. Nenhum sinal de Kazik. Acreditávamos que ele devia estar escondido em algum lugar por perto. Também sabíamos, sem termos perguntado, que o bebê era dele.

De manhãzinha, o cara bom apareceu para pegar a chave da porta da frente. Logo ouvimos o som abafado de cargas pesadas sendo empurradas para baixo e arrastadas em frente. Depois a chave foi enfiada na fechadura, o portão rangeu, gemeu e bateu ruidosamente. Tinham ido embora.

Quando voltamos ao andar de cima os quartos tinham sido totalmente esvaziados de qualquer coisa que fosse vendável – todas as nossas roupas, sapatos, até mesmo toalhas, assim como as panelas, copos e facas de Kazik, só restando a parca mobília. Mamãe empurrou uma cadeira até o fogão, subiu nela e procurou a aliança. Surpreendentemente, estava lá. Tomamos isso como um bom presságio.

Mais tarde Kazik apareceu, mais taciturno que nunca. Sabia de tudo que tinha acontecido na noite anterior, o que apenas confirmou nossa suposição de que ele ficara escondido no mesmo prédio. Sem dizer palavra, examinou os quartos vazios, depois disse que iria garantir que saíssemos daquele lugar em segurança dentro de algumas horas. Nosso esconderijo fora descoberto, ninguém poderia continuar se abrigando ali.

Descalças e de camisola, esperamos que chegasse a tarde. Pouco depois das quatro horas, quando os funcionários da empresa tinham ido embora, Kazik apareceu de novo trazendo-nos dinheiro enviado por tia Maria e algumas roupas para vestirmos. Também trouxe um novo chapéu preto com véu e ataduras. Mamãe, Sophie e eu iríamos para um abrigo temporário. Kazik já tinha acertado tudo com um amigo. Ralf, Olga e a sra. Lusternik teriam de esperar um pouco mais, até que uma falsa ambulância viesse levá-los ao Hotel Polski. Nós lhes desejamos boa sorte e partimos.

Nosso novo abrigo ficava na Cidade Velha. Dessa vez, como era perto, fomos a pé. Quando chegamos à Plac Zamkowy – Praça do Castelo –, uma figura indistinguível vestida num terno cinza saiu do lugar onde estava, ao lado do monumento ao Rei Zygmunt, e começou a nos seguir. Sem dizer uma palavra, o homem nos alcançou e passou a nos guiar através do labirinto de ruas antigas e estreitas.

Num prédio velho encardido pela poeira dos séculos, num cômodo frio no andar térreo, uma jovem chamada Krystina já esperava por nós. Conforme nos disse, ela e o marido Tom – o homem que nos tinha guiado até lá – estavam acostumados com visitantes inesperados. Pessoas em fuga muitas vezes paravam ali por algum tempo. Éramos bem-vindas até encontrarmos algo melhor que sua pobre casa.

O lugar era realmente sórdido, escuro e úmido. As duas janelas do único e amplo aposento estavam bem ao nível da rua, e os transeuntes podiam facilmente dar uma espiada lá dentro, o que volta e meia faziam. A única forma de não sermos vistas e de evitarmos os estranhos que visitavam nossos anfitriões para fins de negócios era ficarmos sentadas em silêncio num sofá oculto por um guarda-roupa nos fundos do quarto. Era o que fazíamos, dia após dia, de manhã cedo até escurecer, quando então as janelas eram vedadas completamente para o blecaute. Krystina nos trazia comida e conversava gentilmente conosco. Ela e Tom eram pessoas educadas e corajosas. Não tendo filhos, dedicavam-se ao trabalho. Tom trabalhava em algum lugar como tipógrafo. Chegando em casa, desaparecia no porão do apartamento e lá ficava até tarde da noite, imprimindo panfletos e informativos clandestinos. Krystina o ajudava com fervor. Tivemos acesso a esse segredo logo no primeiro dia, uma vez que eles confiavam em nós da mesma forma que confiávamos neles. Além disso, podíamos ver sua primitiva máquina impressora a cada vez que, à noite – e só então –, descíamos ao porão para nos lavarmos e usarmos a tosca privada instalada ao lado da oficina secreta. Com imprudência, Krystina nos confessou que o porão também abrigava muitas armas enterradas sob o piso, assim como pilhas de notas e documentos falsos.

Era óbvio que nossa permanência nesse "vulcão" constituía um grande perigo tanto para nós quanto para eles, e que não podíamos ficar por muito tempo ali. Esperávamos um sinal de tia Maria, que estava ciente de nossa situação, mas, por motivo de segurança, não devia ir até lá antes de encontrar outro esconderijo para nós.

Por seis ou sete dias ficamos sentadas mudas atrás do guarda-roupa sem sequer podermos ler, já que era muito escuro. À noite dividíamos o quarto com Tom e Krystina, dormindo no chão. Uma manhã, logo depois de Tom sair para o trabalho, subitamente alguém bateu no vidro da janela. Krystina correu a ver quem era. Voltou arrasada. Um amigo lhe trouxera a notícia de que Tom tinha sido preso por homens da Gestapo na porta de seu emprego, empurrado para dentro de um veículo e levado embora. O amigo a preveniu de que a casa poderia ser revistada a qualquer momento, algo de que Krystina estava bem consciente. Ela implorou que partíssemos imediatamente e correu ao porão para esconder a impressora.

A viúva negra, a criança ferida e a jovem de aparência mediterrânea estavam novamente na rua, sob o sol abrasador de um dia quente de verão. Chocadas pela velocidade dos acontecimentos e confusas pelos disfarces que usavam, mamãe e Sophie mal conseguiam pensar. Eu tinha que tomar as decisões, mas também estava em choque. Petrificadas, paramos perto da ponte sem saber para onde irmos. Desconhecidos olhavam para nós com ar de surpresa. Algo precisava ser feito já.

De repente um cabriolé de aluguel apareceu na esquina, movendo-se lenta e ruidosamente pelo calçamento de pedra. Estava livre. Num súbito e desesperado impulso fiz sinal para que ele parasse e entramos.

— Para onde, moça? – perguntou o condutor. Minha mente estava vazia.

— Para onde? – repetiu o homem, olhando para mim com apreensão.

Então, vindo do nada, um lugar bem conhecido e muito amado invadiu minha mente.

— Rua Sienna, nº 5 – ordenei. O condutor estalou o chicote.

Agora estávamos sacolejando pelo centro da cidade, dirigindo-nos à casa de minha infância, reduzida a cinzas desde o sítio. Pouco depois o velho me perguntou, aborrecido:

— Daqui vamos para onde, moça?

Viramos para a rua Swietokrzyska e estávamos chegando à rua Marszalowska quando, num súbito lampejo de consciência, pedi ao homem que parasse. Paguei a tarifa inteira, murmurando alguma coisa sobre o tempo agradável e nosso desejo de caminhar. Duas senhoras embarcaram alegremente no cabriolé vazio e seguiram adiante. De onde estávamos, o portão conhecido já era visível. Só precisávamos andar alguns metros.

As lágrimas encheram os olhos de vovô Sokolnicki. Pude vê-los brilhando quando chamou a mulher para ver quem estava lá. Ela veio correndo, seguida de perto por Klara. Ambas caíram no choro.

Logo ficou claro que tínhamos tido muita sorte: a sra. Serbin e os Bach estavam fora, passando o mês de julho no campo. A Mulher também estava de folga. Maryla tinha se mudado para outro abrigo logo após o episódio da chantagem, em maio último. De modo que só os três estavam em casa, sem contar Miki, o vira-lata. Poderíamos ficar com eles, é claro, descansar e por algum tempo esquecer todo o nosso sofrimento – foi o que nos asseguraram com entusiasmo. E assim ficamos.

Depois de enxugarmos as lágrimas, conversamos sobriamente sobre o assunto. Ficou decidido que teríamos de sair antes de a sra. Serbin voltar de suas férias. Ela nunca nos receberia outra vez, e reprovaria os pais com severidade por exporem sua casa a tal risco. Não deveria nem saber que estivéramos lá. Tia Maria e Stas foram chamados e ambos vieram quase em seguida. Desde 1º de julho eles já estavam mesmo procurando uma nova "casa" para nós. Prometeram todo o empenho.

Nesse ínterim, fomos acarinhadas e mimadas pelos três membros da família Sokolnicki que se recusavam a ouvir falar em dinheiro, até mesmo para nossa manutenção. E fizeram o possível para nos compensarem pelas magras refeições que tivéramos de agüentar sob seu teto. Era como relaxar tranqüilamente numa ilha quente e segura em meio a um oceano turbulento. Por algum tempo, só por algum tempo... Logo chegou o dia em que tivemos de nos despedir mais uma vez e ir embora para sempre.

A senhora bem-vestida sussurrava o tempo todo. Ela me contou tudo sobre seus parentes que tinham sido generosos ao concordarem em me abrigar. Seu cunhado, explicou, era um pianista talentoso que, por causa daquela guerra horrível, tinha de ganhar a vida tocando, noite após noite, numa boate de Varsóvia. Sua irmã era uma mulher maravilhosa, eu logo veria por mim mesma. E Mirka, sua sobrinha, era uma menina adorável, adorável, exatamente da minha idade, doida por uma amiga, impaciente por me conhecer. Aos vizinhos, conhecidos e qualquer outra pessoa, eu seria apresentada como uma amiga íntima de Mirka que fora passar com ela as férias de verão. Ninguém suspeitaria, ela tinha certeza, porque meu polonês era tão perfeito, sem sotaque, sem um som você-sabe-do-quê. Eu iria aproveitar e respirar ar puro até o fim de setembro – minha estada fora paga antecipadamente até aquela data. Depois veríamos.

O pequeno trem suburbano deslizava lentamente através de campos e bosques. Apesar do entusiasmo de minha guia, eu não estava animada.

Todos os meus pensamentos eram para mamãe e Sophie que, disfarçadas, iam em outra direção. Tivéramos de nos separar, Deus sabia por quanto tempo, porque Danka, irmã mais nova de Zina e da sra. Koterba, que resolvera levar mamãe e Sophie, só tinha espaço para duas. Além disso, graças aos esforços de tia Maria, eu tinha a oportunidade única de passar um tempo no campo, numa discreta estação de veraneio localizada num bosque. Isso era dolorosamente necessário, já que minha saúde havia piorado de novo.

Guinchando e tossindo, o velho trem chegou a um lugar imundo que dificilmente poderia ser chamado de "estação ferroviária", não fosse pela placa anunciando Radocs, que em polonês significa "alegria". Parou. Minha companheira se levantou. Tínhamos chegado.

O quadro da família Majewski tão lindamente pintado por minha guia tinha muito pouco a ver com as pessoas que conheci no pequeno chalé de madeira que agora seria meu novo "lar". O pai era um sujeito sombrio, rabugento e encrenqueiro. Passava as noites fora, em Varsóvia, para onde viajava de trem. Retornava de manhã cedo e dormia até a tarde. Depois, despenteado, perambulava pela casa de pijama, criando problemas a respeito de qualquer coisa que lhe viesse à mente, provocando a mulher e repreendendo a filha sem nenhum motivo. Olhava para mim como se eu fosse transparente: eu não existia para ele. Nem mesmo se deu ao luxo de dizer "olá" quando eu entrei na casa pela primeira vez.

A mãe era uma mulherzinha atormentada, humilde na presença do marido, amarga e ranzinza quando ele estava fora. Se chegava a falar comigo, era apenas para me dizer o que deveria ou não fazer.

Mas a maior decepção foi Mirka, minha "amiga". Alta, magra, com cabelos oxigenados e rosto inexpressivo, ela parecia muito tola. Rejeitou minha chegada com um aceno que denotava desprezo, sem sequer tirar os olhos das unhas dos pés que estava pintando de vermelho brilhante. Logo de início percebi que não havia nada de comum entre nós. Na primeira noite eu me senti perdida e estava a ponto de implorar a minha companheira de viagem que me levasse de volta para Varsóvia. Quando ela e o cunhado saíram, eu não sabia o que fazer comigo mesma. Em seguida levei um choque ao ficar sabendo que teria de dividir a cama com Mirka. Àquele altura eu estava acostumada a dividir a cama e não me importava de dormir com mamãe ou Sophie. Mas a idéia de ter Mirka roncando ao meu lado era horrível. Por sorte ela pensava o mesmo. Arranjou uma espreguiçadeira e passou a dormir nela.

Apesar desse início lamentável, minha vida em Radocs não era ruim de todo. Eu não só tinha permissão como era mesmo encorajada a sair e passear livremente quando quisesse, e a me comportar como uma garota comum aproveitando as férias de verão. Assim, em vez de ficar tomando sol no jardim e ouvindo a conversa fiada de Mirka sobre rapazes e roupas da moda, eu ia para a floresta e lá ficava sozinha. Era como se todos os sonhos de minhas noites agitadas no gueto de repente se tivessem concretizado. Deitada sobre o musgo cálido e cheiroso, eu via as copas dos esguios pinheiros oscilando ao vento, ouvia seu suspiro suave e os doces trinados do canto dos pássaros. Não havia ninguém por perto. Os raios de sol teciam seu caminho por entre o emaranhado de galhos, deixando no ar longas faixas de um brilho enevoado; formigas se dedicavam laboriosamente à construção de seus formigueiros.

Uma vez, num dia chuvoso, eu me aventurei a andar no minúsculo centro da aldeia e me deparei com uma biblioteca pública. Nada no mundo, nem mesmo o risco de ser reconhecida, poderia ter me impedido de entrar. O dinheiro que tinha no bolso foi suficiente para pagar o modesto valor do ingresso. Saí de lá levando dois livros. Agora eu podia ler na floresta, de modo que ficava lá o dia todo. Desisti da refeição do meio-dia, relutante em voltar para o chalé ainda que por pouco tempo. Não me incomodava de passar fome.

E estava mesmo passando fome. A sra. Majewski insistia em que Mirka e eu fizéssemos as refeições juntas, só nós duas. Isso significava que eu tinha de dividir as magras porções com minha amiga. Descarada e insensível, Mirka comia tão depressa que, em geral, sobrava pouco para mim. Eu poderia tentar competir com ela, aumentar a minha própria velocidade ao comer, agarrar os sanduíches e as batatas um depois do outro e engoli-los sem mastigar. Mas isso parecia indigno, eu preferia passar fome. As refeições noturnas, quando eu era obrigada a comer minhas pequenas porções na presença medonha do pai, eram um verdadeiro suplício. Eu detestava e desprezava aquele homem, não apenas pelo comportamento grosseiro, mas também porque trabalhava para os nazistas tocando em suas boates. Havia pouca dúvida sobre isso – não existiam boates polonesas na Varsóvia ocupada.

Havia dias infelizes em que eu não podia mergulhar em meu retiro verde por causa da chuva. Naqueles dias de tristeza eu era obrigada a agüentar a companhia de Mirka, escutar sua conversa boba, muitas vezes passar horas com seus amigos, que me eram estranhos. No chalé havia uma gata que eu imaginava ser minha única amiga. Embora eu não fosse particularmente fã de gatos, daquela eu gostava de verdade. Estava prenhe e logo nasceram cinco gatinhos. Aconteceu na cozinha, observado de perto por Mirka, a mãe dela e eu. Estávamos todas excitadas. Pela primeira vez eu compartilhava sentimentos com as duas. Nunca tinha presenciado o nascimento de uma criatura. Foi uma experiência intensa e estusiasmante.

Dois dias depois, numa manhã chuvosa, fiquei sozinha no chalé, pois a família toda tinha ido a Varsóvia comprar um vestido para Mirka – um presente pelo dia de seu santo padroeiro, que estava próximo. Fui à cozinha e, sem ninguém para me perturbar, fiquei observando as criaturinhas cegas e sem pêlos cambaleando indefesas e mamando nas tetas da mãe. Fazia silêncio, a cozinha estava rigorosamente limpa, o assoalho recém-encerado coberto de jornais velhos. Ociosa e inconscientemente, meus olhos se desviaram dos gatinhos e começaram a vagar pelos jornais. De repente, um lampejo de consciência me atingiu como se fosse um raio. Vi o nome e o sobrenome de meu pai impressos numa longa coluna junto com outros nomes e sobrenomes. Peguei o jornal do chão e tentei desesperada descobrir do que tratava a lista. Havia páginas e páginas cobertas de nomes e sobrenomes ao lado de datas de nascimento e de postos militares. Às vezes só havia o posto seguido das palavras "Sem identificação". Não me foi difícil identificar o jornal como sendo o *Nowy Kurier Warszawski*, o único jornal diário de Varsóvia escrito em polonês, conhecido como uma publicação nazista que divulgava mentiras nazistas e por esse motivo desprezado pelos poloneses e nunca lido por nós. Quando enfim encontrei a página que trazia o início da relação, fiquei sabendo, por uma breve nota introdutória, que os nomes tinham sido publicados todos os dias, durante semanas ou até meses. A nota dizia que se tratava de uma lista de oficiais poloneses presos em campos de concentração russos que tinham sido assassinados pelos soviéticos e cujos corpos haviam sido recentemente descobertos por soldados alemães em covas coletivas perto de Katyn. Chocada, tremendo, li a relação do início ao fim e encontrei também o nome de tio Josef. Estariam mesmo mortos? Não, eu não podia acreditar. Talvez fosse propaganda nazista, mais uma mentira cruel. Os russos nunca fariam uma coisa dessas. Por que matariam aquelas pessoas? Stefan me dissera que eles os tratavam bem. Só havia uma explicação, pensei, me acalmando: quando o Exército Alemão invadiu a Rússia e ocupou a parte do país em que ficavam esses campos de concentração, os alemães apoderaram-se das listas de ex-prisioneiros e então, astuciosamente, acusavam o inimigo de ter cometido esses crimes. Na verdade – consolei-me –, papai, Josef e todos os prisioneiros certamente tinham sido transferidos pelos russos para algum outro lugar quando os alemães se aproximavam e agora provavelmente estavam trabalhando duro na Sibéria ou tinham se juntado ao Exército Vermelho para enfrentarem juntos a Alemanha nazista. Chegaria o dia em que tornaria a vê-los, caso eu própria conseguisse sobreviver. O único perigo real eram os nazistas. Ninguém mais no mundo todo podia competir com eles em matéria de crueldade, acreditava eu. Então, subitamente, ficou claro para mim que os próprios nazistas deviam ter matado os prisioneiros abandonados e colocado a culpa nos russos. O horror apertou meu coração como uma garra de ferro. Mergulhando no desespero, fui para cama a fim de não me encontrar com Mirka quando ela voltasse. Não tinha com quem conversar. Estava só com meus temores, com minha dor. Decidi que mamãe não deveria saber sobre a lista pois perderia toda a vontade de viver se soubesse que papai estava morto. Prometi a mim mesma que, caso tornasse a vê-la, nunca lhe falaria de minha descoberta. Mais tarde pude manter a promessa, até que ela soube do incidente de Katyn por outra pessoa.

Durante os dias que se seguiram eu permaneci em silêncio, sem dividir minha dor com ninguém. Tanto Mirka como a mãe agora viviam para a festa do dia santo, cujas preparações febris tomaram conta do chalé. O grande dia chegou finalmente e um grupo grande de moças e rapazes apareceu para participar da festa com comidas e brincadeiras. Ignorada pelos outros, eu me sentei à mesa comprida montada no jardim, feita com todas as mesas pequenas que os vizinhos puderam emprestar. Serviram-me um prato individual contendo pequenas porções de tudo aquilo de que os outros visitantes tinham se servido à vontade. Mas até o senso de humilhação estava abafado pela dor.

Pouco depois da memorável festa de Mirka chegou o dia do meu aniversário de 17 anos. Também mantive isso em segredo – não interessava a ninguém. Estava um dia luminoso. Fui então para a floresta de manhã bem cedo e fiquei lá até o fim da tarde. Quando voltei para o chalé, Majewski me aguardava de pijama no jardim.

— Tenho más notícias para você – disse ele, dirigindo-se a mim pela primeira vez e me encarando diretamente junto à cerca de madeira. — Um desconhecido ficou zanzando por aí a manhã toda, fazendo perguntas sobre você. Nessas condições, você não pode mais ficar na minha casa.

Logo fiquei sabendo que sua cunhada já fora chamada para me levar embora. Ela chegou em seguida e na mesma noite me levou de volta para Varsóvia. Nenhuma palavra amiga foi pronunciada quando me despedi, nenhuma lágrima foi derramada. No trem, minha companheira disse que tinha sido avisada alguns dias antes de que eu teria de sair de Radocs e que já fizera contato com tia Maria que logo viria tomar conta de mim. Não disse nada sobre o dinheiro pago adiantado pelas seis semanas restantes de minha estada com os Majewski. Não tenho dúvida de que o pai de Mirka inventou o estranho intrometido só para se livrar de mim e ficar com o dinheiro. Obviamente, minha guia também tinha conhecimento disso e se sentia desconfortável. Na verdade, não era má pessoa. Levou-me para sua casa e me colocou para dormir no seu próprio quarto. Tia Maria apareceu de manhã cedinho e eu viajei com ela para Rembertow, onde mamãe e Sophie mal podiam esperar para me verem de novo.

Os seis meses passados com a família Bielinski no primeiro andar de sua casinha modesta e isolada em Rembertow foram o período mais longo e menos agitado de todo o tempo que passei fugindo. Vivemos esses meses com muito conforto e tranqüilidade, embora em total confinamento, sem ir à rua em circunstância alguma, longe dos olhos dos estranhos. Entre minha chegada e o dia em que finalmente precisamos deixar esse lugar sossegado, fomos vítimas do terror apenas uma vez, sobre o qual falarei mais tarde. Foi lá, na serenidade, que me acostumei a escrever.

Rembertow era uma cidadezinha comum, perto de Varsóvia, à qual eu nunca tinha ido antes. Seus únicos aspectos dignos de nota eram um grande campo de tiro militar e uma fábrica, ambos confiscados pelos alemães para uso próprio durante a ocupação. A fábrica empregava trabalhadores poloneses e era a principal fonte de subsistência para a população local. O sr. Bielinski, nosso senhorio, também trabalhava lá. Embora fosse um operário especializado, ganhava muito pouco para sustentar uma família de quatro pessoas. Danka, sua mulher, uma parteira sem as qualificações adequadas, dava duro para completar o orçamento familiar realizando abortos ou viajando pelo interior para comprar comida e revendê-la a um preço maior em Varsóvia. Ambas as práticas eram ilegais e punidas severamente pelos nazistas. E também muito exaustivas. Não surpreendia que tivesse ficado satisfeita em nos receber sob seu teto como uma forma de substituir suas viagens arriscadas e uma oportunidade de melhorar sua vida e a de sua família. Nós lhe pagamos bem menos do que tínhamos pago à sra. Serbin e em troca tínhamos direito de comer tanto quanto os membros da família, cujo padrão de vida melhorou com a nossa chegada. Também tínhamos um quarto bem aquecido só para nós, pelo menos a maior parte do dia. À noite dividíamos esse cômodo com Danka e sua filha Ela, de oito anos, enquanto o sr. Bielinski e seu filho Bogdan, de 13 anos, dormiam no quarto ao lado. De início Danka estava relutante em receber três hóspedes – não havia camas suficientes. Mas resolveu esse problema com muita gentileza colocando mamãe e eu na cama de casal, levando Ela para sua própria cama estreita e dando a Sophie o berço de bebê, protegido por uma rede de filó, no qual a garotinha dormia antes.

Dois cômodos, uma cozinha e um pequeno sótão que abrigava um lavatório precário eram o espaço que os Bielinski possuíam. O andar térreo da casa era ocupado pela viúva Pawlik e sua filha adolescente. Enquanto estávamos sozinhas em casa devíamos manter um silêncio mortal. O sr. Bielinski insistia em que ninguém devia saber de nossa presença, nem mesmo as duas mulheres da família Pawlik, que pareciam totalmente inofensivas. De nossa janela, que durante o dia ficava coberta por uma cortina de musselina, podíamos ver o jardinzinho, o portão e as pessoas que passavam na rua. Se algum desconhecido com atitude suspeita aparecesse no portão deveríamos correr para o sótão e nos escondermos lá. Havia um vão estreito entre o teto do sótão e o telhado, com espaço suficiente para nos escondermos. Para chegarmos até lá era preciso que escalássemos uma pilha de tábuas, rastejássemos por uma passagem apertada e depois ficássemos deitadas, uma do lado da outra, sem podermos nos mexer nem sequer respirar direito. Tínhamos treinado isso uma ou duas vezes e achado terrivelmente difícil. Mas parecia seguro.

Na maior parte do dia ficávamos na casa sozinhas com Danka, já que Bielinski estava no trabalho e as crianças, na escola. Ela geralmente se mantinha ocupada na cozinha, entretida em cozinhar, feliz por estar livre das viagens perigosas e do comércio ilegal. Algumas vezes cantava. Era uma mulher ativa e de bom temperamento, bem parecida com sua irmã mais velha, a sra. Koterba. Só vez por outra é que ela atendia uma paciente que chegava secretamente de manhã cedinho e ia embora antes das crianças voltarem. Nessas ocasiões, tínhamos de ficar imóveis em nosso quarto enquanto o aborto era realizado bem atrás de nossa porta fechada. Presenciá-lo sem a paciente saber que estávamos lá, ouvir seus gritos e lamentos, os nauseantes barulhos e as discretas observações de Danka, era uma experiência terrível. Felizmente acontecia com pouca freqüência. Em geral eu conseguia escrever com tranqüilidade até a tarde, quando as crianças voltavam da escola e ficavam correndo de um lado para outro, fazendo um barulho enorme. Mas eram crianças boas, compreensivas. Podíamos confiar nelas. Eram treinadas para não conversarem com estranhos, proibidas de falarem com quem quer que fosse sobre qualquer coisa que acontecesse em casa. Foi o que Danka disse quando, no começo, mamãe expressou algumas dúvidas. De modo que confiávamos nas crianças. Eu gostava mais do garoto, já que se parecia mais com a mãe, sorridente e amigável. Ela se saíra ao pai. Era sem graça, um tanto apagada, desprovida de atrativos. Ninguém parecia gostar dela. Muitas vezes chorava e eu sentia pena dela, mas não conseguia afagar seu cabelo oleoso nem beijar seu rosto pálido. Eu me sentia culpada por isso.

Raramente tínhamos chance de conversar com o sr. Bielinski. Ele voltava tarde do trabalho, comia na cozinha e em seguida ia para a cama. Aos domingos desaparecia de casa por longas horas. De qualquer forma, não era homem de falar muito, e parecia pouco à vontade em nossa presença. Eu sempre tive a impressão de que ele apenas tolerava que estivéssemos em sua casa e que, indisfarçadamente, mal conseguia ficar próximo da mulher e dos filhos. Voltarei a falar sobre isso.

Ninguém jamais visitava a família, além de Aniela, prima de Danka. Nunca estivemos em sua presença, já que, como todas as outras pessoas, ela não devia saber que estávamos lá. Geralmente chegava pela manhã e ficava sentada com Danka na cozinha bebendo café artificial e conversando muito. Danka sempre parecia muito preocupada depois das visitas da prima. Uma vez a vimos chorando. Como tínhamos ficado muito amigas dela, mamãe criou coragem para lhe perguntar o que a fazia chorar. Estávamos todas na cama quando isso aconteceu. Sua filha estava adormecida, a luz apagada. Então, no escuro, ouvimos a história da vida desgraçada de Danka.

Aos 22 anos casou-se com Bielinski, oito anos mais velho. Foi um casamento sincero, não apenas por conveniência como acontecia com muitas moças. Ela era bonita na época, morena, carnuda, pronta a trabalhar duro tanto quanto a aproveitar a vida. Ele, embora despretensioso, parecia-lhe absolutamente desejável. Ela o amava, ele a amava, e de início eram muito felizes. Mas logo depois que Bogdan nasceu alguma coisa mudou de repente. Bielinski esfriou, tornou-se irritadiço, hostil. Não ficava em casa em seu tempo livre e dificilmente conversava com ela. Por fim, abandonou a cama de casal e passou a dormir num colchão. Não demorou para que chegasse ao conhecimento de Danka que ele estava envolvido com Aniela, sua prima. Foi a própria Aniela que lhe confessou isso, já que as duas sempre foram amigas íntimas.

Aniela tinha a mesma idade de Danka, parecia ser sua irmã e também era casada. Era difícil para ambas entenderem por que Bielinski tinha se apaixonado por Aniela quando tinha Danka em casa. E era uma paixão devoradora e recíproca que já durava anos e que afastou Bielinski de sua mulher. Aniela deixara o marido e morava sozinha. Passava todos os domingos e feriados na companhia do amante.

De início Danka se desesperou, chorou copiosamente, quis se matar. Depois, pouco a pouco, parou de chorar, se acostumou à sua sorte e por fim se resignou. De alguma forma, sua vida a dois tinha voltado ao normal e se arrastava, dia após dia, o afeto substituído pela rotina cotidiana. E quando, depois de um tempo, Ela nasceu, não foi por milagre nem por infidelidade de Danka que ainda amava o marido. As duas primas nunca pararam de se ver nem deixaram de ser grandes amigas. Para Danka, Aniela se tornou a única pessoa com quem podia abrir sua alma. Tendo perdido o amor do marido, precisava da prima mais que nunca. Os anos se passaram, veio a guerra. O tempo e as agruras entorpeceram os sentimentos e venceram as duas mulheres pelo cansaço, não eram mais jovens nem atraentes.

Nesse ponto, Danka suspirou profundamente na escuridão e mergulhou no silêncio. Não ousamos quebrá-lo. Mas depois de um tempo ela continuou a contar sua história. Recentemente houvera uma nova mudança.

Já estávamos abrigadas na casa de Danka, disse ela, quando numa manhã chuvosa Aniela apareceu, muito preocupada. Insone e abatida, não estava em seu estado normal. Confessou que nos dois últimos domingos tinha esperado em vão por Bielinski. Ele não havia aparecido nem dado uma palavra de explicação. Isso não era comum e nunca tinha acontecido antes, de modo que, alarmada, Aniela viera à casa da prima esperando que esta pudesse lhe dizer o motivo. Bielinski podia ter sido preso ou estar doente. Mas nada disso acontecera. Ele tinha ido trabalhar, como de costume, e passado fora os dois últimos domingos, como sempre fazia. As duas mulheres começaram então a imaginar juntas qual seria o motivo do estranho comportamento do homem que amavam. Mas não conseguiram resolver o enigma.

Esse estado de incerteza durou mais de dois meses. Bielinski saía de sua casa todos os domingos, mas não aparecia na casa de Aniela. Pouco a pouco as duas primas chegaram à conclusão de que ele estava envolvido numa organização clandestina, o que parecia impossível – ele não era desse tipo. Não adiantaria perguntar diretamente pois Bielinski não diria a verdade a nenhuma de suas mulheres.

— Mas a verdade tinha de aparecer – disse Danka em tom sombrio, novamente suspirando.

Em seu desespero, Aniela começara a espionar o amante e logo descobriu o segredo. Naquela manhã ela tinha vindo correndo até a casa de Danka para buscar consolo com a prima. Bielinski tinha uma amante, uma jovem viúva com quem trabalhava. As duas primas choraram juntas a manhã toda. Não havia consolo para elas. Em sua cama, Danka irrompeu em lágrimas novamente.

Ficar escondida na casa de outras pessoas significava não somente perder o contato com o mundo exterior, mas também agüentar restrições irritantes e um constante perigo. Confinadas a um espaço limitado, forçadas à inatividade, era como se não tivéssemos vida própria. Os homens e mulheres que nos davam abrigo, e mesmo seus filhos, envolvidos em seus problemas cotidianos, tinham suas pequenas misérias e seus grandes dramas, seus sucessos ou fracassos, momentos de alegria ou de tristeza. Nossa existência era vazia, ficávamos apenas contando o tempo. Sem termos vida própria, vivíamos as vidas dos outros, compartilhando suas alegrias e seus sofrimentos. Nossas preocupações mudavam de um esconderijo para outro conforme o que era importante nas vidas de nossos sucessivos senhorios. Foram necessários algum tempo e muitos refúgios para que eu percebesse que, na visão das pessoas que nos abrigavam, nossa presença significava mais que um grande perigo, transtornos ou dinheiro extra. De alguma forma, ela também os afetava. Reforçava o que neles era nobre, ou o que era desprezível. Às vezes dividia a família, outras vezes a aproximava num esforço conjunto para ajudar e sobreviver.

Logo ficou claro que nossa presença silenciosa era uma bênção para Danka. Pela primeira e única vez em sua vida ela tinha alguém para conversar, para desabafar sem quaisquer repercussões, alguém sem envolvimento e pronto a ouvir a qualquer hora do dia ou da noite pelo tempo que ela quisesse falar. E assim ela falava e nós ouvíamos, com paciência e compaixão. Mamãe era muito boa nisso, cheia de compreensão. Realmente sabia como reconfortar aquela mulher infeliz sem recorrer a pregações moralistas nem palavras bombásticas. Isso ajudou. Em poucos dias Danka recuperou o equilíbrio. Podíamos ouvi-la cantando na cozinha novamente.

A história de Danka me causou forte impressão. Eu não disse uma palavra naquela noite, mas ouvi atentamente suas confissões e a resposta ponderada de mamãe. Creio que aprendi muita coisa com isso, e de certa forma amadureci.

Continuei escrevendo. Para mim, era uma dádiva, uma fuga do tempo e do lugar presentes. De tardinha eu lia meus contos para mamãe e Sophie. Isso também as ajudava. Nunca tentaram escrever suas memórias. Preferiam ler os livros que Danka pegava de empréstimo na biblioteca local ou ajudá-la em pequenas tarefas. Ambas eram mais pacientes que eu e agüentavam a espera interminável e todas as adversidades de nossa vida diária sem resmungarem, enquanto eu, frenética e inutilmente, me rebelava. Embora crescida, eu ainda tinha muito a aprender com minha mãe, e nunca me tornei tão generosa, indulgente e interiormente forte quanto ela. Sophie herdou muito mais dela que eu. Nessa época ela tinha quase 14 anos, não era mais criança. Com o corpo esguio e os volumosos cabelos negros formando uma trança longa e densa, o rosto moreno e os tristes olhos escuros, ela se tornara feminina e atraente. Mas ainda era a mesma menina calada, vivendo a maior parte do tempo no seu mundo interior. Tanto ela quanto mamãe já sabiam sobre a lista de Katyn, mas se recusavam a crer na morte de papai. Todas nós acreditávamos que ele estava vivo e bem de saúde. Essa forte convicção tinha nos ajudado a sobreviver.

Por intermédio de Halina, que veio nos ver duas vezes durante nossa permanência em Rembertow, ficamos sabendo da morte de tio Vladek. Ela própria ouvira o relato de uma testemunha e em sua primeira visita nos contou tudo. Depois de o marido ser fuzilado na periferia de Varsóvia ela precisou fugir com o filho. Por três meses ficaram com parentes no interior. Essa foi a razão de sua ausência quando tanto precisávamos dela.

Tia Maria também nos visitava, pelo menos duas vezes por mês. As notícias de Stefan e Jadwiga eram tristes. Tinham se mudado da casa dos Koterba e ido morar com outras pessoas. Estavam começando a se acostumar com a nova casa quando Jadwiga descobriu que estava grávida. Como ter um filho se estavam constantemente fugindo? Não havia o menor sinal de que a guerra pudesse terminar antes de o bebê nascer. E assim Stefan e Jadiwga, duas pessoas tão jovens e brilhantes, que se amavam tanto e que tinham nascido para serem os pais felizes de uma criança sadia, tiveram de tomar rapidamente uma decisão de partir o coração. Helena, a parteira, veio logo ajudá-los, de modo que o problema foi resolvido com tranqüilidade. Mas Jadwiga e Stefan nunca se recuperaram do choque e viviam deprimidos, numa angústia profunda. Essa notícia também me angustiou, e por muito tempo me causou noites insones.

Os dias, semanas e meses de nossa existência monótona nos fizeram reduzir a vigilância. Parecia que o resto de nossas vidas seria desse jeito, calmo e insípido, que nada jamais mudaria, em situação alguma. O inverno chegou e cobriu o mundo do lado de fora da janela com uma grossa camada de neve, tornando nossos dias ainda mais tranqüilos e solitários. Um dia, vimos duas figuras altas se aproximando do portão. Escuras como breu, contrastavam vivamente com o branco da neve do jardim, com estranhos objetos pontiagudos se projetando por trás dos ombros. Vinham em direção ao prédio.

— Gestapo – murmurou mamãe, mortalmente pálida.

Trememos de terror. Sem dúvida os mais perigosos, os mais cruéis caçadores de judeus estavam a ponto de nos capturar.

Em poucos instantes estávamos no sótão e, com a agilidade que só o maior medo pode gerar, nos comprimimos no vão estreito debaixo do telhado, ficamos imóveis e prendemos a respiração. Lá de baixo, contudo, não vinha nenhum som de alguém esmurrando ou forçando a porta da frente. Então, de repente, lá de cima veio um ruído terrível, como se a pata de um cavalo estivesse pisando diretamente em nossos cérebros desprotegidos. Eles estavam no telhado, aparentemente tentando nos achar. Ficamos paradas, contando o que pensávamos serem nossos últimos segundos de vida. O ruído se tornou insuportável. Agora não eram só pisadas, mas também estranhos rangidos e estrondos prestes a arrebentar nossos ouvidos e triturar nossos crânios – eles estavam destruindo o telhado para nos pegarem. Nesse pandemônio de sons, de repente ouvi uma risadinha de Sophie. Perspicaz, ela foi a primeira a perceber o que realmente estava se passando. Num segundo estávamos todas tapando as bocas, evitando cair na gargalhada. Foi difícil parar de rir quando os limpadores de chaminés foram embora e, cambaleando de cansaço, voltamos para o nosso quarto. Mais tarde, à noitinha, toda a família se divertiu muito quando contamos o que tinha acontecido. A história dos limpadores de chaminés se tornou o ponto alto da ceia de Natal que compartilhamos, pois as crianças nos imploravam que a contássemos de novo, e de novo, de tanto que gostaram dela.

Quando, seis semanas depois, o verdadeiro perigo chegou, não estávamos sequer amedrontadas. Talvez a capacidade humana de viver com muito medo seja limitada, talvez a gente se acostume a conviver com o terror. De uma forma ou de outra, não sentimos tanto medo quando, de repente, três desconhecidos usando botas de cano alto e casacos de couro abriram a porta e entraram em nosso quarto num domingo. Sophie me contou mais tarde que viu em meu rosto um amplo e agradável sorriso de surpresa quando aqueles três apareceram. Na verdade, fazia muito tempo que eu não via homens jovens.

Tal como nos dois incidentes anteriores, não sabíamos e nunca descobrimos quem eram eles e como tinham chegado até nós. Halina tinha acabado de chegar em sua segunda visita e era possível que eles a tivessem seguido desde Varsóvia, já que ela estava sempre envolvida em transações perigosas que atraíam espiões. Entretidas na conversa, nenhuma de nós tinha notado os desconhecidos no portão. Bielinski e as crianças estavam fora e Danka tinha corrido lá para baixo para tagarelar com a viúva Pawlik, deixando a porta da frente destrancada. Desse modo, sem obstáculos, eles abriram o portão, entraram no edifício, entraram no apartamento e nos encontraram no quarto. Não ficou bem claro se sabiam de antemão que estávamos nos escondendo lá. Mas, assim que nos viram, não tiveram dúvidas sobre quem éramos. Comportaram-se com polidez, não foram sequer ásperos conosco. Apenas nos disseram que, pelas ordens que tinham recebido, devíamos ser detidas e transferidas para um campo de concentração, no qual poderíamos ou não sobreviver. O que significava um campo de concentração, já sabíamos muito bem. A ameaça parecia séria. Os homens falavam alemão e podiam ser informantes da Gestapo. Foi Halina, com sua coragem, que lhes ofereceu um resgate, aceito por eles depois de longa hesitação. Ela começou com uma grande soma em zlotys poloneses e foi aos poucos acrescentando dólares e libras inglesas, até esvaziar totalmente a carteira. Por sorte ou não, ela levava consigo uma fortuna que de fato não lhe pertencia, e sim ao seu sócio nos negócios. Ao voltar do térreo, Danka deu de cara com os homens, já correndo escada abaixo com seu butim. Poucos dias depois tivemos de nos despedir dela.

* * *

Saímos de Rembertow e voltamos para Varsóvia no meio de um inverno ventoso e gelado. Os chantagistas tinham acabado com nosso dinheiro, já que tudo que sobrara da venda do anel de diamante seria para reembolsar Halina. Não havia mais nada para vender. Teríamos sucumbido, não fosse por tia Maria, que resolveu se desfazer de um lote de terra que tinha ganho de meus avós. Ela o vendeu imediatamente e então pudemos continuar nos escondendo e vivendo por algum tempo ainda. Mas depois disso deixamos de vê-la por um longo período. Ela tinha um medo terrível de estar sendo vigiada e do perigo em que poderia nos colocar. Stas passou a cuidar integralmente de nós e se tornou nosso único elo com tia Maria.

Era difícil encontrar um esconderijo para nós três e mais uma vez tivemos de nos separar. Passei as semanas seguintes com Maryla, que agora morava com uma solteirona idosa. Essa senhora não se importava nem um pouco em me receber. Não se importaria em receber ninguém, embora tivesse apenas um cômodo e uma cozinha. Não estava preocupada com dinheiro nem com a própria segurança. Professora aposentada, dedicara o tempo vago ao ocultismo e acreditava firmemente em destino.

— Se for para eu morrer amanhã – costumava dizer –, vou morrer, quer seja por uma telha caindo do telhado ou pelo tiro de um nazista.

Sendo sociável e amistosa, gostava de ter pessoas à sua volta, desde que cuidassem de suas próprias necessidades diárias. Entretida na leitura dos astros e interpretando horóscopos, desprezava as tarefas domésticas e sabia muito pouco de coisas como cozinhar, de modo que Maryla e eu fazíamos tudo. Foi muito divertido quando, tentando superar uma à outra em matéria de economia, batemos um recorde produzindo 15 panquecas usando um só ovo.

Maryla me estimulou a recomeçar a estudar inglês. Eu estava agora particularmente ávida por aprender. Pensava que, com algum conhecimento de inglês, eu poderia ser útil para o movimento clandestino ao qual sempre desejara me juntar. Havia bem poucas pessoas no país que falavam essa língua. Imagine um pára-quedista inglês ferido precisando de esconderijo e de cuidados dos poloneses! Às vezes acontecia, diziam. Eu não seria uma bênção para ele? E assim eu sonhava acordada, repetindo com determinação:

Eu vagava sozinha como uma nuvem
Que no alto flutua sobre vales e colinas,
Quando súbito, em bando surgem,
Dourados narcisos, em profusão nas campinas...

Só depois de 30 anos percebi que meu herói ferido não me entenderia por causa de minha terrível pronúncia.

Enquanto eu me divertia com as histórias de espíritos de minha senhoria e com a companhia agradável de Maryla, mamãe e Sophie passavam por terríveis privações. Por várias razões, tiveram de deixar um refúgio após o outro, se esconder em guarda-roupas e baús, muitas vezes andar na rua em pleno dia. Uma ocasião, Stas, que fazia esforços desesperados para ajudá-las, teve de abandoná-las numa igreja enquanto corria em busca de um amigo que, conforme esperava, poderia levá-las para o seu apartamento. Não foi possível encontrar o amigo naquele momento, de modo que mamãe e Sophie tiveram de passar muitas horas na igreja. Usavam os disfarces habituais e fingiam estar rezando o tempo todo. O padre notou as duas figuras miseráveis e mostrou grande interesse por elas. Deve ter adivinhado quem eram e por que ficavam rezando com tanto empenho. Quando, ao anoitecer, a maioria dos fiéis tinha ido embora, ele lhes trouxe comida e bebida, coisas de que elas precisavam terrivelmente. Também ofereceu-lhes algumas palavras de consolo cristão. Logo depois Stas chegou com boas novas e as levou para a casa de sua velha amiga Vala.

— Você não é bem como eu imaginava – disse Vala quando entrei pela primeira vez no seu apartamento para estar novamente com mamãe e Sophie. — Pensava que fosse só uma garota, nada de especial. E agora vejo que é uma mulher jovem.

Seus olhos de um azul intenso, que pareciam porcelana, me fitaram com ligeira apreensão. Embora baixa, roliça e com 52 anos, ainda era atraente com seus olhos brilhantes e sua cor rosada. Parecia tão excitada com minha chegada quanto mamãe e Sophie. Elas estavam totalmente à vontade com Vala, embora só a conhecessem havia três semanas. Tudo isso me fez sentir em casa desde o início e eu até dei um beijo em Vala, gostei muito dela. No seu aposento apertado, que também funcionava como cozinha e estava literalmente atulhado de móveis, uma mesa redonda fora posta para uma refeição especial a fim de comemorar minha chegada. Havia galinha assada guarnecida com alface, uma tentadora e vistosa salada coberta com maionese, cogumelos em conserva caseira, saborosos biscoitos amanteigados tirados quentinhos do forno, e uma garrafa de um licor de cereja púrpura, orgulho especial de Vala. Ela me avisou logo que era uma perfeita cozinheira, o que mamãe e Sophie confirmaram com veemência. Mais tarde observei que ela adorava cozinhar, ser elogiada por isso, ver as pessoas comendo e ela própria comer o que tinha preparado. Naquela noite, devorando as guloseimas que ela aprontara, sorvendo sua poção divina, fiquei sabendo muito mais a seu respeito.

Vala não tinha parentes e eram poucos os seus amigos. O único irmão fora preso pela Gestapo em 1940 e nunca mais tinha ouvido falar dele. Tudo que restara do irmão eram uns poucos livros empilhados em sua penteadeira: obras de Einstein, Rabindranath Tagore e Nietzsche. A própria Vala nunca os lera, não tinha interesse por obras acadêmicas. Além disso, trabalhava demais para poder ler qualquer coisa que fosse. Sempre fora assim durante a maior parte de sua vida adulta. Quando jovem, casara-se com um chefe de estação e era então uma senhora abastada. Mas o marido, que era tudo que qualquer mulher poderia desejar, morreu muito jovem, deixando-a sem filhos aos trinta e poucos anos. Nunca tornara a se casar – ninguém poderia se igualar ao ex-marido, nenhum homem que ela conhecia era como ele. Tinha se acostumado a viver como solteirona, esquecera o significado do amor. Durante a guerra, cansada da solidão e desejando cuidar de alguém, recebeu em seu quarto um simpático casal judeu, ao qual ofereceu tudo que podia: segurança, calor humano, boa comida. Gostavam muito dela e ela deles, e viveram em harmonia por mais de um ano. E então, subitamente...

Vala, que estava me contando essa história à mesa festiva, parou a narrativa nesse ponto e corou, mas, instigada por Sophie, que já sabia a história de cor, prosseguiu. Em setembro último, apenas seis meses antes, conheceu alguém em uma festa que lhe disse que ela era suave e bonita apesar da idade. Foi um choque. De repente se sentiu novamente uma mulher, coisa que tinha esquecido há muito tempo. Gostou do homem. Depois de todos esses anos, era o primeiro que parecia tão bom quanto o falecido marido. Logo se tornaram um casal. Ela estava feliz outra vez. Só os seus hóspedes a estavam preocupando. Embora Edward vivesse num pequeno apartamento próprio, era difícil lhe esconder a presença do casal – ele queria conhecer a casa dela, visitá-la algumas vezes. Mas ela o conhecia pouco para lhe contar sobre essas pessoas. Afinal, suas vidas estavam em risco. A única coisa que podia fazer era encontrar outro esconderijo para o casal judeu. E foi o que fez. Eles saíram sem lhe guardar rancor; entendiam o motivo e lhe desejaram boa sorte. Quando, depois de algum tempo, Stas, grande amigo de seu irmão, apareceu desesperado lhe implorando por ajuda numa emergência, ela acolheu mamãe e Sophie sob o seu teto sem hesitação – agora sabia que Edward era um homem íntegro, envolvido ele próprio na resistência clandestina.

— Não é preciso descrevê-lo – disse Vala naquela primeira noite. — No domingo você vai conhecê-lo e poderá julgar por si mesma.

A simples idéia de tornar a ver Edward, de apresentá-lo a alguém como o homem que amava, a fazia feliz. A alegria dela e o licor de cereja nos ajudaram a esquecer a penúria de nossa própria existência. Fomos para a cama com a forte crença de que tudo iria melhorar num futuro próximo. Como poderíamos adivinhar o que estava para acontecer?

Nosso dia-a-dia no quarto de Vala, localizado num sótão em que outros cômodos eram ocupados por muitos outros moradores de parcos recursos, na verdade não era muito divertido. Vala trabalhava numa fábrica como gerente da cantina, saía para o trabalho muito cedo e voltava depois de escurecer. Dia após dia, e por um tempo interminável, ficávamos sozinhas, obrigadas a sussurrar e a nos movimentar em silêncio no espaço estreito entre as camas e o fogão, entre a mesa redonda e a pia da cozinha. Os vizinhos estavam tão próximos que podíamos ouvi-los conversando e tossindo por trás das paredes finas ou passando pelo corredor comum a caminho do lavatório também comum. Da mesma forma poderiam nos ouvir em nosso quarto supostamente vazio se não ficássemos sempre atentas quando Vala estava fora. Só quando ela voltava à noite é que relaxávamos um pouco, mas não muito, já que todos pensavam que ela morava sozinha. Vala fazia as compras no caminho de volta do trabalho e começava a cozinhar assim que chegava. Não confiava em nós no que se referia ao preparo da refeição, convencida de que não cozinhávamos tão bem quanto ela. Estava certa, é claro. À mesa, geralmente cochichava muito, falando-nos do seu dia e fazendo planos para o domingo seguinte. Antes de irmos para a cama, esperávamos que todos os vizinhos já estivessem dormindo. Vala ia várias vezes ao corredor, até que não houvesse nenhuma luz saindo dos buracos de fechadura e das frestas das portas mais próximas. Só então, uma por uma, podíamos escapulir para o banheiro – durante o dia tínhamos de usar um substituto grosseiro, só para casos de emergência. Mas emergências raramente aconteciam: durante os anos de fuga tínhamos aprendido a esperar.

Os domingos eram diferentes. Vala ficava em casa cozinhando desde cedo, aprontando-se para seu visitante com grande excitação. Contaminadas pelo clima de alegre expectativa, também lavávamos a cabeça, vestíamos os melhores vestidos, limpávamos os sapatos. Em geral Edward chegava para o café da manhã e ficava até depois do almoço. Era um homem alto e bonito, oito anos mais moço que Vala. No seu terno escuro de domingo parecia um pouco solene demais para o meu gosto, o que era compensado pela voz grave e pelas maneiras gentis. Era um ex-soldado e agora trabalhava como escriturário na sede dos Correios. Divorciado, morava sozinho e parecia precisar tanto de Vala quanto ela dele. Era profundamente devotado a ela e vivia elogiando sua comida. Conosco, era gentil e atencioso. Ao chegar ou partir, sempre beijava a mão de mamãe, apertava a minha com firmeza e abraçava Sophie de maneira paternal. Depois do almoço, Edward e Vala saíam para um longo passeio, ou talvez fossem para a casa dele. Ela nunca dizia nada sobre suas tardes de domingo quando voltava, cheia de contentamento, pouco antes do toque de recolher. E assim foi por muitas semanas.

A Páscoa se aproximava e Vala resolveu que daria uma festa, para ver bons amigos e nos arranjar alguma distração. Os convidados chegaram na segunda-feira de Páscoa: Edward, mais solene que nunca; Stas, radiante e amistoso, tal como um ano antes, com seu gramofone; Maryla, minha tia mais espirituosa; e por fim, mas não menos importante, tio Leo. Não o víamos desde que tínhamos ficado com ele no gueto por algum tempo naqueles dias trágicos de julho de 1942. Nesse intervalo ele estivera escondido do lado "ariano". Sendo um homem ativo e disposto, nunca permanecia no mesmo esconderijo por muito tempo, mas ia corajosamente de um lugar para outro trabalhando como médico para a resistência. Tinha deixado crescer um longo bigode para disfarçar seus traços judaicos, usava botas de cano alto e casaco de couro, e se sentia quase seguro com seu "autêntico" registro de nascimento, o qual afirmava, preto no branco, que ele era filho natural de uma prostituta, batizado numa igreja paroquial com o nome de Konstanty Wozniak. Em fevereiro, logo depois de minha saída, mudou-se para a casa da senhora ocultista, e agora morava lá com Maryla, que, tal como mamãe, era prima dele.

Vala conhecia tanto Maryla quanto Leo muito antes de nos ser apresentada. Tinha fornecido abrigo a ambos uma ou duas vezes no passado. Em nosso caso, ela o fizera porque Stas tinha lhe implorado socorro. Assim, todos na mesa conheciam os demais, menos Edward, que teve de ser apresentado aos outros convidados.

A festa durou do almoço até escurecer e foi um grande sucesso. Ficamos todos sentados apertadinhos em volta da mesa, comendo sem parar, bebendo licor de cereja e conversando. Pela primeira vez estávamos livres para fazermos todo o barulho que quiséssemos pois todos os outros moradores do sótão sabiam que Vala estava dando uma festa de Páscoa e eles próprios também estavam comemorando em suas casas.

De início, conversamos muito sobre o que estava acontecendo no mundo. Uma vez que os alemães estavam se retirando rapidamente do leste e a qualquer momento se esperava uma invasão a partir do oeste, o clima era de animação e de esperança. O licor de cereja também fazia a sua parte. Stas ligou o gramofone e, não fosse pela falta de espaço, com certeza teríamos dançado.

Sentindo-me animada e segura com pessoas de que gostava, fiquei um pouco bêbada e, alegremente aconchegada entre Edward e Stas, falei um pouco demais e ri um pouco alto. Pensei que ninguém tivesse notado, mas estava enganada. Um par de olhos aguçados tinha me observado com bastante atenção, como sempre fazia. Quando a festa terminou, os visitantes haviam ido embora e Sophie e eu tínhamos afundado sob o acolchoado grosso e pesado que dividíamos, de repente ouvi de minha querida irmã o que ela pensava de mim.

— Foi aviltante – mumurou ela com raiva em meu ouvido. — Você me fez corar o tempo todo. Comportou-se como uma idiota, se enroscando naquele velho, lançando olhares para ele. E ele gostou, devo dizer, arreganhava os dentes como um gato bem-alimentado, o velho tolo.

Dei-lhe um chute forte sob o acolchoado e caí no sono.

Na manhã seguinte, acordei com a desagradável sensação de que algo tinha dado errado na noite anterior. Vala já tinha saído para o trabalho. Da cama, mamãe me olhava com apreensão.

— Preciso falar com você – disse ela. E ao seu modo suave, mas convincente, ela me disse como tinha sido estúpido e injusto de minha parte flertar com Edward. Não apenas porque eu tinha 17 anos e ele 44, mas porque ele pertencia a Vala e significava o mundo para ela. — Sei que você não fez de propósito. Sinto uma pena enorme de você, querida. Entendo o que você e Sophie sentem, privadas da companhia de jovens, de tudo que as meninas da idade de vocês geralmente gostam: rapazes, flertes... Mas você tem de pensar nos outros também, tentar compreender o que sentem. Lembre-se de que estar infeliz não é desculpa para fazer outras pessoas infelizes.

Fiquei envergonhada, embora não imaginasse que tivesse feito algum mal. Estava errada mais uma vez. Depois da festa da Páscoa, a atitude de Vala em relação a mim mudou drasticamente. Ela se tornou fria e sarcástica quando se dirigia a mim, ou, ao falar, olhava apenas para mamãe e Sophie. Mas não mudou nada em relação a elas. Nem deixou de convidar Edward todo domingo. Agora nossos encontros semanais, que costumavam ser momentos agradáveis, se tornaram insuportáveis para todas nós.

Edward também mudou. Sentava-se à mesa tenso, freqüentemente calado e distante. Volta e meia eu o ouvia suspirar, ou captava seu olhar tímido e furtivo quando Vala estava de costas, ocupada no fogão. Eu não conseguia deixar de enrubescer quando isso acontecia, o que fazia com que eu me sentisse ainda mais desconfortável. Tentava desesperadamente agir de forma normal, mas o tempo todo me sentia culpada. Tinha a forte impressão de que Vala podia ver e ouvir mais do que de fato havia para ser visto e ouvido. Por outro lado, minha vaidade incensada, misturada com o ressentimento que só fazia crescer quanto mais ela se mostrava dura comigo, me impelia a devolver os olhares ternos de Edward com uma freqüência cada vez maior.

A primavera se irradiava pelas cortinas de nosso quarto no sótão, a quinta primavera da guerra, a segunda de nossa vida em esconderijos. Trancadas no cômodo atulhado, nós nos sentíamos sufocadas. Nossas esperanças de uma rápida derrota dos nazistas se desvaneciam. A invasão que aguardávamos parecia não chegar nunca. Eu estava de novo febril e tossia dia e noite, a cabeça oculta debaixo do acolchoado grosso com medo de que os vizinhos pudessem ouvir.

Nossa segurança em sua casa era uma das duas ou três coisas que Vala considerava garantidas em sua vida, assim como seu domínio da arte de cozinhar, que ela se orgulhava de ser perfeito. Vala havia elaborado um modo próprio e sofisticado de fazer os vizinhos acreditarem que ela nada tinha a esconder deles. Aos domingos, ou quando chegava do trabalho à noitinha, ela abria a porta e a deixava entreaberta por uma hora ou duas para que eles pudessem olhar para dentro do quarto quando passassem pelo corredor. Nós ficávamos sentadas e quietas sob a mesa da cozinha, cobertas por um encerado que chegava até o chão. Toda vez que isso acontecia, eu tinha de ter à mão uma pastilha para a tosse. Por vezes, sob esse ou aquele pretexto, Vala convidava uma das vizinhas e conversava um pouco com elas, para que vissem que não havia ninguém além dela morando no quarto. Em geral escolhia Stefa, uma lavadeira fofoqueira que morava no quarto ao lado. As sessões de "ventilação", como as chamávamos, pareciam funcionar, e Vala se gabava de que nenhuma pessoa no mundo suspeitaria de que ela tivesse hóspedes.

Mas um dia, quando Vala estava fora, eu entreouvi Stefa fofocando sobre ela com outra vizinha. Com os anos passados em esconderijos, minha audição tinha se tornado tão aguçada que eu pude acompanhar facilmente a conversa.

— Ela anda metida – dizia Stefa. — Pensa que é uma dama. Alguma vez me convidou para um chá? Teve a gentileza de me apresentar àquele amante que vem e vai todo domingo?

— É isso mesmo, também é difícil ela falar comigo – concordou a outra mulher. — Ela fica falando sozinha.

— Sozinha?

— É. Já ouvi várias vezes ela falando no quarto sozinha.

— É mesmo? Não acredito! Deve estar louca, ou talvez esteja escondendo alguém debaixo daquele acolchoado de plumas grosso que ela tem. Um amante reserva, ou talvez um judeu?

As mulheres riram e a conversa parou por aí.

Olhei para mamãe, depois para Sophie, mas as duas, envolvidas na leitura, não tinham escutado nada. Eu lhes contei o que ouvira e, muito preocupadas, ficamos ponderando se deveríamos procurar outro abrigo. Inesperadamente, Vala chegou em casa logo em seguida. Tinha se sentido mal no trabalho e sido dispensada naquela tarde. Eu lhe repeti, palavra por palavra, a conversa que tinha entreouvido. Sua resposta veio numa explosão. Seu rosto ficou vermelho de indignação.

— Você está mentindo, sua assanhada sem vergonha! – gritou ela, se esquecendo dos vizinhos. — Está mentindo, mentindo, só para me aborrecer!

Ela estava ofegante. Senti meu rosto corar também, as pernas e as mãos tremerem. Em toda a minha vida, eu nunca tinha mentido para ninguém, e me orgulhava disso. Agora a minha credibilidade estava sendo posta em dúvida, minha dignidade contestada. Senti-me extremamente insultada. Num acesso de fúria, corri para a porta sem pensar. Abri e bati a porta atrás de mim. Desci os cinco lances de escada como uma lunática até me ver na rua movimentada usando trajes domésticos e chinelos, sem dinheiro. Só então percebi o que tinha feito. Mas nada no mundo me faria voltar. As pessoas estavam parando para me olhar mais de perto, como se eu estivesse fugindo de um asilo, de modo que precisava sair dali e ir para algum lugar. Não seria possível passar o resto da vida nas ruas. Rapidamente me decidi: "Vou para a casa de Maryla." Sabia que Madame Ocultista não me deixaria na mão.

De fato ela pareceu muito contente quando me viu na porta de sua casa e calorosamente me convidou a entrar. Maryla e Leo, contudo, não ficaram tão satisfeitos. Os dois se enraiveceram quando lhes disse o motivo de estar ali. Gritaram que eu era uma idiota que tinha me arriscado a colocar em perigo a minha própria vida e a de outras pessoas só por me sentir ofendida.

— E como você pensa que sua mãe está se sentindo agora?

Para meu desalento, Stas apareceu e também demonstrou que desaprovava meu comportamento. De imediato se ofereceu para me levar de volta à casa de Vala.

— Nunca – disse eu. — Isso ofende o meu amor-próprio.

Stas ficou furioso.

— Seu amor-próprio? Quando sua vida está em jogo, você tem de deixar o amor-próprio em casa – disse ele num tom ríspido.

Eu realmente o odiei naquele momento. E teria fugido e morrido satisfeita em vez de voltar para a casa de uma pessoa que me havia insultado não fosse por um único pensamento que se insinuava de modo doloroso em minha mente e que fora pronunciado por Maryla: eu mataria minha mãe. Assim, acabei cedendo e naquele mesmo dia, à noitinha, voltei para a rua Wileza com Stas.

Minha vida então se tornou insuportavelmente infeliz. Nunca me desculpei com Vala, nem ela comigo. Nós nos desprezávamos sem disfarçar. O motivo de nossa desavença foi logo esquecido. Apesar do que tinham dito, as vizinhas não suspeitavam de coisa alguma, ou, se suspeitavam, decerto não tinham a intenção de nos entregar. De modo que podíamos permanecer em segurança na casa de Vala. Externamente, nada mudou. Vala ainda era muito gentil com mamãe e Sophie, pronta a agradá-las com sua comida, mas eu percebia que ambas se sentiam intimidadas diante da tensão constante.

Ninguém contou a Edward o motivo dessa tensão, mas era claro que ele a sentia. Sabia vagamente que tinha acontecido alguma coisa entre Vala e eu, mas, sem ter exatamente em quem pôr a culpa, decidiu que era eu que merecia a sua compaixão. Sua atitude em relação a Vala foi ficando mais fria a cada visita. Olhava para ela com ressentimento e até parou de elogiar sua comida. Em vez disso, muitas vezes fazia um carinho em meu cabelo e no de Sophie, suspirando profundamente e nos chamando de "pobres florezinhas privadas da luz do sol", o que fazia minha irmã rir. Como eu lhe dissera uma vez que gostava de flores e sentia falta delas, habituou-se a trazer prímulas, e depois violetas, a cada visita. Nem mesmo fingia que eram para Vala.

Eu cuidava dessas flores quando Vala estava fora e passava muito tempo a contemplá-las. Não havia nada mais em que me empenhasse a fazer. Deprimida e ausente, perdi todo o entusiasmo que tinha para escrever. Mais que nunca eu desejava me juntar ao movimento clandestino, dar um sentido a minha vida inútil. Perguntei a Edward se ele podia me apresentar à organização a que pertencia. Ele ficou pensando por um longo tempo, depois disse que perguntaria aos superiores. No domingo seguinte ele pareceu ter esquecido totalmente o meu pedido. Só quando insisti é que ele disse, com relutância, que minha oferta tinha sido recusada. Não revelou por quê. Esse fracasso tornou minha existência ainda mais vazia. Uma vez, passando os olhos sem muito interesse por um dos livros eruditos deixados pelo irmão de Vala, deparei-me com uma frase que me atingiu como uma terrível verdade: "Um homem que vê a própria vida como um processo biológico desprovido de sentido não é apenas infeliz, mas também incapaz de viver." Isso parecia resumir a minha existência.

Alguma coisa estava errada com a saúde de Vala. Freqüentemente ela voltava do trabalho mais cedo, se queixava de fortes dores abdominais e ia direto para a cama, fraca demais até mesmo para cozinhar. Ela perdia sangue e, muito aflita, culpava a si mesma por ter traído o falecido marido – estava convencida de que essa era uma punição por seu pecado. Também culpava Edward e se ressentia dele, mas não conseguia mandá-lo parar com suas visitas. No fundo de meu coração, eu sentia pena dela, mas nunca o revelei.

Um dia, em meados de maio, Vala não voltou do trabalho. À noitinha Edward apareceu para nos dizer que ela tinha passado mal e fora levada do trabalho para o hospital. Ele havia sido avisado no escritório e fora imediatamente para lá. Ela estava muito mal, disse ele, com dores e hemorragia. Muito em breve seria submetida a uma séria operação cirúrgica. Ela lhe pediu que tomasse conta de nós enquanto estivesse fora. Mas, acrescentou Edward, ele evidentemente o teria feito sem que lhe fosse pedido.

De modo que agora dependíamos dele. Ele se mudou e dormia na cama de Vala, para que não ficássemos sozinhas à noite. Apresentou-se aos vizinhos e lhes contou sobre a doença de Vala. Todos se mostraram solidários e tomaram sua presença no quarto dela como algo natural.

Pela manhã Edward saía para o trabalho levando consigo a comida que mamãe tinha preparado para Vala no dia anterior. Depois do expediente, corria até o hospital, passava algum tempo com Vala ouvindo-a falar sobre seus problemas e fazia compras no caminho de volta. Nunca se esquecia das flores. Dia após dia, trazia um buquê de lilases cuidadosamente oculto dos olhares curiosos dos vizinhos sob seu casaco.

A operação de Vala não foi bem-sucedida. Na verdade, não havia muito que o cirurgião pudesse fazer. Ela tinha câncer e isso fora descoberto tarde demais para que pudesse ser salva. Estava morrendo.

Trancada no apartamento dela, esperando por seu amante, eu me sentia irredimivelmente culpada. Não havia como consertar o estrago que eu tinha feito. Ela estava morrendo sem amor, desencantada. Eu também queria morrer. Numa noite quente e abafada, saí da cama sem fazer barulho e me sentei no peitoril da janela escancarada. Da altura do sexto andar, eu perscrutava o poço sem fundo do pequeno quintal. Estava escuro como breu, a única luz vindo do brilho modesto de uma lamparina acesa diante de uma imagem, lançando um clarão desmaiado sobre o rosto de pedra da Virgem Maria. Não muito antes, ao cair do sol, um grupo de mulheres tinha rezado ali, cantando sua canção de louvor que agora me atormentava:

> Louvemos as colinas e os verdes prados
> Adornados com flores em maio,
> Louvemos os regatos ligeiros e os bosques ensombreados,
> Louvemos nossa Santíssima Mãe...

Em desespero profundo, subitamente senti uma brisa leve e o aroma de flores vindos daquelas colinas verdejantes e daqueles prados viçosos. Sabia que nunca iria pular, nunca poria fim à vida por vontade própria, não importa o quanto ela parecesse nociva e destituída de sentido.

Vala morreu no início de junho, no dia em que as forças aliadas desembarcaram na Normandia. Só Stas e Edward foram ao enterro e ambos vieram direto do cemitério para nos encontrar. Tínhamos de decidir o que fazer. O apartamento não pertencia a Vala e precisava ser devolvido à autoridade local, já que a ocupante estava morta. Antes de mais nada, Edward e Stas tinham de dar um destino aos pertences de Vala. Nós precisávamos encontrar um novo abrigo e sair do apartamento logo que possível. Stas foi ver tia Maria e lhe pedir ajuda. Edward ficou e nos sentamos com ele à mesa de Vala, caladas e pesarosas. Escureceu. Só então ele teve coragem de falar abertamente. Disse que estava pronto a nos levar para a sua casa simples, abrigar lá mamãe e Sophie e se casar comigo, de modo a que eu pudesse viver como sua legítima esposa sem precisar me esconder. Olhou para mim com ternura, lágrimas brotando de seus olhos. Foram necessárias as sutis habilidades de minha mãe para explicar, sem ferir, a esse homem simples e gentil que sua oferta não podia ser aceita.

Pouco tempo depois nos despedimos de Edward para sempre. Ele foi morto seis semanas mais tarde, quando a sede dos Correios, tomada pelo grupo de insurgentes poloneses ao qual ele pertencia, foi atacada pelos nazistas no segundo dia do Levante de Varsóvia.

* * *

Eu me lembro de nossas últimas semanas passadas num esconderijo como um período de imensa esperança. A derrota da Alemanha nazista agora parecia iminente. Eles estavam perdendo a luta na Europa Ocidental. Ao leste, o Exército Vermelho se aproximava do Vístula e avançava rapidamente na direção de Varsóvia. Embora mais uma vez trancadas no apartamento de alguém, acompanhávamos com avidez as boas notícias que nos eram trazidas diariamente por nossa nova senhoria, por tia Maria ou por Stas. A cidade estava um pandemônio, os alemães recuavam abandonando suas casernas e escritórios, queimando seus arquivos. Longos comboios de veículos cheios de soldados alemães feridos eram vistos precipitando-se para o oeste através das ruas e pontes de Varsóvia. Tudo indicava que a resistência clandestina estava se preparando para atacar a qualquer momento a fim de evitar que os russos tomassem o poder quando entrassem na capital. Jovens de ambos os sexos começaram a desaparecer de seus lares. Em atitude de solene expectativa, o povo de Varsóvia aguardava em suspense.

Dos gloriosos dias de julho de 1944 eu me lembro um pouco mais. Ficamos com uma das vizinhas de tia Maria, na rua Zlota nº 54, bem no centro da cidade. Tia Maria, com a irmã Julia e o cunhado, morava no mesmo prédio, do outro lado do pátio. Bem menos preocupadas com nossa segurança agora que a guerra se encaminhava claramente para o fim, nós lhe acenávamos de nossa janela para que viesse nos contar o que estava acontecendo. Os dias eram quentes, todas as janelas permaneciam abertas e muitas vezes eu ouvia alguém tocando piano no andar de cima, bem sobre a minha cabeça. Tia Maria me disse que era uma garota da minha idade que se chamava Urszula. Eu gostava de ouvi-la tocar, embora não fosse uma boa pianista. Em geral executava valsas de Johann Strauss, e prosseguia tocando coisas menos interessantes por horas e horas. Às vezes a música parava e eu podia vê-la atravessando o pátio e saindo com outra garota. Eu sentia uma inveja profunda. Ela era livre para passear pelas ruas ensolaradas, respirar o ar cálido, ver com os próprios olhos os alemães fugindo em pânico... Também podia ser uma daquelas que estavam se preparando para lutar... Será que ela percebia a sorte que tinha? – eu pensava amargurada.

Na noite de 31 de julho Urszula começou a tocar de repente, com seus habituais tropeços, o "Estudo revolucionário" de Chopin.

7. Fora do esconderijo

Comandados pelo general Komorowski (conhecido como Bor), os 50.000 soldados do corpo de Varsóvia atacaram as forças alemãs, relativamente fracas, no dia 1º de agosto e em três dias obtiveram o controle da maior parte da cidade. Mas os alemães enviaram reforços, obrigaram os poloneses a assumirem uma posição defensiva e os bombardearam brutalmente pelo ar e com ataques de artilharia nos 63 dias seguintes.

... Enquanto dezenas de milhares de poloneses, incluindo civis, eram mortos durante a repressão alemã ao Levante de Varsóvia, o Exército Vermelho, que tinha sido detido durante os primeiros dias da insurreição por um ataque alemão, ocupava uma posição em Praga, um subúrbio do outro lado do rio Vístula, e permanecia inerte ...

The New Encyclopaedia Britannica,
vol.10: Levante de Varsóvia

No dia 4 de agosto, quarto dia do levante, nós nos decidimos, fizemos as malas e saímos pela porta da frente, batendo-a atrás de nós. Não havia como voltar, já que a senhoria, como de hábito, levara a chave ao sair de manhã. Ela não tinha retornado, impedida pelas batalhas que se travavam no centro da cidade. Enquanto isso, os ataques alemães atingiram tamanha intensidade que era insustentável permanecermos onde estávamos, no terceiro andar. Não fazia sentido morrermos atingidas por um projétil quando a liberdade piscava para nós do outro lado da esquina e era, pensávamos, uma questão de horas ou dias. Assim, depois de passarmos longos meses escondidas, saímos à rua para encarar desconhecidos, para nos abrigarmos juntamente com outras pessoas no porão escuro de uma casa estranha. A rua e a maior parte do distrito tinham sido tomadas pelos insurgentes poloneses logo no início do levante, naquela tarde chuvosa em que vimos pela primeira vez de nossas janelas os pequenos grupos de pessoas armadas correndo pela rua. Usavam braçadeiras nas cores branca e vermelha com as letras AK – Exército da Pátria. Já estavam lutando há quatro dias e até então tinham evitado que os alemães retomassem o distrito. Os nazistas ainda poderiam consegui-lo, mas imaginar tal coisa era horrível demais. Além disso, o tempo estava do nosso lado: os russos se encontravam logo ali, do outro lado do rio.

O porão estava inteiramente congestionado, mas de alguma forma conseguimos nos infiltrar e arranjamos um lugar ao lado de tia Maria, sua irmã mais velha, Julia, e o marido dela, o sr. Urbanski, aquele que uma vez levara meu gramofone para o gueto. Eles nos deram boas-vindas como se fôssemos da mesma família e, aconchegadas junto deles, sobrevivemos ao nosso primeiro ataque aéreo fora de um esconderijo. Ninguém foi contra a nossa presença num reduzido espaço compartilhado que pertencia a quatro ou cinco inquilinos e suas famílias. Fomos alvo de alguns olhares intrigados, mas nenhuma pergunta foi feita. As pessoas estavam totalmente apavoradas e rezavam preparando-se para uma morte súbita. As paredes balançavam e estalavam tal como durante o sítio de 1939, só que dessa vez, sem uma defesa antiaérea, nós nos sentíamos como gado pronto para o abate. Moças e rapazes armados e com braçadeiras vermelhas e brancas corriam de um lado para o outro pelas passagens subterrâneas. Uma grande unidade do AK tinha seu quartel-general num lugar próximo dali. Perto do anoitecer subimos até o apartamento de Julia para nos lavarmos e comer. A comida na despensa era pouca mas Julia deixou claro que podíamos consumi-la. Ela e o marido preferiam ficar no porão, comendo e dormindo lá. Como muitos outros, tinham muito medo de subir, mesmo que por pouco tempo. Assim, de início passávamos a noite dormindo no apartamento deles, do mesmo modo que tia Maria, que não queria nos deixar sozinhas – achava que estávamos mais seguras na sua presença. Mas logo desistimos de dormir no apartamento pois a luta árdua prosseguia depois do escurecer e os estrondos atravessavam a noite.

Uma vez, num dia mais calmo, um dos sobrinhos de tia Maria e de Julia veio ao porão para ver como as duas estavam. Eu conhecia Tadeusz muito bem de antes da guerra. Embora fosse três anos mais velho que eu, costumava ir brincar comigo quando eu era criança. Agora era um soldado do AK, um combatente experimentado. Ele ficou feliz por nos ver vivas. Imaginei que a minha chance afinal tinha chegado e, com veemência, pedi a Tadeusz que me ajudasse a entrar no AK imediatamente. Ele afirmou que era uma idéia esplêndida e pediu-me que me preparasse e esperasse por ele – primeiro tinha de avisar seu comandante. Desapareceu por uma meia hora e depois voltou, aborrecido e confuso. O comandante tinha se recusado a me aceitar porque eu era judia. Disse a Tadeusz que eu deveria entrar em contato com o AL, o Exército do Povo, que lutava ombro a ombro com o AK mas, ao contrário deste, aceitava judeus. Tadeusz estava terrivelmente embaraçado e se desculpou como se fosse responsabilidade dele. Não havia como contactar o Exército do Povo, eles estavam lutando em outra parte da cidade, separada de nossa área pelas tropas alemãs. E assim permaneci no porão, contando as explosões e esperando indolentemente pela morte.

Os dias se passaram. Os sons da Frente Oriental que tinham aumentado nossas esperanças nos primeiros dias do Levante não eram mais ouvidos. Pouco a pouco, a cidade novamente se reduzia a ruínas. Milhares de pessoas morriam nas barricadas ou sob destroços. Mas os insurgentes resistiam.

Um dia dois soldados do AK irromperam no porão aos gritos, pedindo voluntários para a construção de uma barricada na rua. Sophie e eu nos levantamos num pulo e nos apresentamos imediatamente. Junto com vários outros voluntários, estávamos saindo para a rua seguidos pelos soldados quando um deles disse, olhando para mim e Sophie:

— Vocês, moças judias, não têm vergonha de ficarem sentadas ociosamente no porão enquanto outras pessoas estão lutando?

Foi como um tapa na cara. Engolindo as lágrimas amargas da humilhação, corremos para a pilha de lajes, agarrando-as furiosamente, erguendo-as e carregando-as conosco. Uma batalha acirrada estava ocorrendo nas proximidades, balas zuniam sobre nossas cabeças – não prestávamos atenção. Num acesso de fúria cega prosseguimos com o trabalho de erguer a barricada. Passado algum tempo, quando esta já estava bastante alta, os soldados mandaram-nos retornar para o porão.

— Vocês são corajosas, afinal de contas – disse um dos soldados.

Não respondemos.

De toda parte da cidade chegavam más notícias. Disseram que a Cidade Velha fora totalmente arrasada. Estranhos vindos de casas bombardeadas continuavam a chegar em nosso porão. A comida estava acabando. Aviões alemães sobrevoaram rasantes desde o início da manhã, mergulharam com um zumbido mortal e despejaram suas bombas sem nenhuma reação para impedi-los.

Na terceira semana do Levante uma bomba pesada atingiu nosso prédio. Sentimos uma grande explosão, as paredes do porão tremeram, tudo ficou totalmente escuro e grandes pedaços de concreto caíram do teto. Depois ouvimos o terrível estrondo dos andares superiores caindo uns sobre os outros, caindo e se aproximando, cada vez mais perto. Em breve iríamos morrer ou ser enterrados vivos sob os destroços.

Um longo tempo se passou até que os tremores pararam, a poeira pesada se assentou e pudemos nos ver uns aos outros novamente. Estávamos todos entorpecidos, incapazes de acreditar que ainda vivíamos, esperando pela explosão final. Mas ela não veio. Aos poucos, convencidos de que o perigo imediato havia passado, nos amontoamos na porta de saída para verificar se tínhamos sido atingidos. Não tínhamos: a explosão ocorrera na ala oposta do prédio, a parte em que havíamos morado durante as três semanas anteriores. Era agora um monte de ruínas, do outro lado do pátio. Aturdidos pelo choque e cobertos de poeira branca, os sobreviventes escavavam febrilmente, retirando as vítimas enterradas sob os escombros. Eram postas no chão, deitadas, uma ao lado da outra. Fomos correndo ajudar.

De repente eu vi Urszula. Jazia entre outras vítimas como um saco de farinha, sem vida, o rosto cinza, o cabelo branco de poeira. Sua existência, que um dia eu invejara tanto, tinha chegado subitamente ao fim.

Algum tempo depois, no final de agosto, uma bomba incendiária caiu no telhado de nossa ala e o prédio pegou fogo. Inquilinos e hóspedes saíram dos porões para enfrentarem as chamas. Como tinha acontecido durante o sítio de 1939, um homem tremendamente corajoso assumiu o comando. Havia uma bomba d'água no pátio – nossa única fonte de água. O sr. Tomczak mandou que todos os baldes, latas d'água e até panelas e chaleiras fossem levados para o pátio. Dois homens foram designados para bombearem a água e encherem os recipientes, enquanto o restante seguiu o sr. Tomczak até o telhado. As mulheres formaram uma longa fila e passavam os recipientes cheios d'água de mão em mão, através do pátio e escada acima, até a equipe que trabalhava no telhado. Trabalhamos dessa forma desde a tarde até escurecer, ignorando os canhões que rugiam bem perto de nós. Mas depois de algum tempo ficou evidente que era inútil. O telhado se incendiou, o fogo chegou aos andares de cima. O sr. Tomczak e sua equipe foram recuando pouco a pouco para os pavimentos inferiores. Toda a esperança de salvar até mesmo uma pequena parte do prédio foi se desvanecendo. A maioria das pessoas desapareceu – correram para os seus apartamentos ou porões em chamas para apanharem os filhos ou salvarem alguns de seus pertences e um pouco de comida. Tia Maria, Julia e o sr. Urbanski, que apesar da idade tinha trabalhado duro a tarde toda, por fim cederam e foram correndo apanhar suas bugigangas. Mamãe também deixou o seu balde vazio e mergulhou no porão para apanhar suas sacolas. Em determinado momento percebi que, daquele grupo de mulheres que se haviam reunido para enfrentar o fogo, apenas Sophie e eu permanecíamos, além de uma senhora bombeando a água e o desesperado sr. Tomczak lutando sozinho contra as chamas que agora atingiam o andar térreo.

O que ocorreu então, como se passaram os dias e semanas seguintes, o que aconteceu antes e o que aconteceu depois, se as imagens e os sons de que hoje me recordo são verdadeiros ou foram pesadelos, o que de fato eu vi e ouvi e o que me foi relatado mais tarde – honestamente não sei dizer. Esgotada pela doença que por fim apossou-se de mim na noite do incêndio, ardendo em febre, desnorteada, segui mamãe e tia Maria através de ruínas em chamas, de passagens escuras, subindo e descendo montanhas de escombros. Depois me lembro de estar deitada sobre um beiral de pedra num porão desconhecido. À luz tênue que vinha do respiradouro pude ver o rosto amedrontado de Sophie. Tia Maria debruçada sobre mim, estendendo um farrapo de tecido sob meu corpo trêmulo. Mamãe acarinhando meu cabelo. Depois a escuridão me envolveu. Vazio... Vazio...

Um lampejo de consciência...

As paredes tremendo outra vez, balas zunindo em algum lugar...

Santa Maria, mãe de Deus,
Rogai por nós, pecadores...

Um enorme saguão subterrâneo cheio de pessoas agachadas em grupos. Velas tremeluzindo aqui e ali. Murmúrio de preces.

— Onde estamos?

— Num lugar estranho, querida, só porque há um espaço para nos sentarmos. Dizem que é a rua Sienna.

— Onde estão Julia e o sr. Urbanski?

— Foram para um outro lugar procurar por seus parentes.

Vazio, vazio...

Violento acesso de tosse. Eu me contorço sobre a pedra estreita. Estou sufocando...

— Há um médico em algum lugar?

Uma coisa fria faz uma forte pressão sobre meus ombros nus, vagueia por minhas costas, toca em meu seio. Um rosto desconhecido... A voz do homem também tem um som frio:

— Parece grave, os dois pulmões... Não há nada que eu possa fazer... Ela tem de ser alimentada de forma adequada!

Por que Sophie está chorando?

Forte explosão... Escuridão... Velas tremeluzindo outra vez... O cheiro acre de um chalé... Alguém cozinhando no escuro...

— A sra. Kozlowska mandou isto para a garota doente.

— Quem é a sra. Kozlowska?

— Não faço a menor idéia, querida. Coma, por favor, antes que esfrie.

A sopa está maravilhosamente quente, mas não consigo engolir mais, empurro de lado a colher. Uma grande lágrima cai do olho de Sophie direto na tigela. Ela a engole junto com a sopa.

É dia ou noite? Tudo parece a mesma coisa. O som é o mesmo também. Dizem que esse rugido ensurdecedor, que agora prossegue sem parar ao lado dos tiros e explosões, significa que os russos estão atacando outra vez. Será que finalmente seremos resgatados? Escuridão.

Sopa quente. Quem é a sra. Kozlowska? Não, não é aquela mulher alta que se curva sobre mim, tocando minhas mãos geladas e minha testa em fogo. Será que ela é médica? Não, é uma escultora, diz ela. Ela me dá uma aspirina. A outra mulher alta é sua empregada. Ela sabe o que fazer com a tosse.

— Aqui está.

Apresenta um conjunto de ventosas que se grudam fortemente às minhas costas nuas, aspiram, repuxam. Caio no sono e quando acordo a sra. Kozlowska tinha mandado um prato de grãos de cevada quente. Suficiente para nós quatro dividirmos. Não consigo ver seu rosto. Está abrigada com a família em algum lugar do porão, cozinhando num fogão improvisado feito de tijolos. Um garotinho nos traz a sopa ou a cevada que ela manda. Dia após dia.

— Mas madame – diz a escultora, e parece realmente preocupada –, sua filha precisa desesperadamente de alguma carne, ovos, pelo menos alguma gordura.

— Onde me seria possível encontrar esse tipo de coisa? – suspira minha mãe, em desespero.

Alguém aparece na escuridão. Ouviu a conversa. Parece capaz de nos conseguir um pedaço de *bacon*, não mais que meio quilo, porém, e terá de pagar por isso.

— A senhora tem algum dinheiro?

Não, não o bastante.

— Alguma jóia?

Sim. Mamãe tira a aliança. O estranho desaparece.

— Mamãe, como a senhora pôde fazer isso? Uma aliança por um naco de *bacon*... A uma pessoa totalmente estranha!

Vazio... Vazio...

É dia ou noite?... Não, não vou... leve essa tina embora... Eu caminho até a latrina... Quando foi que Sophie ficou tão forte? Eu é que costumava conduzi-la, eu era a mais forte, a que era útil... Agora ela me conduz, me abraça forte, me leva do porão para o pátio e me traz de volta. Algumas balas estouram perto de nós enquanto passamos. A Frente Oriental arrebenta em estrondos.

Em algum momento, de alguma forma, o estranho reaparece. Está terrivelmente desolado, não há mais *bacon*. Devolve a aliança de mamãe. Caio no sono, feliz.

O pátio reluz ao sol. Dois montes de terra fresca se destacam no meio dele. Duas cruzes grosseiras de madeira estão lá fincadas, uma grande, uma menor.

— Ontem – diz Sophie – uma menininha correu para fora do porão atrás de seu gato. O pai correu atrás dela. Só o gato sobreviveu.

Não se ouve o som da Frente Oriental, ele parou, parou de novo. Os lançadores de minas alemães agora funcionam dia e noite, principalmente à noite. Primeiro foram três ou seis rangidos poderosos, como um gigante dando corda num relógio imenso ou uma vaca monstruosa mugindo. Depois três ou seis explosões fortíssimas. Demos a elas o nome de "vacas".

Alguém diz:

— A esquina da rua Marszalkowska com a Swietokrzyska se foi. Aquele prédio grande e elegante veio abaixo em segundos, esmagando as pessoas que estavam nos porões. Nem uma única alma sobreviveu...

Os Sokolnicki... vovó... vovô... Klara... por que eles? Será que a sra. Serbin estava lá?... A criança?... Não! Não!

Refugiados continuavam chegando ao porão. Três pessoas se ajeitaram ao meu lado junto ao beiral. Um casal e um senhor idoso. Jadwiga e Stefan?... Aquele que está com eles seria Henryk?... Bobagem, Henryk foi assassinado dois anos atrás. A jovem acendeu uma vela e agora vejo os seus rostos. São judeus. O homem mais jovem e a mulher estão aconchegados. Ah, como ela olha para ele... é um grande amor, posso afirmar...

— Meu verdadeiro nome é Handelsman – diz o homem mais velho. — Até agora estávamos morando num apartamento térreo. Na noite passada, de repente, apareceu uma dúzia de homens e mulheres do AK vindos diretamente do combate. Estavam morrendo de cansaço, fora de si. Caíram no chão e ali dormiram, um por cima do outro. Mas antes de dormirem começaram a beber. Um deles ficou violento e gritou que caíssemos fora. Ele me chamou de "velho judeu miserável" e me apontou sua arma.

Noite escura. Explosões. Sopa. Nenhum ruído que venha da Frente Oriental.

— Vou sair e tentar encontrar Helena – diz tia Maria. — Ela pode ter alguma comida.

— Pelo amor de Deus, Maria... Você não ouviu o que está acontecendo por lá? Vão matar você antes que consiga atravessar a rua!

— Mas eu preciso, preciso trazer comida para ela, do contrário... – Ela passa o cachecol em torno da cabeça e apanha uma sacola vazia. Está pronta para sair.

— Por favor, tia Maria, não vá, não nos abandone, precisamos de você...

Ela hesita, reflete, finalmente desiste.

Alguém diz:

— O mercado Mirowski foi tomado pelos alemães. Eles tiraram centenas de homens desarmados das casas vizinhas, trancaram todos eles dentro do prédio do mercado e atearam fogo. Estão sendo queimados vivos.

Senhor, tende piedade de nós,
Cristo, tende piedade de nós...
Que descansem em paz...

(Ainda não sabíamos que Stefan era um daqueles que estavam morrendo no incêndio do mercado. Só descobriríamos isso depois da guerra.)

— Quando os insurgentes se renderem – sussurra o sr. Handelsman –, não haverá mais chance de sobrevivência para nenhum de nós. Devemos fugir agora.

E ele nos diz como podemos atravessar o Vístula de barco e conseguir refúgio com os russos. Tem de ser feito à noite, sob fogo de ambos os lados.

— Terrivelmente arriscado, claro – diz ele –, mas estou tentando convencer meu filho e minha nora a tentarem. Eles sabem nadar, eu não sei, vou ficar aqui. A senhora e suas filhas sabem nadar?

Não, não... Odeio água fria... Estou tremendo de febre... Deixem que eu morra onde estou...

— Não vou a lugar algum sem o senhor, papai – diz a jovem.

Acabou. Nada de tiros, de bombas, nada de vacas. Silêncio. Escuridão. Os insurgentes se renderam. O Levante foi esmagado. Em sete dias o que resta da cidade deve ser desocupado. Esta é a ordem dos alemães: todos os sobreviventes devem sair. Os que lutaram vão para os campos de concentração. Os civis serão levados para trabalharem na Alemanha se forem jovens e fortes, ou deportados para o sul da parte ocupada da Polônia se inaptos para o trabalho. Pouco a pouco, com muita relutância, as pessoas começam a sair dos porões.

Que devemos fazer? Seremos mortas, se sairmos, se ficarmos, seremos mortas. Agora é tarde para atravessarmos o Vístula.

— Fizemos contato com um esquadrão do Exército do Povo – diz o sr. Handelsman, voltando de algum lugar. — Estão planejando fugir pelo esgoto. Se tiverem êxito vão se esconder nos bosques e voltar a lutar novamente. Eles nos aceitaram. Nós três vamos com eles.

O sr. Handelsman leva minha mãe ao comandante para pedir seu parecer. Ela volta animada, mas cheia de dúvidas. O esquadrão está deixando um abrigo subterrâneo muito bem resguardado. Podemos nos esconder lá junto com outras pessoas que, tal como nós, não podem enfrentar os alemães nem ir lutar nos bosques. Deixaram um pouco de comida no abrigo. A guerra está quase no fim. Se tivermos sorte poderemos sobreviver.

O médico que me examinou uma vez ainda está por perto. Está exatamente se preparando para sair do porão. Mamãe lhe implora para dar uma olhada em mim. Quer uma opinião. Será que conseguirei sobreviver durante semanas, ou talvez meses, trancada num abrigo subterrâneo? Sem sequer tentar esconder a irritação, o médico pega o estetoscópio.

— Sua filha está morrendo, madame – diz ele. — Sem ar fresco e boa comida, no mês que vem estará morta. Pegue sua filha mais jovem, madame, vá se esconder no abrigo subterrâneo, deixe esta para trás.

O médico foi embora, mas mamãe não parece ter notado.

— Ela não está morrendo – diz mamãe. — Não vou deixar que ela morra. Há um lindo outono lá fora. Vamos sair para o ar fresco e a luz do sol. Vamos todas juntas. E morreremos todas juntas. Ou talvez não.

A escultora e sua empregada já estão prontas para partir. Elas vêm se despedir. Deixam conosco um vidro de aspirina, um xale, um par de botas de inverno. Um homem que mal consigo reconhecer se aproxima timidamente de mim. Esteve todo esse tempo no porão, diz ele, bem ao lado da coluna. Será que eu aceitaria suas calças, as de reserva, e um anoraque? Retribuo com um sorriso débil. Aceito. Estamos em outubro e continuo usando o mesmo vestido de verão que usava em agosto. Mamãe de repente se lembra da sra. Kozlowska. Precisa encontrá-la antes que vá embora para dizer como lhe somos gratas. Mas a sra. Kozlowska já se foi.

Luz do dia. Um apartamento estranho vazio. Metade da grande sala está desabada. Uma perna de piano pende sobre o vazio. Tia Maria traz uma bacia d'água de algum lugar. Nós nos lavamos, a primeira vez em cinco semanas, talvez seis. Penteamos o cabelo. Matamos alguns piolhos. Estamos nos preparando para partir, defrontarmo-nos com os alemães, afinal.

À luz do dia, tendo me lavado e vestindo as calças e o anoraque, eu me sinto muito melhor. Minha mente está clara. Preciso escolher o que levar comigo. Temos bem poucos pertences, mas ainda assim eles são muitos quando não se tem idéia de para onde se vai. A fotografia de Roman eu vou levar, é claro, mas tenho de deixar meus manuscritos – eles vão nos comprometer se formos apanhadas. Não, não devo queimá-los. Há um buraco no chão debaixo do piano, bem ao lado da perna que se mantém firme. Ponho todos os meus cadernos no buraco e os cubro cuidadosamente com tijolos. Talvez alguém possa encontrá-los depois da guerra.

— Agora, minha doce, minha querida Maria... – diz mamãe, e sua voz fica trêmula – é hora de partirmos. Você vai primeiro. Com um pouco de sorte, poderá encontrar na multidão alguma de suas irmãs, uma amiga, alguém que lhe possa fazer companhia no caminho. Nós nos encontramos de novo quando a guerra acabar.

Será que ela ouviu o que mamãe disse? Parece não estar ouvindo. Tira uma caixinha de costura de dentro da sacola e prega um botão na suéter de Sophie, depois limpa seus próprios sapatos.

— Eu não vou deixar vocês – diz ela finalmente. — Nós vamos juntas.

Pela primeira vez essa mulher tímida e terna diz alguma coisa num tom áspero. Ninguém vai lhe dizer o que fazer. A se separar de nós, prefere sacrificar a própria vida.

O grande êxodo já dura seis dias. Torrentes de refugiados emergem dos prédios em ruínas, vertem para as ruas formando cursos que deságuam nas largas estradas. Movem-se em meandros, lentamente na direção oeste. Tal como todo mundo, nós serpenteamos em fila com a multidão. Destroços, crateras e barricadas bloqueiam nosso caminho. Ruínas ardem em chamas aqui e ali. De início não há sinal dos alemães. Só avistamos os primeiros uniformes cinza-escuros quando nos aproximamos dos loteamentos Mokotow. Ei-los aqui, um monte deles. Densamente agrupados ao longo da estrada, limpos, bem-alimentados, observam com atenção a corja maltrapilha. Vez por outra escolhem um homem jovem e fazem uma minuciosa revista em busca de armas, depois o levam embora ou o empurram de volta à multidão. Lenta e infindavelmente passamos por eles sem disfarces, indefesas, amedrontadas. Mas por que notariam três mulheres comuns, tão esfarrapadas e miseráveis como qualquer outra? Deixam-nos passar.

O espaço aberto e o solo escuro e úmido das plantações nos dão boas-vindas com uma safra de cebolas e tomates maduros. Ninguém conseguia obter esses tesouros durante o combate. Então esquecemos todas as nossas dificuldades. Estimuladas por essa visão, vamos em frente com a multidão, apanhamos os reluzentes tomates, mergulhamos os dedos bem fundo na terra, enchemos bocas e bolsos. Os alemães não interferem. Observam a massa alvoroçada com sorrisos de escárnio. De vez em quando um deles joga uma cebola numa moça bonita ou zomba:

— Veja o que seus bandidos fizeram com você!

É como um tapa no rosto, mas ninguém se importa. Nós nos deleitamos com o gosto inesquecível de cebolas cruas salpicadas de terra fresca.

Depois voltamos a caminhar, e caminhar, penosamente, em direção à estação ferroviária oeste de Varsóvia. O dia está terminando, o crepúsculo se aproxima. Eu caminhei sozinha durante horas, mas agora a febre toma conta de mim, as pernas bambeiam, o corpo treme. Mamãe e Sophie me seguram e me carregam como um saco pesado.

Depois é noite e estamos deitadas no chão de um amplo saguão na estação ferroviária. Brisa. Velas tremeluzindo.

Pai Nosso que estais no céu,
Santificado seja o Vosso nome...

Vozes chamando e repetindo nomes de entes queridos perdidos na multidão ou talvez mortos. Escuridão...

Na manhã seguinte somos conduzidos para um trem, amontoados num vagão e levados embora. Depois de uma viagem curta o trem pára e somos obrigados a sair. Estamos agora em Pruszkow, cidadezinha perto de Varsóvia usada pelos nazistas como um campo de prisioneiros provisório. Teremos de esperar aqui a "seleção" antes de podermos seguir viagem. O povo local distribui água e pão fresco aos deportados.

Passamos um dia e uma noite amontoados no chão de uma loja vazia. Todos em volta são amistosos. Compreendem. Estão igualmente perturbados e em desespero. Todos se preocupam com a "seleção". Ninguém deseja ser enviado à Alemanha, ser presa fácil para o inimigo. Jovens de ambos os sexos fazem o possível para parecerem velhos e incapazes.

Chega finalmente o o momento crucial. Numa grande praça sob o céu azul do início da manhã, um grupo de nazistas com suásticas, pistolas e chicotes, toma conta da massa miserável. Trabalham inflexíveis, dividindo a massa humana de forma ordenada, rápida e eficiente: homens e mulheres jovens e fortes à direita, velhos e incapazes à esquerda. As pessoas obedecem em silêncio. Quando chega a nossa vez, sinto um forte empurrão e de repente me vejo do lado direito da praça, Sophie pendurada no meu braço. Mamãe e tia Maria estão sendo arrastadas para o lado esquerdo. O pior aconteceu, fomos separadas, nunca mais nos veremos. De repente há uma pequena agitação do lado esquerdo da praça e vejo minha mãe avançando e se infiltrando por trás dos nazistas até o lado direito. Tia Maria vem atrás. Chegam até Sophie e eu sem enfrentarem obstáculos. Ninguém as notou. Os guardas estão ocupados em vigiar as pessoas que estão à direita para o caso de tentarem escapar para a esquerda. Uma grande felicidade me enche a alma – estaremos juntas, vamos juntas para a Alemanha.

Mas não, mamãe não vai nos deixar perecer na cova dos leões. Está determinada a lutar. Nunca foi de jogar, mas agora está pronta para isso. Ela nos empurra na direção do oficial atarracado que grita suas ordens perto de nós. Abatida e esfarrapada, audaciosamente se aproxima dele, seus olhos negros de judia encarando-o de frente. Aponta para cada uma de nós e diz em tom de reprovação:

— *Das ist ein Irrtum! Die Dame is alt. Ich auch bin alt. Das ist ein Kind. Und das... das Mädchen ist krank, sehr krank... Lunge... Tuberkulose...* (Houve um engano! Esta senhora é velha. Eu também sou velha. Esta é uma criança. E esta... esta garota está doente, muito doente... pulmões... tuberculose...)

O nazista é apanhado de surpresa. Ninguém na multidão jamais se dirigia a ele, muito menos em alemão fluente. Ninguém nunca lhe dissera que tinha havido um engano. Devia estar havendo algo de errado com a máquina nazista. Ele precisa corrigir o erro.

— *Ordnung muss sein! Entschuldigen Sie bitte!* (Deve haver ordem! Sinto muito!) – resmunga ele, como um garçom embaraçado diante da acusação de ter-se enganado com o prato do freguês. Depois, lembrando-se do seu posto, grita: — *Links, links! Schneller, schneller!* (Esquerda, esquerda! Mais rápido, mais rápido!)

E assim não vão nos mandar para a Alemanha. Os nazistas não perceberam que somos judias, de modo que talvez haja uma chance de fugir, apesar de nossos olhos tristes e narizes longos. De repente percebo como está bonito o céu, como estão douradas as folhas das árvores, como parecem aconchegantes os alojamentos. Nós nos instalamos num deles com os velhos, as crianças, as mães e os enfermos, esperando o trem que nos levará para o sul da Polônia. O tempo passa. Um dia e uma noite se vão. Vez por outra eu caio no nada, depois volto a mim. No geral me sinto bem melhor. Há uma cozinha ao ar livre no acampamento. Como todo mundo, nós recebemos nossas rações de sopa e pão. De início tia Maria fica na fila sozinha. É mais seguro para nós evitarmos andar ou mostrar o rosto. Mas é difícil sobrevivermos, nós quatro, com porções para um. De modo que no segundo dia mamãe se junta a tia Maria na fila. Sophie e eu ficamos no alojamento. É um dia luminoso e nossos companheiros estão quase todos lá fora, sentados na grama, aproveitando o sol. Não conseguimos resistir à tentação, de modo que também saímos e nos sentamos na frente do edifício.

Já é tarde para recuarmos quando vemos um soldado alemão se aproximando. Caminha preguiçosamente, aproveitando o bom tempo e olhando em volta. Pára à nossa frente, pronto para uma conversa amistosa. De repente seu semblante se contrai num sorriso maldoso.

— *Jude* – grita ele. — *Sie sind Jude!* (Vocês são judias!)

Petrificadas, fingimos não estar entendendo. Mas o soldado conhece a palavra polonesa que significa judeus:

— *Zydowki*! – vocifera ele num acesso de raiva.

Todos à nossa volta prendem a respiração.

— Não somos judias – digo eu, e é a primeira vez que nego peremptoriamente as minhas origens. — Somos armênias.

Os armênios, que se parecem muito com os judeus, têm a aprovação dos nazistas, e o soldado deve saber disso. Ele reflete atentamente por um momento e depois, num polonês incorreto, manda que mostremos nossas carteiras de identidade. Nós não temos, é claro, de modo que, com calma e paciência, eu lhe explico que todos os nossos documentos foram queimados durante o levante. Parece convincente. Uma mulher ao nosso lado acena com a cabeça, confirmando a veracidade de minhas palavras. Confuso, o soldado alemão pondera outra vez.

— Onde estão seus pais? – pergunta, mais calmo.

— Estão mortos – respondo.

A mulher suspira. Sophie confirma minha declaração.

— Somos órfãs – diz ela.

Agora o soldado parece plenamente convencido. Daqui a pouco irá embora. Mas de repente mamãe aparece, trazendo uma tigela de sopa, no caminho que leva aos alojamentos. Vendo-nos com o soldado, ela corre para ajudar. Qualquer idiota perceberia sua relação conosco.

— *Mutter?* – pergunta o alemão.

— *Jawohl* – confirma ela.

Em torno de nós se faz um silêncio mortal, as pessoas nos olham aterrorizadas. O soldado fica furioso.

— Mentirosas! – berra ele. — *Du verfluchte Juden!* (Suas judias malditas!)

Pega a pistola e aponta para nós. Dentro de instantes estaremos mortas. Fecho os olhos e aperto a mão de Sophie. Mas de repente o homem muda de idéia.

— Esperem aqui – grita ele, e corre em busca de seus superiores.

Desaparece na esquina. Só então as pessoas à nossa volta retornam à vida.

— Corram, senhoras, corram – nos imploram. — Escondam-se em algum lugar, tratem de salvar suas vidas.

Sim, mas onde? O campo está cercado de arame farpado e guardas. Não há como se esconder. Inesperadamente, um homem alto com botas de cano longo vem em nosso socorro (que estaria ele fazendo aqui, entre velhos e aleijados?). Junta as três com seus braços fortes e nos faz correr com ele. Tia Maria segue correndo atrás. Paramos na extremidade do campo afastada dos alojamentos, da multidão e dos guardas. Há aqui um celeiro abandonado, cheio de palha apodrecida. O desconhecido nos diz para nos enterrarmos na palha e ali permanecermos até o dia seguinte. Amanhã eles poderão ter se esquecido de nós, afirma ele de modo reconfortante. Depois desaparece. Jamais tornaremos a vê-lo nem saberemos quem era.

O dia termina, a noite passa. Temos fome e frio, mas ainda estamos vivas. Os alto-falantes anunciam que todos os deportados enviados para o sul devem se reunir na plataforma da estação e esperar o trem. Não podemos mais ficar escondidas na palha, de modo que saímos e caminhamos em direção à plataforma. Está tão abarrotada que parece muito improvável que o soldado hostil nos possa encontrar aqui.

Agora estou sentada de cócoras no concreto frio da plataforma, minha cabeça repousando sobre o ombro de mamãe, a cabeça de Sophie sobre o meu. Eu tiro uma soneca e sou acordada por um tremor de febre. É noite e, de algum lugar, uma fraca luz azul nos ilumina. Os guardas caminham de um lado para outro ao longo da passagem estreita que divide a massa inerte. Subitamente, ao abrir os olhos, vejo uma figura de uniforme curvada sobre mim. É um pesadelo? Não, é real. Ele me puxa com força, pega Sophie pelo braço, nos manda segui-lo.

— Aonde estão indo? – grita mamãe, e fica em pé, pronta a ir também.

Mas o homem a interrompe: só quer as garotas. Diz que logo estará de volta. Não é o que queria atirar em nós, é bem mais velho. E parece estranho, como que vacilante. Ah sim, está bêbado. Empurrando-nos através do campo escuro e deserto ele murmura alguma coisa em alemão. Chama-nos de "garotas ciganas". Uma idéia nebulosa me vem à mente: a de que morreríamos como ciganas, em vez de judias. Para os nazistas é tudo a mesma coisa. É a mesma coisa para mim. Estou com muito frio, muito doente para sentir medo. Sei o que Sophie está pensando agora: está horrorizada diante da possibilidade de ele nos estuprar. Mamãe deve estar fora de si pela mesma razão. Mas não eu, isso não me importa. Estou exausta, farta desse medo sem fim. Se a terra estivesse quente, eu teria satisfação em me enterrar viva, sem ajuda dos alemães.

Chegamos a um alojamento isolado. Há luz e calor lá dentro, um monte de guardas de folga. Estão recostados seminus, deitados em beliches de madeira ou cozinhando num fogão de ferro. Eles nos recebem com sorrisos obscenos e nos convidam a sentar no chão. O homem que nos trouxe diz alguma coisa em alemão, rápido demais para que eu entenda, com exceção das palavras "ciganas" e "comida". Depois se deita num beliche vazio e, ainda de botas e uniforme, imediatamente cai no sono. Seus amigos não prestam muita atenção em nós, estão ocupados em comer. Todos parecem velhos e cansados. Um deles nos traz uma tigela de ovos mexidos feitos com ovo em pó, um pedaço de pão e café artificial. Senta-se à nossa frente e olha para nós, sorrindo. Seus olhos azuis são amistosos. De início eu recuso a comida, rejeitando a caridade de um alemão. Mas por fim não consigo resistir ao cheiro do pão fresco, ao sabor dos ovos, há muito esquecido, à bebida quente. Fazia dias que Sophie e eu não comíamos. Com a consciência pesada começamos a comer, tentando não parecer ávidas nem gratas. O alemão parece satisfeito. Fala conosco enquanto comemos. Diz alguma coisa sobre a mulher e os filhos que o esperam numa aldeia alemã.

— A guerra está quase no fim – diz ele, suspirando de cansaço, mas seus olhos sorriem enquanto suspira.

Dois de seus companheiros se juntam a nós. Propõem que fiquemos com eles. Estaremos seguras aqui, prometem, aquecidas e bem-alimentadas. Em troca, poderemos lavar e remendar as roupas dos soldados. Mas recusamos a oferta e o homem de olhos azuis nos leva de volta à plataforma. Antes de desaparecer, ele nos deseja boa sorte.

Amanhece outra vez e um imenso trem desliza com lentidão pela plataforma, e por fim pára. Os vagões de gado vazios e sem teto estão esperando para serem ocupados. As pessoas se dirigem empurradas pelos guardas. Os oficiais, espalhados ao longo do trem, suásticas negras nas mangas, param as pessoas aleatoriamente para verificarem seus documentos. De alguma forma passamos sem sermos notadas. O vagão em que entramos lota num instante. Os guardas obrigam mais e mais pessoas a entrarem, até que fica difícil respirar. Crianças gritam, homens praguejam e blasfemam, uma pessoa fica histérica.

— Vamos botar essas três judias pra fora! – exclama de repente uma mulher. — Estaremos bem melhor sem elas.

Uma forte reprimenda faz com que ela se cale.

— Mais uma palavra – um homem mutilado diz asperamente – e quem vai ser jogada pra fora é você.

Há uma longa espera. Então o trem sacode e começa a avançar, ainda hesitante. Aos poucos os alojamentos vão desaparecendo, substituídos pelos campos da planície mazoviana. Lentamente, infinitamente lento, o comboio rasteja pela área rural, plana e descampada. Meio sentada, meio deitada, apertada pelos braços e pernas de outras pessoas, encostada nos joelhos de alguém, observo nuvens leves flutuando no céu imenso, perseguindo o trem. O dia chega ao seu auge, depois começa a desbotar, e o céu fica escuro. Uma névoa densa cai sobre a terra e me envolve num frio profundo. Tarde da noite, não há estrelas nem lua. O trem resfolega e chacoalha, pára, depois recomeça, anda para trás, avança, pára de novo por um bom tempo. Será que chegamos a algum lugar? Os gemidos, suspiros e imprecações foram aos poucos diminuindo. As pessoas cochilam ou atendem às suas necessidades corporais – latas vazias são passadas de mão em mão e utilizadas na escuridão. Digo não quando chega a minha vez, e Sophie faz o mesmo. Nunca na presença de alguém: é um voto que fizemos, nosso pequeno ato de resistência contra a guerra.

O nascer do sol nos brinda com uma visão maravilhosa. A planície ficou distante e o trem está atravessando as belas colinas e vales da região montanhosa do sul. Os campos outonais alegram nossos olhos com uma paisagem de retalhos de verde intenso e marrom que brilham com o orvalho.

Estamos em plena manhã quando o trem faz uma parada. Levamos 24 horas, em vez de quatro ou cinco, para chegarmos a Cracóvia. Eles nos deixam sair por um breve período, depois tornam a nos comprimir nos vagões de gado. Esperamos novamente. A plataforma se enche de cracovianos que vieram correndo para ajudar. Uma chuva de pacotes cai sobre os vagões. Um embrulhinho caprichado cai direto no meu colo. É um sanduíche de ovo. A vida parece luminosa outra vez.

À tarde deixamos essa cidade hospitaleira e começamos mais uma vez a rastejar por entre campos e florestas. O céu se escurece, tal como no dia anterior, e a segunda noite envolve a terra em suas sombras.

Em algum momento, em algum lugar, o trem pára de vez e recebemos ordem de sair. Pulando dos altos vagões, caímos numa terra enlameada. Está muito escuro para vermos onde estamos. Em frente à estação de trem, numa praça coberta por uma lama espessa, há cavalos pastando e vozes ásperas de camponeses podem ser ouvidas na escuridão. Todos os que estavam no trem avançam tateando pelo lamaçal, tentando chegar às carroças que vão levá-los embora. Estas, logo ficam lotadas e partem. Alguém diz que não há carroças suficientes para todos. Ninguém quer ficar para trás. Pessoas em pânico avançam correndo como que num estouro de boiada. Desorientadas, paralisadas, somos empurradas de um lado para outro, sem sabermos o que fazer, fracas e indefesas demais para lutarmos. Sempre que encontramos uma carroça ela já está lotada. A onda humana nos leva à extremidade da praça. E lá, de repente, nos vemos ao lado de uma carroça solitária esperando tranqüilamente na escuridão.

— Lugar para quatro – diz rispidamente uma voz sem rosto.

8. Do inverno à primavera

A parelha sonolenta trotava lentamente através da noite e da neblina. O solo encharcado afundava sob seus cascos, a carroça balançava e se sacudia com os buracos da estrada. Imóvel, de costas para nós, o condutor parecia dormir profundamente. Não tinha pronunciado uma palavra desde que partíramos. Nós também não estávamos falando, mergulhadas em nossos pensamentos. Tendo deixado as multidões para trás, estávamos sozinhas pela primeira vez desde o início do levante. Não estar mais apertada entre corpos em conflito, não estar mais lutando para respirar, cansadas da algazarra humana, era um alívio enorme. Eu rezava para que aquela noite, o frio, o chacoalhar da carroça durassem para sempre. Enquanto isso estaríamos livres e a salvo. Ao fim da estrada lamacenta, pessoas estranhas em um lugar desconhecido acenderiam as luzes, examinariam atentamente os nossos rostos e decidiriam nosso destino. Podiam nos recusar abrigo e se trancarem dentro de casa, amedrontadas pelo perigo de que éramos portadoras. Ou pior ainda, podiam nos devolver aos nazistas. Diziam que os camponeses eram gananciosos e a recompensa por denunciar um judeu era de no mínimo 500 zlotys. Quem era capaz de dizer o que essa figura imóvel e sem rosto poderia fazer ao amanhecer, quando descobrisse quem eram as pessoas que tinha transportado? Tais eram meus pensamentos enquanto eu tremia de frio e febre. Depois adormeci.

Só acordei quando a carroça parou de repente. Ainda estava escuro e as silhuetas esmaecidas de chalés com telhados de colmo se destacavam no negrume. Tínhamos chegado a uma aldeia. Só então o condutor falou. Disse que hospedaria apenas duas de nós em sua casa, as outras duas teriam de se hospedar com seu vizinho. Mamãe quis ficar comigo, de modo que o homem levou Sophie e tia Maria para a casa ao lado. Voltou logo em seguida e nos abriu a porta de seu chalé. Não nos acompanhou, permaneceu do lado de fora para desatrelar os cavalos.

Entramos na casa. O cômodo superaquecido estava totalmente escuro, exceto por uma lamparina bruxuleando fracamente sobre a figura de um santo e uma cama recoberta de travesseiros e edredons. O quarto cheirava como um estábulo e parecia abandonado. Ficamos paradas à porta sem sabermos o que fazer. Então, debaixo daquele amontoado de roupa de cama, uma voz estridente chiou:

— Louvado seja Jesus Cristo.

— Para sempre seja louvado – respondemos.

Não podíamos ver quem estava falando, mas a voz parecia feminina, velha e cansada. Ela também não podia nos ver. Logo o condutor chegou e a mulher, chamando-o de Blazek, mandou que ele trouxesse um pouco de palha. Ele o fez em silêncio, e espalhou o material farfalhante sobre o piso perto do forno quente.

— Deitem-se, pobrezinhas, e tenham um bom sono – guinchou a voz.

Obedecemos, estendemo-nos sobre a palha e, envolvidas pelo calor sufocante, instantaneamente caímos no sono.

Algum tempo depois, acordei asfixiada pela tosse. Ainda estava escuro. O fogo do forno aparentemente tinha se apagado e agora fazia um frio terrível. Tossindo e me contorcendo, eu estava juntando um pouco de palha para me cobrir quando ouvi de novo aquela voz aguda:

— Venha, minha filha, deite-se aqui do meu lado, está quente e confortável.

Surpresa, fui para a cama e, com um vago sentimento de remorso por causa dos piolhos, mergulhei sob o imenso edredom.

A manhã já estava bem avançada quando acordei, agradavelmente descontraída. A luz do sol brilhava através de uma janela estreita e batia direto no meu rosto. Uma miscelânea de sons produzidos por animais – ganidos, mugidos, relinchos, cocoricós – vinha lá de fora atravessando a parede. Eu estava sozinha na cama que ficava numa cozinha espaçosa com chão de terra batida e um teto baixo. Um enorme forno de barro ocupava a maior parte do espaço e reluzia com chamas luminosas. Junto ao forno, agachada, estava um vulto que, à luz do fogo, parecia um arbusto seco. Seu rosto, tostado, era como o de um passarinho; as costas curvadas pela idade, braços e pernas como galhos de árvores desfolhadas. Estava descascando batatas e jogando-as num caldeirão que fervia sobre o forno. Mamãe estava agachada ao lado dela, ajudando-a. Um cheiro forte de fumaça, misturado com o de banha derretida, me fez tossir.

A anciã se levantou e correu para a cama com uma agilidade inesperada. Era pequena como uma criança e parecia ter bem mais que 80 anos. Lançou-me um longo olhar perquiridor. Nenhum segredo, nenhum pecado poderia escapar àqueles olhos penetrantes. Mesmo que até agora não tivesse suspeitado de nada, ao examinar meu rosto iluminado pelo sol ela devia ter adivinhado. Com o coração desfalecido, eu esperava seu veredicto. Imóvel e calada, mamãe também aguardava. A velha não disse nada e saiu do quarto, talvez para trazer o homem a fim de que ele nos pusesse na rua. Amedrontadas demais até para falar, aguardamos em silêncio. Ela voltou muito depois trazendo dois ovos. Quebrou-os numa caneca e entregou-a para mim.

— Beba, minha filha – disse ela.

Engoli aquela coisa viscosa começando a acreditar que ela nos tinha aceito. Minha crença se transformou em certeza quando a velha disse que seu filho Blazek logo arranjaria um quartinho onde mamãe e eu poderíamos ficar. Até lá, disse ela, eu deveria ficar em sua cama, pois ela sabia que eu estava muito doente.

Assim começamos uma nova vida numa aldeia chamada Zielonki, com uma família camponesa de nome Pietrzyk, que não pretendia ganhar uma recompensa por nos delatar nem tampouco nos expulsar de seu chalé. Tínhamos de viver às claras, sem nos escondermos das pessoas, mas também sem lhes contarmos a verdade.

O filho mais velho da sra. Pietrzyk, Piotr, e sua mulher grávida também moravam no casebre. Piotr seria o herdeiro do sítio quando a mãe morresse. Ele trabalhava o dia todo no terreiro do sítio e só entrava na cozinha na hora das refeições. Quando não estava trabalhando, ficava no seu quarto com a mulher. O casal aceitava nossa presença como algo natural. Os dois eram amistosos mas não se preocupavam conosco. Não os interessávamos. Blazek, o belo e esquivo filho caçula da sra. Pietrzyk, tinha ainda menos interesse por nós. Não lhe davam muita importância na família e era tratado como um escravo. Não tinha um lugar próprio na casa e dormia no estábulo, junto com os cavalos. Embora velha e cansada, a mãe ainda desempenhava o papel principal na família e mandava na casa sem oposição. Por ordem sua, a despensa foi esvaziada para nós e lá foram instalados uma grande cama improvisada com um catre grosseiro e meia dúzia de cobertores, juntamente com um fogão de ferro com uma longa chaminé. Estávamos em nosso aposento próprio.

Tia Maria e Sophie tiveram menos sorte. A família com quem ficaram era rude e hostil. As quatro filhas adolescentes do casal implicavam com Sophie e zombavam dela por ser uma garota da cidade e ter pouco conhecimento da vida rural. Disseram a ela que os ratos poderiam aparecer à noite e arrancar suas orelhas. Sophie não acreditou numa só palavra, mas odiava ser ridicularizada. De modo que ela e tia Maria vinham nos visitar todas as manhãs e ficavam até tarde. A sra. Pietrzyk não se importava. Até lhes oferecia comida, tal como fazia conosco. Mas era constrangedor aceitar sua generosidade por muito tempo ainda. Por outro lado, estávamos praticamente sem um tostão.

Tia Maria foi explorar a aldeia e voltou com novidades. O lugar estava repleto de deportados, era raro encontrar um agricultor que não tivesse abrigado algum. A RGO – organização polonesa que estava ajudando os refugiados em toda a Polônia ocupada – já tinha montado uma cozinha de campanha e estava distribuindo refeições grátis uma vez por dia. Ficava no centro da aldeia, próximo aos postos de polícia polonês e alemão, disse ela com um suspiro.

No terceiro dia desde nossa chegada, a sra. Pietrzyk decidiu que ovos crus e bolinhos de carne gordurosos não era suficientes para me fazer recuperar a saúde, e mandou que Blazek trouxesse a médica da aldeia. A mulher jovem e franzina que apareceu em nosso quartinho me conquistou de imediato. Ela me examinou cuidadosamente, encontrou meus pulmões em mau estado, me deu alguns remédios e mandou que eu fizesse um raio-X para avaliar se precisava de tratamento hospitalar. Deve ter gostado de nós também pois já naquela primeira visita falou muito sobre si mesma. Ela e o marido, que também era médico, viviam em Cracóvia até ele ser preso por envolvimento com a resistência. Ela então fugiu e se estabeleceu em Zielonki. Não tinha notícia do marido desde que ele fora encarcerado na prisão de Montelupich, há muito tempo. Não sabia se ainda estava vivo. Ao nos contar isso, a médica caiu em prantos e, num impulso, mamãe afagou-lhe o cabelo. Era óbvio que ela sabia que éramos judias mas a idéia de que pudesse nos trair era evidentemente despropositada.

No dia seguinte, Blazek atrelou os cavalos e levou mamãe e eu para Cracóvia. Mal podíamos acreditar que estávamos tão próximo daquela cidade pois, quando fomos para Zielonki pela primeira vez, a viagem de trem e carroça demorou oito horas, dessa vez, não mais que duas. E como foi agradável passar por aqueles campos coloridos banhados pelo sol.

O hospital ficava na periferia da cidade. Blazek nos ajudou a descer da carroça e prometeu esperar. Não precisamos aguardar muito pelo radiologista. Mamãe e eu ficamos com medo quando aquele homem careca de meia-idade nos examinou atentamente de alto a baixo.

— Vocês parecem estrangeiras – disse por fim. — E tão tristes. – Sorriu para nós de forma gentil e tranqüilizadora.

Ele então me submeteu mais uma vez a um rigoroso exame e fez uma radiografia. Quando ficou pronta, ele disse que meus pulmões tinham sido seriamente afetados pela moléstia mas que não me manteria no hospital porque havia uma chance de eu me recuperar sem nenhum tratamento específico. Só necessitava de boa alimentação e ar puro, de modo que a vida no campo poderia me curar. Disse-me para passar muito tempo ao ar livre tão logo me sentisse forte o suficiente para caminhar. Saímos do consultório muito animadas. Eu me sentia feliz, interessada pela vida, novamente admirando a espécie humana.

No saguão do hospital vimos uma lojinha de doces e artigos de papelaria. Embora estivéssemos muito pobres não pude resistir à tentação. Suspirando, mamãe tirou dinheiro da bolsa maltrapilha e eu mesma comprei um caderno e um lápis.

20 de outubro de 1944

“Ainda estamos vivas. E juntas. Por aqui tudo é tão tranqüilo e tão seguro que é difícil acreditar que todo o nosso passado recente seja real. Será que o pesadelo acabou? Será que vamos viver assim até o fim da guerra e finalmente sobreviver? Durante o dia, quando o sol brilha através do minúsculo quadrado de nossa janela, eu penso que sim, é isso, nós escapamos. Mas quando acordo no meio da noite, imagens horripilantes retornam como uma torrente, o medo me arrepia a alma e não consigo voltar a dormir. Então começo a pensar em nossa vida atual, em como nossa situação é de fato incerta e como estamos longe de nos sentirmos seguras. Porque *eles* ainda estão aqui, embora não se fale muito sobre isso. Estão aqui, mandando nesta tranqüila zona rural, nestas pessoas que nos abrigaram sob o seu teto. E só estamos aqui porque *eles* ordenaram que os granjeiros locais acolhessem os deportados, da mesma forma que os obrigaram a entregar parte de seu gado ao Terceiro Reich. Os nazistas podem estar perdendo batalhas a oeste, podem estar feridos de morte ao leste, mas aqui exatamente eles estão em pleno comando. E assim, a qualquer dia ou noite este período de tranqüilidade pode facilmente chegar a um fim abrupto. Vamos supor que alguém na aldeia deteste judeus, ou tenha uma desavença com a família que nos abriga, ou deseje receber uma recompensa. Aposto que essa senhora e seus filhos não imaginam quem somos. Talvez nem mesmo consigam identificar um judeu pela aparência. Espero que não sejam fuzilados se os nazistas chegarem até nós. Afinal, só estão fazendo o que foram obrigados a fazer – acolher refugiados de Varsóvia. E é isso que somos, refugiadas de Varsóvia.

Sei que manter meu diário significa assumir um grande e desnecessário risco – ele contém a afirmação, preto no branco, de tudo aquilo que estamos tentando esconder. Mas não quero que minhas experiências caiam no esquecimento, de modo que continuarei escrevendo, se não para a posteridade, ao menos para mim mesma. Agora vou enterrá-lo no fundo do catre e dormir em cima dele.”

21 de outubro

“Na tarde de hoje tia Maria voltou da aldeia explodindo de alegria. Trouxe um pote com quatro porções de uma sopa de legumes reforçada e um pão. O fato é que ela conseguiu convencer o pessoal da RGO a nos registrar sem a nossa presença, sem precisar mostrar nossos rostos nem nossas carteiras de identidade. Disse apenas que estávamos de cama com gripe. Eles também lhe deram uma lata grande de um vinagre muito forte que mata insetos, a coisa mais preciosa pela qual ansiávamos dia e noite. Nossos cabelos agora têm cheiro de pepino em conserva e estamos felizes – ao menos essa batalha será ganha. A sra. Pietrzyk apareceu, deu uma cheirada e pareceu um pouco confusa. Mas não disse nada. Imagino que ela seja muito menos suscetível a esses insetos que nós. Talvez para ela os piolhos sejam apenas criaturas vivas, como galinhas ou vacas.”

27 de outubro

"Há dias está chovendo. Não posso ir lá fora. Não apenas por causa da chuva mas também porque ainda estou muito fraca. Os acessos de febre vêm e vão, e me deixam transpirando e exausta. De modo que fico na cama escutando mugidos e trinados. Meus ouvidos aguçados freqüentemente captam vozes humanas também, Piotr e Blazek discutindo na horta. Eles se xingam: "Seu monstro!" "Seu nojento!" Nenhuma palavra obscena. Creio que, apesar da aparente grosseria, são pessoas gentis e de bom coração.

A senhora veio perguntar sobre o meu estado. Trouxe uma garrafa de um líquido espesso, branco como a neve, e me obrigou a tomar um grande gole dele. "Vai lhe fazer bem, minha filha", disse ela. "Seus pulmões em breve estarão curados." Ela me deu uma fatia de pão fresco feito em casa com uma pitada de sal. O líquido era gorduroso, mas gostei. Ela deixou a garrafa e disse que eu tinha de acabar com ela em uma semana."

28 de outubro

"Eu poderia *morrer* de nojo. Escovei os dentes duas vezes, mas não adiantou. Esta manhã, depois que eu bebi o segundo gole do líquido, mamãe perguntou à sra. Pietrzyk o que era aquilo. Ela relutou em responder, mas mamãe insistiu e ela por fim disse que era gordura de cachorro. Existe na aldeia um homem engenhoso, explicou, que recolhe cães abandonados e extrai a gordura deles. Tem grandes poderes curativos. Já curou muitas pessoas conhecidas dela que tinham doenças fatais. Horrorizada, mamãe se sentiu obrigada a lhe agradecer profundamente por ter tido todo esse trabalho para encontrar esse remédio miraculoso. Mais tarde, Sophie disse que se livraria do líquido nojento discretamente. Iria jogá-lo nos arbustos, um pouquinho a cada dia, porque a sra. Pietrzyk vem verificar se eu me lembrei de tomar minha dose diária. Ela não é um amor?"

29 de outubro

"Eu me sinto bem melhor, de modo que hoje me levantei e fui examinar o chalé junto com Sophie. É maior do que eu imaginava. Um dos cômodos está sempre trancado e quando perguntei o motivo à sra. Pietrzyk ela na hora o abriu e nos mostrou. Dei um gritinho de surpresa quando entramos, tão bonito que era. Tem uma mobília austera, quase preta, com entalhes delicados, contrastando fortemente com as paredes caiadas de branco; irradia o brilho de pinturas sacras com molduras douradas e de figuras multicoloridas decalcadas nas paredes; há flores secas em vasos pintados à mão e tecidos de linho ricamente bordados. Segundo a sra. Pietrzyk, eles chamam esse quarto de "câmara branca" e só o utilizam em ocasiões especiais quando alguém da família nasce, se casa ou morre. A maior parte de suas vidas ele fica fechado, enquanto a família se acotovela na cozinha ou trabalha nos campos e na horta.

Ao fim do longo corredor escuro chegamos a uma outra porta trancada. Quando perguntamos o que era, ela formalmente nos disse que o quarto por trás daquela porta fechada pertencia a seu filho caçula, Jan. Foi um tanto vaga a respeito dele. Mora em Cracóvia, está estudando e logo se ordenará padre, disse ela. Nestes dias perigosos é melhor não falar nisso, suspirou ela. Talvez venhamos a conhecê-lo algum dia pois sempre que pode ele vem para casa e fica por uma temporada. Ao falar de Jan, seus olhos brilharam de amor e orgulho. Agora Sophie e eu estamos ansiosas por conhecê-lo."

Os dias se passavam, um depois do outro, e nos acostumamos ao novo ambiente. Minha saúde tinha melhorado consideravelmente. No início de novembro, a jovem doutora que me visitava de vez em quando disse que eu devia me levantar e sair para um passeio. Sophie mal conseguia esperar que eu me juntasse a ela. Estava cansada de caminhar sozinha. Depois disso nós saíamos juntas sempre que o tempo estava bom. Com certeza teríamos feito incursões à aldeia, não fosse pelos resmungos de mamãe e tia Maria. Elas nos proibiram terminantemente de ir lá e ficar mostrando os nossos rostos. E assim passeávamos pelos campos sem fim, desertos nessa época do ano. Sozinhas e felizes sob a imensa abóbada do céu de outono, sonhávamos acordadas e construíamos retratos maravilhosos de nossa futura vida em liberdade. Mas esses passeios, que eram o nosso mundo, foram interrompidos quando, depois de uma chuva pesada, nossos sapatos gastos e enlameados simplesmente se desfizeram.

Presa à cama mais uma vez, eu passava os dias meditando, enquanto Sophie perambulava pela casa tentando ser útil.

Um dia, vendo-me ociosa e melancólica, a sra. Pietrzyk me trouxe dois livros do quarto trancado de Jan. Eram obras religiosas – o catecismo e *A vida de Nossa Senhora*. Há meses com fome de livros, mergulhei neles com avidez.

15 de novembro

"Estou lendo *A vida de Nossa Senhora*. É um belo livro, profundamente comovente. Quem escreveu foi um monge, creio eu. Tive de parar no trecho em que Santa Maria, sozinha sob a cruz, vela pelo filho crucificado. Caí em lágrimas e foi difícil me recompor. Agora, mais calma, fico imaginando por que chorei. Não devo ter ficado assim tão comovida pela história de uma mãe que perdeu o filho dois mil anos atrás. Não depois de tudo o que eu mesma presenciei. Talvez tenha me impressionado porque o relato, em cada uma de suas páginas e frases, irradia uma fé cristã muito poderosa. Terei sido contaminada?"

Já que agora tínhamos de fingir que éramos cristãs, o catecismo era tudo de que necessitávamos. Eu reaprendi o que já me haviam ensinado na escola, enquanto mamãe e Sophie precisaram começar do princípio. Estranhamente, tia Maria teve de fazer o mesmo. Embora nascida e criada como católica, fazia tempo que ela tinha esquecido sua fé, vivendo anos e anos com nossa família. De modo que estávamos ocupadas em aprender preces e dogmas de cor e recitá-los à meia voz, para que nossos anfitriões não ouvissem.

Apesar das novas condições, tia Maria ainda se sentia responsável por nosso bem-estar e se empenhou para encontrar um jeito de nos comprar sapatos. Certa manhã, quando Blazek estava se preparando para ir à cidade em sua carroça, tia Maria lhe pediu que a levasse com ele. Voltou tarde, trazendo-nos pesadas botas masculinas, pulôveres quentes e algumas coisinhas de que precisávamos terrivelmente. Foi um tanto evasiva sobre o modo como conseguira comprar tudo isso, mas o mistério foi logo esclarecido quando notamos que a pequena cruz de ouro que ela usava no pescoço tinha desaparecido, assim como o relógio de pulso de prata.

No dia seguinte, um domingo, Sophie e eu recomeçamos nossos passeios solitários – agora calçando nossas botas novas. Ao voltarmos, pouco antes do pôr-do-sol, a sra. Pietrzyk nos pediu que fôssemos com ela até a "câmara branca". Intrigadas, nós a vimos abrir um baú de carvalho entalhado. Tirou de dentro dois bonitos lenços de lã, um branco e um azul, ambos estampados com rosas vermelhas e folhas verdes. O branco era para Sophie, o azul para mim. Enquanto apreciávamos os lenços, sem saber se eram presentes ou apenas emprestados, a senhora nos disse que precisaríamos deles no dia seguinte.

— Vocês com certeza querem ir à igreja, minhas filhas, agora que têm sapatos decentes – disse ela amigavelmente, tornando a trancar o baú. — Mas não podem ir à igreja com a cabeça descoberta, não é mesmo? Portanto, podem levar esses lenços e usá-los enquanto morarem aqui. Mas lembrem-se: só aos domingos quando forem à igreja.

Mamãe e tia Maria entraram em pânico quando souberam o que Sophie e eu deveríamos fazer. Passamos metade da noite imaginando como evitar o que, em nossa visão, seria um desastre. A missa de domingo decerto atraía todas as pessoas da aldeia – agricultores e refugiados, policiais poloneses e talvez nazistas também. Deveríamos mentir para a sra. Pietrzyk e dizer que tínhamos ficado subitamente doentes? Mas isso não iria funcionar por muito tempo. Deveríamos dizer a verdade? Também não ousaríamos fazer isso. A única coisa que podíamos fazer era ir à igreja. Tendo decidido isso, começamos a imaginar se mamãe e tia Maria também não deveriam ir. Sophie e eu com certeza nos sentiríamos melhor se tia Maria fosse conosco, mas nesse caso a sra. Pietrzyk poderia perguntar por que mamãe ficara em casa. Porém, se mamãe também fosse, isso significaria mostrar três rostos proibidos em vez de dois. Por fim chegamos à conclusão de que Sophie e eu deveríamos ir sozinhas e de que mamãe e tia Maria deveriam se manter longe da igreja, a menos que a sra. Pietrzyk as pressionasse a fazer o mesmo.

No domingo de manhã colocamos nossas botas e lenços e fomos ver a sra. Pietrzyk para lhe mostrar que estávamos indo à igreja. Ela ficou muito satisfeita e disse que nossa aparência não era pior que a das garotas da aldeia. Também estava se preparando, mas não queria nos deter, e assim partimos.

Mal me recordo da primeira vez que fomos à igreja. Estávamos tão terrivelmente amedrontadas que andamos quase correndo, sem olhar em volta nem prestar atenção na bonita vista nem nas pessoas que encontramos pelo caminho. Ao chegarmos, a igreja já estava lotada, a missa quase começando. Dominadas pela timidez, não ousamos entrar e nos misturar à multidão. Em vez disso, ficamos ajoelhadas no pórtico. De cabeça baixa, fingimos que estávamos rezando. Tão logo terminou a missa e as pessoas começaram a sair, corremos de volta para casa. Mais tarde a sra. Pietrzyk disse que tinha nos visto ajoelhadas no pórtico.

— Não sabia que vocês eram tão devotas, minhas filhas – disse ela. — As únicas pessoas que conheço que rezam no pórtico são freiras e monges.

Embora seu tom fosse de aprovação, percebemos de pronto que havíamos cometido um erro grave.

Passamos a semana seguinte muito ansiosas. A próxima e inevitável visita à igreja se aproximava rapidamente e estávamos apavoradas ante a possibilidade de cometermos outra gafe. Na noite de sábado, quando mamãe e eu já estávamos deitadas, ouvimos uma agitação incomum no chalé. Passos bruscos podiam ser ouvidos no corredor, uma chave girando na fechadura, uma porta batendo. Era muito tarde para levantar e ver o que estava se passando. De manhã tínhamos esquecido tudo. Sophie chegou, nós nos vestimos e fomos para a igreja, sem encontrarmos ninguém da família. Apesar de nossos receios iniciais, estávamos bem mais calmas dessa vez e observamos como era bela a igrejinha de madeira encarapitada no topo da colina, elevando-se contra o céu nublado. De seu campanário pontiagudo, um sino poderoso convocava os fiéis para as orações. As pessoas surgiam pelas trilhas e caminhos vindas de todas as direções, saudando-se com um "louvado seja Jesus Cristo". Algumas se dirigiam a nós e respondíamos "para sempre seja louvado". Os aldeões estavam bem-vestidos com os trajes de domingo, alguns usavam botas engraxadas e impecáveis casacos de pele de carneiro. Os homens estavam de chapéu escuro, as mulheres com saias coloridas e lenços floreados. Os refugiados podiam ser identificados facilmente em função das roupas feias e surradas. Não havia uniformes à vista.

Imersas na multidão, empurradas à frente pelo fluxo humano, subitamente nos encontramos no interior da igreja. Os bancos já estavam ocupados, de modo que paramos na nave lateral e, como muitas outras pessoas, ficamos de pé perto do altar. Só então tive coragem de olhar em volta. O recinto sagrado estava cheio de luz, sombra e cores. Feixos de luz solar vermelhos, azuis e amarelos se derramavam pelos vitrais estreitos e reluziam sobre as cabeças e os mantos das imagens dos santos, feitas de madeira e encantadoramente simples. Um entalhe de Cristo em tamanho natural – o sangue pintado de vermelho escorrendo em seu corpo – pairava sobre os fiéis. Seu rosto de madeira exibia a expressão de um sofrimento humano tão profundo que instintivamente meu coração se contraiu de dor. Numa expectativa solene, a multidão murmurava suavemente. Um padre idoso acendeu as velas compridas do altar e caiu de joelhos numa oração silenciosa.

Logo o órgão soou com um vigor inesperado e o espaço lotado se encheu com os graves acordes do "Kyrie eleison". As pessoas em pé na nave lateral se ajoelharam, e nós fizemos o mesmo. De cabeça baixa, olhos fechados, eu me senti tomada por uma sensação poderosa e desconhecida. Era como se tivesse entrado no reino totalmente novo de uma experiência sobrenatural. Paz, amor e esperança fluíam em minha alma com aquela música intensa e com os murmúrios piedosos da multidão. Senti-me unida às pessoas ajoelhadas a meu lado como jamais me sentira em relação a quaisquer outras. Olhei para Sophie. Seu rosto estava pálido, alumbrado, os olhos semicerrados. Parecia extasiada e transformada.

Nesse exato momento o ar se encheu de um forte cheiro de incenso, ouviu-se o som estridente de sininhos e dois meninos pequenos vestidos com sobrepelizes brancas apareceram na frente do altar seguidos por um *anjo*. Sim, por um segundo pensei que um anjo de verdade tivesse descido à terra trazendo consigo a luz da eternidade. Aturdida, parei de respirar. O "anjo" era alto, vestia uma túnica branca, as mangas brancas flutuando como se fossem asas. Seu rosto era de grande beleza, os cabelos claros brilhavam como um halo à luz das velas. Ergueu os braços abençoando silenciosamente a multidão. O órgão agora tocava uma melodia doce e tranqüila. O velho sacerdote fez um sinal e o "anjo" começou a cantar com uma voz forte e viril. A multidão o acompanhou. As paredes de madeira da igreja balançavam com um poderoso "Sanctus". O órgão troava, o inebriante aroma de incenso ficava cada vez mais forte. Atordoada e fascinada, orei em êxtase: "Ó Deus, faça-me acreditar em vós, faça-me acreditar no Vosso Filho e no Espírito Santo."

A missa continuou, o jovem padre se ajoelhou e se levantou algumas vezes, seguido pelo público. Ele cantou, rezou, realizou vários rituais no altar, depois subiu ao púlpito e começou a pregar. O sermão foi simples e claro. O tema era a igualdade de todos os seres humanos aos olhos de Deus todo-poderoso e o dever sagrado de todo cristão de ajudar os que estejam em perigo, não importa a raça a que pertençam ou a fé que professem. Quando ele terminou, o órgão troou novamente e os fiéis começaram a cantar o "Agnus Dei". E então a missa chegou ao fim.

Saímos da igreja extasiadas, esquecidas de tudo que nos tinha afligido anteriormente. Sophie ainda estava muito pálida e tive a impressão de que ela poderia desmaiar. Em algum ponto do caminho para casa encontramos a sra. Pietrzyk.

— Então vocês viram Jan – disse ela. — Aposto que gostaram dele.

Ela parecia radiante. Piscou para nós e prometeu que Jan viria conversar conosco depois do almoço.

Vestindo roupas comuns, Jan não parecia de modo algum fazer parte das hostes celestiais. Mas era extraordinariamente belo e irradiava virilidade. Havia nele muito pouco de um jovem camponês – suas maneiras e sua fala tinham sido lapidadas durante os anos de faculdade. Sentou-se conosco em nosso quartinho, inteiramente à vontade e muito atencioso. Confessou que naquela manhã rezara pela primeira vez uma missa. Fora na verdade um ensaio, já que ele ainda não era um padre. Em breve faria os exames finais. Se passasse, disse ele, poderia substituir o velho vigário depois da guerra. Pediu que lhe contássemos sobre o Levante de Varsóvia e nossas próprias experiências. E assim lhe contamos tudo que podíamos sem deixarmos escapar nosso segredo. Ele ouviu com tristeza, balançando a cabeça de modo circunspecto e suspirando. Confirmou o que já sabíamos – que Varsóvia tinha sido totalmente arrasada pelos nazistas logo depois da saída dos deportados. Na mesma noite Jan foi embora e a vida no chalé retornou ao padrão normal. Mas as estranhas sensações que Sophie e eu tínhamos experimentado na igreja ainda não haviam desaparecido.

11 de dezembro de 1944

"Uma segunda-feira fria e triste. Fiquei resfriada e tenho de ficar de cama outra vez. São quatro horas e a diminuta nesga de céu que consigo ver pela janela está ficando cinza. Um galho solitário de uma árvore desfolhada corta o espaço quadrado da janela e acena tristemente para mim. De vez em quando ele bate na vidraça e parece formar uma cruz negra. E quando eu o encaro com firmeza, esquecendo quem sou e onde estou, ele parece ficar maior e mais largo até se transformar numa verdadeira cruz com Cristo estendido sobre ela, olhando para mim em agonia. Por um breve instante, vagas lembranças do que senti na igreja invadem minha mente atormentada – e depois se desvanecem rapidamente. Agora o galho sumiu, a cruz se desfez e, escrevendo estas palavras, tento avaliar sobriamente o que aconteceu ontem. Foi como se minha mente – ou alma –, que até agora tinha estado fechada, de repente se escancarasse para deixar penetrar uma Verdade sobrenatural. Eu ansiava por

Deus, pela fé, por ser um daqueles que acreditam. O sentimento me deixou cheia de júbilo. Fui completamente arrebatada pelo contentamento espiritual e desejei que tudo isso durasse para sempre. A música, o incenso, a beleza simples do pequeno santuário devem ter me enfeitiçado. Não foi Deus que abriu para mim a porta do céu – foi o homem que tocava o órgão, o homem que construiu a igreja, Jan Pietrzyk cantando e rezando.

Como posso crer em Deus, esse Deus insensível que permitiu o massacre de crianças, as câmaras de gás, o martírio do meu povo? Como posso me tornar cristã? Não faço parte do mundo deles, não posso, nem mesmo quero, meu lugar é com os judeus. Não porque nasci judia nem porque tenha a mesma fé – nunca tive. Meu lugar é com os judeus porque sofri por ser judia. Foi o sofrimento que me fez judia. Faço parte de um povo cujos membros foram assassinados ou ainda estão lutando para escapar da morte. Se alguns deles conseguirem sobreviver à guerra, e se eu mesma sobreviver, vou me juntar a eles. Nossa experiência comum deste suplício vai nos aproximar. Vamos construir um lar para nós, um lugar para todos os judeus desabrigados onde possamos viver em paz e com dignidade, respeitados pelas outras nações e respeitando, por sua vez, os seus direitos. É nisso que acredito, é esse o meu lugar.”

Não havia como confessar meus sentimentos a minha mãe. Vivendo o dia-a-dia, sempre preocupada com nossa segurança e nossas necessidades diárias, ela não tinha ânimo para ouvir falar de meros dilemas espirituais. Tentei conversar com Sophie que, eu sabia, ainda estava sob o encanto da missa de domingo. Mas ela também não queria conversar nem ouvir. Absorta nos próprios pensamentos e mais calada que nunca, passava a maior parte dos dias andando pelos campos. Em minha cama, olhando vagamente pela janela, por vezes eu a via de relance – uma solitária sombra escura sobre o alvor nevoento da campina. Mesmo quando estávamos juntas ela parecia estar a quilômetros de distância, sorrindo para si mesma e sem responder perguntas. Não estava conosco. Levou algum tempo para eu descobrir por quê.

19 de dezembro

“Grande animação no chalé. As preparações para o Natal estão em marcha desde a última sexta-feira. Primeiro abateram um porco – em total segredo, é claro, já que ele devia ter sido entregue aos alemães. Depois a família inteira trabalhou para transformar a carne do porco em quartos, banha e lingüiças. Nós nos oferecemos para ajudar, mas a sra. Pietrzyk disse que a visão e o cheiro da carcaça seriam demais para gente da cidade. De modo que ficamos no quarto. Terminado o preparo das lingüiças, iniciaram o trabalho de caiar as paredes. Ontem foi a vez do nosso aposento. Blazek apareceu com o balde de tinta e o pincel e nós fomos para a cozinha. Ficamos lá sentadas e aconchegadas, já que nevava intensamente lá fora, ajudando a sra. Pietrzyk a descascar legumes, escolher ervilhas, moer sementes de papoula com açúcar e remendar as calças velhas de Blazek. Primeiro ela cantou algumas canções com sua voz esganiçada, depois começou a nos contar histórias sobre sua família. Tinha tido oito filhos ao todo. Três deles já haviam morrido, assim como os dois maridos. A filha mais velha mora com a própria família em algum lugar distante, a outra se entregou a Deus e vive trancada num convento. É por isso que Piotr, um de seus filhos mais novos, vai herdar a propriedade. Blazek não está preparado para viver sozinho, disse ela, é tolo demais. Mas, para compensar essa deficiência, o Todo-Poderoso a abençoou com o filho mais novo, que ela deu à luz quase aos 50 anos. Arrebatadamente, a sra. Pietrzyk passou a falar de Jan realçando que fora sempre tão inteligente, desde pequeno, sempre tão belo e bondoso.

Enquanto ela prosseguia nesse tom, cada vez mais empolgada e mostrando fotografias de Jan em diferentes estágios da vida, de repente olhei para Sophie e mal pude acreditar nos meus olhos: ela tinha enrubescido. Mais tarde, de volta ao nosso quarto, eu a vi tirar uma coisa do bolso e observá-la furtivamente. Apanhada em flagrante, teve de admitir que tinha roubado uma foto de Jan. Estava muito constrangida, não sabia o que dizer, como explicar o que tinha feito. Mas eu não preciso de explicação. Ainda me lembro o que a gente sente quando está crescendo e de repente encontra um homem com um par de olhos azuis cintilantes e a cabeça coberta de cabelos louros e macios. Minha pobre, pobre Sophie, não há esperança para ela. Por que tinha de se apaixonar por um padre católico?”

Três dias antes da véspera de Natal, Blazek trouxe do bosque vizinho dois perfumosos pinheiros. Para nossa surpresa, um deles era para nós. De algum modo conseguimos ajeitar aquela coisa espinhenta no vão entre a cama e a janela e, mesmo constrangidas, ficamos imaginando o que poderíamos

mos pendurar nela. Mas a sra. Pietrzyk já tinha resolvido o problema. Não demorou para que aparecesse com um rolo de papel de cores vivas, duas tesouras e um pote de cola de farinha.

— É para vocês, senhoras. Mostrem o que pessoas inteligentes da cidade podem fazer!

Começamos a cortar e colar tiras coloridas com sincero empenho. Era gostoso estar sentada à luz cálida da lamparina a querosene, sentir o cheiro fresco do pinheiro e preparar guirlandas e bolas leves e farfalhantes. Isso trouxe, a nós quatro, memórias da infância.

Em dois dias toda a decoração estava pronta, excetuando-se a peça mais importante, que ficaria no topo da árvore. O surto de criatividade de repente nos abandonou e não conseguíamos imaginar o que seria mais simples e melhor para se fazer. Por fim resolvi tentar fazer uma estrela. Como nunca fui hábil com meus dedos, isso me foi muito penoso. Não tínhamos papel dourado nem prateado, de modo que precisei usar o azul. Quando terminei, tratamos de guardar tudo, já que, segundo os costumes poloneses, a árvore deve ficar sem enfeites até a véspera de Natal.

Nós nos sentíamos muito apreensivas em relação às festividades próximas, temendo que pudéssemos fazer alguma coisa errada e mostrar nossa ignorância das tradições cristãs. Para piorar as coisas, duas senhoras de Varsóvia que tinham feito amizade com tia Maria na fila das refeições gratuitas insistiam em passar com ela a véspera de Natal, mas alegavam que o lugar em que moravam não era bom o suficiente para aquela ocasião. Dificilmente tia Maria poderia dizer não, o que significava que elas viriam, nos conheceriam e poderiam nos observar de perto durante horas. Estávamos de fato apavoradas com isso.

Na manhã do dia crucial, nós adornamos nossa árvore aromática e, muito satisfeitas com sua aparência deslumbrante, chamamos a sra. Pietrzyk para que pudesse vê-la e apreciá-la. A velha senhora examinou a árvore, sacudindo a cabeça em sinal de aprovação, depois deu um passo atrás e olhou para o topo com especial atenção. Sua expressão mudou, ficou de queixo caído, evidentemente não gostou do que viu. Apanhada de surpresa, segui seu olhar até a ponta da árvore e tremi. À plena luz do dia, em contraste com a parede caiada, com suas seis pontas, lá estava uma estrela-de-davi azul, o símbolo dos judeus.

A sra. Pietrzyk não disse nada e saiu, mas após algum tempo voltou com um anjo de papelão dourado de tamanho impressionante.

— Isso ficaria melhor, se querem saber – disse secamente.

Não entendemos bem o que ela realmente quis dizer.

A véspera de Natal, que nós tanto temíamos, correu muito bem. As duas mulheres de Varsóvia chegaram num clima festivo e pareceram muito amigáveis. Uma delas, costureira, tinha perdido o marido na guerra. A outra, pedicura, era uma solteirona. Tivemos uma ceia quase tradicional, pois a sra. Pietrzyk nos ofereceu *borsch* e talharim com sementes de papoula, e as duas senhoras também trouxeram comida para compartilhar. Antes de começarmos, toda a família Pietrzyk se reuniu por alguns momentos para partir as hóstias conosco. Depois passamos aos cânticos de Natal e realmente nos divertimos. Apesar de nossas apreensões anteriores, tudo correu bem.

Como costumavam conviver com outras pessoas muito mais que nós, as duas visitantes tinham grande conhecimento do que estava acontecendo longe daquela aldeia tranqüila. O Exército Vermelho ainda aguardava inativo no subúrbio de Varsóvia, do outro lado do Vístula, mas havia rumores de que os russos avançavam regularmente em todas as posições, fazendo os alemães recuarem com rapidez. Ao mesmo tempo, os nazistas estavam sendo derrotados na Europa Ocidental e o Terceiro Reich claramente se aproximava de um amargo desfecho. A vitória final dos Aliados estava próxima.

Quando nos despedimos de nossas visitas, a costureira abraçou minha mãe calorosamente e disse:

— Espere pelo melhor, querida. Vocês já agüentaram o pior, Deus vai ajudar vocês até o fim.

— Agora não vai demorar – interrompeu a pedicura.

Ambas tinham descoberto o nosso segredo.

Ao entardecer do dia de Natal, sentadas preguiçosamente no frio isolamento de nosso quartinho, de repente ouvimos o barulho de vozes alegres, uma eclosão de risadas juvenis e o som de um animado acordeão tocando próximo do chalé. Uma batida forte na vidraça da janela nos fez ficar em pé. Com as mãos trêmulas, tia Maria abriu a janela com cuidado. Escondida atrás dela, vi um grupo de jovens aldeões amontoados em volta do acordeonista.

— O que desejam, senhores? – perguntou tia Maria, a voz aguda de apreensão.

O acordeonista deu um passo à frente, pressionou ardentemente as teclas de seu instrumento e cantou, acompanhado pelos outros:

Duas belas jovens moram neste chalé
Queremos dançar com elas.

Surpresa, tia Maria lutou com a janela, tentando fechá-la, mas o rosto redondo do rapaz já estava lá dentro. Um par de olhos sorridentes olhava diretamente para o meu rosto.

— Venham, meninas, não sejam tímidas, estamos esperando por vocês.

Ele se afastou, deixando tia Maria fechar a janela, e ficou esperando no escuro, conversando com os amigos.

— Vamos falar com a sra. Pietrzyk – disse mamãe. — Ela saberá com se livrar deles.

— Se livrar deles? – Sophie perguntou de repente com uma voz queixosa. — Por que deveríamos nos livrar deles?

Deixando de lado o bom senso, eu a apoiei:

— Sim, por que não podemos dançar com eles? – E, como de hábito, logo encontrei a desculpa exata para fazer uma coisa que eu desejava muito. — Não é melhor a gente se comportar tal como qualquer outra garota o faria nestas circunstâncias? Se recusarmos eles podem pensar que temos alguma coisa a esconder.

Não havia nada que mamãe ou tia Maria pudessem dizer contra esse argumento e, muito contrafeitas, concordaram – especialmente porque recomeçaram as impacientes batidas na janela. Num segundo, Sophie e eu nos livramos das calças e dos pulôveres e colocamos nossos vestidos de verão, agora muito bem lavados e passados. Sem perdermos tempo penteando nosso cabelo, mergulhamos na escuridão gelada da noite do dia de Natal.

O aposento amplo e iluminado de um chalé da aldeia estava repleto de dançarinos, vibrando com o clamor de dois violinos, com as batidas de botas pesadas, com o burburinho de vozes joviais. O mundo inteiro girava diante de meus olhos – saias de cores vibrantes, longos rabos-de-cavalo, rostos suados rodopiando no ar.

— Hei, hei, trá lá lá – bradou o rapaz do acordeão, juntando-se aos violinistas.

Os dançarinos cantavam e batiam os pés. Pequenas nuvens de poeira se erguiam das tábuas rústicas do assoalho.

Não houve tempo para pensar, sentir-se deslocada ou se retirar. Fomos agarradas e carregadas da porta de entrada para o meio da massa pulsante. Eu rodopiei numa valsa com um rapaz alto e magro, dancei uma polca de tirar o fôlego com um outro de ombros largos, me sacudi, balancei e pulei, entregue à espontaneidade, tomada pela alegria. Braços fortes de desconhecidos me apertando, olhos azuis, castanhos e cinzentos me olhando com atrevimento. Não havia chance de falar. Volta e meia eu captava imagens do rosto corado de Sophie, sua longa trança negra flutuando no ar.

Logo Antek, o acordeonista, passou seu instrumento barulhento para um jovem cheio de espinhas e mergulhou na multidão frenética. Eu estava dançando com um homem gordo quando o vi abrindo caminho em minha direção. Ele bateu palmas para mostrar que desejava dançar comigo e me tomou do homem gordo. Passei a rodopiar com Antek e me divertia ainda mais, já que ele era um grande dançarino. Não paramos quando, de uma animada *krakowiak* (popular dança folclórica polonesa), a música mudou para um tango plangente, ou quando ela nos trouxe de volta ao frenesi com o ritmo mortal do *oberek* (dança folclórica muito acelerada). Duas ou três vezes Antek recusou quando outros dançarinos bateram palmas para dançar comigo. Só fizemos uma pequena pausa quando a orquestra parou para um drinque. Antek disse então que tinha visto Sophie e eu pela primeira vez na igreja e desde então desejara ardentemente nos conhecer, pois éramos tão bonitas, tão refinadas, tão diferentes. Nunca conhecera moças da cidade, disse ele, e nunca imaginara que pudessem ser tão simpáticas. Ele me fez rir quando teceu elogios ao meu humilde vestido. Era um rapaz agradável e franco. Gostei de seu sorriso e da forma gentil e galante com que me tratava. Voltamos a dançar, mas depois de algum tempo ele disse que precisava voltar ao acordeão para que seu amigo também pudesse se divertir. Os dois violinistas já haviam abandonado os instrumentos e estavam saltitando pelo salão como todo mundo.

Agora, sentindo-me um pouco entediada e cansada, eu estava mais uma vez dançando com Franek, o rapaz de ombros largos, que parecia muito embriagado. Não gostei da maneira como ele agarrava a minha cintura e pressionava o rosto contra o meu. Eu não gostei nem um pouco dele e queria parar de dançar. Mas ele não me largava. Para piorar as coisas, ele me empurrou para um canto pouco iluminado do salão e, com seu corpo forte, me forçou contra a parede. Ninguém prestou a menor atenção, já que outros casais também estavam encostados na parede de maneira semelhante. Eu estava lutando para escapar de seu abraço indesejado quando ele murmurou diretamente em meu ouvido:

— Venha comigo para o celeiro, meu bem.

Havia algo ameaçador em sua voz. Suas mãos rudes agora me apertavam.

— Deixe-me em paz – gritei.

A música parou e vi Antek se erguer de um salto.

— Calma, calma, mocinha – sibilou Franek, enrubescendo. — Não empine esse nariz comprido para mim. Venha comigo para o celeiro ou vou chamar a polícia.

Nesse exato momento um soco poderoso o acertou no meio do rosto suado e, perdendo o equilíbrio, Franek caiu deitado no chão.

— Espere por mim lá no pátio – gritou Antek, e corri para o portão, trazendo Sophie agarrada comigo.

Antes de fecharmos a porta, vi, de relance, Franek se levantando trôpego. Uma pequena multidão de dançarinos se juntara à sua volta. Depois de algum tempo, Antek veio para a entrada e nos levou de volta para o chalé. Parecia muito satisfeito consigo mesmo.

Não contamos para mamãe nem tia Maria o que tinha acontecido naquela noite. Não havia necessidade de aumentar ainda mais as suas preocupações. De qualquer forma, nada poderíamos fazer para evitarmos a vingança de Franek. Esconder-nos ou fugir da aldeia estava fora de questão. Atormentadas pelo medo e pela culpa, sofremos em silêncio. Era um preço muito alto a pagar por um momento de alegria insensata.

Três dias depois, Antek bateu de novo em nossa janela. Queria trocar uma palavra comigo. Saí e fui ter com ele no escuro.

— Franek jamais voltará a incomodar você – disse ele, indo direto ao ponto. — O assunto está resolvido. Eu lhe dou minha palavra de honra.

A lua deslizou por trás de uma nuvem e sua claridade me deixou ver dois grandes curativos no rosto de Antek – um sobre a bochecha esquerda, o outro acima da sobrancelha. Eu realmente gostava desse moço e confiava nele. Timidamente, ele propôs que fôssemos passear e eu disse sim.

29 de dezembro de 1944

"Mal posso compreender meu comportamento na noite passada. Caminhei por duas horas ou mais com esse rapaz gentil e só lhe contei mentiras. Fico me perguntando se isso era necessário. A verdade é que, quando deixamos o chalé e saímos para o campo aberto, iluminado pela luz da lua, ele de repente me pediu para ser sua namorada. Parecia ao mesmo tempo tão incisivo e tão tímido que quase tive um acesso de riso. Posso jurar que ele enrubesceu. Eu sabia que facilmente iria ferir seus sentimentos caso zombasse dele, de modo que, com muita suavidade, disse que já tinha um namorado. Eu poderia ter parado aí. Já havia dado minha resposta e Antek a aceitara. Mas eu não parei. Continuei contando mais e mais histórias bobas. Na verdade, Roman é meu noivo, disse eu, e vamos nos casar assim que a guerra terminar e ele voltar do campo de prisioneiros. Antes do levante, continuei, minha vida com Roman era altamente movimentada e excitante. Fazíamos parte da resistência, estudávamos e freqüentávamos concertos proibidos... O pequeno apartamento da Cidade Velha em que morávamos juntos estava sempre cheio de amigos e pessoas necessitando de ajuda... E depois da guerra, quando estiver de novo com Roman, tentaremos levar uma vida ainda mais útil e empolgante. Vamos viajar pelo mundo para ver como as pessoas vivem e o que as faz sofrer. Junto com amigos que compartilham nossas crenças, enfrentaremos todo o mal, denunciaremos todos os preconceitos, nos oporemos a todas as injustiças. Como? Ainda não sabemos. Talvez escrevendo livros...

Antek ouviu minha conversa fiada, fascinado e cheio de admiração. Quando enfim parei de falar, ele disse que sua vida era bem menos excitante, somente trabalho duro e alguma diversão. Mas gostava dela desse jeito, e a única coisa que realmente desejava era se instruir mais, saber mais sobre o mundo. Mas ele pareceu um pouco chateado, de modo que o deixei me dar um beijo de despedida.

Agora tenho pensado sobre esse futuro glorioso com que sonhei na noite passada. Será que ele vai virar realidade? Será que eu viverei uma vida livre, útil, feliz com alguém que eu ame e que me ame? Será que isso vai acontecer logo? Chegará o dia em que o mundo inteiro de repente se abrirá para mim e me deixará escolher o que quero fazer? Tenho esperado tanto, tanto... Não posso esperar mais, quero viver *agora*.

Pouco antes do Ano-Novo, Jan voltou para o chalé. Meigo e sereno como sempre, não pareceu notar os olhares lânguidos de Sophie nem os ramos de visco que, à falta de flores frescas, ela espalhou no chão em frente à porta dele. Tampouco prestava muita atenção em mim. Parecia bem mais interessado em tia Maria. Na véspera do Ano-Novo ele a convidou para ir ao seu quarto. Tia Maria passou 24 minutos e 15 segundos com ele, disse Sophie depois. Ao voltar pareceu preocupada. Ela nos contou tudo que ouvira de Jan, palavra por palavra. Primeiro ele falou sobre a guerra. Logo acabaria. Entretanto, embora vivêssemos na expectativa de uma rápida derrota dos nazistas, as pessoas pareciam ter esquecido que o demônio ainda mantinha suas garras sobre o nosso atormentado país. O terror ainda não acabara, ainda campeava tal como antes. Nas grandes cidades, centenas de pessoas eram diariamente arrancadas de suas casas e das ruas, jogadas nas prisões e campos de concentração ou mortas à queima-roupa. Em nossa aldeia tranqüila, prosseguiu Jan, as pessoas viviam numa paz ilusória, sem consciência do perigo. Era dever do sacerdote alertá-las, em especial os rapazes e moças, já que eles eram os mais vulneráveis. Nesse ponto Jan fez menção a mim e Sophie, dizendo que devíamos ter mais cuidado e ficar em casa, em vez de sairmos e nos misturarmos com as pessoas do lugar. Tia Maria lhe agradeceu e prometeu ficar de olho em nós duas, mas saiu do quarto sem entender bem que ele dissera tudo aquilo de uma hora para outra. Mas Sophie e eu entendemos direitinho – ele devia saber alguma coisa do que acontecera no Natal.

Na manhã do dia de Ano-Novo o velho vigário fez sua visita anual à aldeia, abençoando todos os fazendeiros com o crucifixo. A sra. Pietrzyk já tinha nos avisado disso para que pudéssemos nos preparar. Nós nos sentíamos totalmente perdidas, sem saber o que deveríamos fazer. Tentei em vão encontrar alguma pista no catecismo, enquanto tia Maria vasculhava desesperadamente a sua memória. Devíamos estar parecendo muito acanhadas quando o velho padre entrou em nosso quarto, um sorriso largo e bondoso em seu rosto.

— Louvado seja Nosso Senhor Jesus Cristo – disse ele, apontando o grande crucifixo de prata para tia Maria.

— Para sempre seja louvado – respondemos em coro.

Nesse exato momento, a lembrança fez os olhos de tia Maria brilharem. Ela se inclinou diante do padre e beijou o crucifixo. O vigário estendeu as mãos sobre sua cabeça e murmurou uma bênção. Depois ele se dirigiu a mamãe, a Sophie e a mim, uma de cada vez, e nós, obedientemente, fizemos o que era esperado. Ao beijar os frios pés de prata do Cristo crucificado eu me senti uma impostora.

Os primeiros dias de 1945 trouxeram apreensão e desalento à nossa tranqüila aldeia. Jan recebeu uma mensagem secreta e desapareceu imediatamente de casa. Logo em seguida, dois fazendeiros foram detidos e levados pela polícia alemã porque não entregaram sua quota de cabeças de gado. No mesmo dia, a sra. Pietrzyk veio nos pedir um favor. Queria que escondêssemos sua bezerra pois, caso contrário, poderia causar um desastre para a família. Estavam ocorrendo buscas rigorosas por cabeças de gado mantidas ilegais. Mas até então, disse ela, os patifes não estavam mexendo com refugiados.

— Não vão tocar nela se disserem que é de vocês.

É claro que concordamos, deixando que a novilha ficasse em nosso quarto. Amarrada à cama, ela ocupava a maior parte daquele espaço escasso e realizava todas as funções vitais em nossa companhia.

Pouco tempo depois ficamos desoladas ao tomarmos conhecimento de que nossa jovem e meiga médica tinha sido presa. A Gestapo viera de Cracóvia numa madrugada e a levara direto de sua cama. Mal conseguimos suportar a notícia. Algumas horas antes de ser presa ela tinha nos visitado para desejar feliz Ano-Novo. Irradiava esperança, dizendo que esse ano nos traria muito em breve a liberdade. Trouxe um pote grande de bolinhos caseiros cuja metade ainda estava esperando para ser comida.

Apesar desses tristes acontecimentos e da tensão crescente, a esperança continuava aumentando. O Exército Vermelho avançava com incrível rapidez no sentido oeste. No dia em que a tão esperada batalha de Varsóvia finalmente começou, ouvimos também os primeiros sons da Frente Oriental se aproximando de Cracóvia. O rugido familiar e bem-vindo se aproximava dia a dia, hora após hora, até estar tão perto que os habitantes de nossa aldeota, desacostumados ao ribombar da guerra, correram em pânico e se esconderam nos porões.

Para nós, a guerra chegou a um fim abrupto às oito horas da manhã de sexta-feira, 19 de janeiro de 1945. Depois de uma noite insone pelo troar dos tiros de canhão, angustiante pelas fortes expectativas, vimos à luz fraca do alvorecer de inverno as estranhas e encurvadas silhuetas cinzentas dos primeiros soldados russos. Passaram correndo por nossa janela, furtivamente, um a um, as armas engatilhadas. Ao meio-dia os estrépitos da batalha acirrada desapareceram, substituídos pelo contínuo e longínquo rumor de veículos pesados.

Pouco antes do anoitecer eu saí para apanhar um pouco de lenha. Na semi-escuridão do galpão, atulhado de toras e ferramentas, alguma coisa se mexia. Percebi uma presença humana. Escancarei a porta para que entrasse mais luz. Só então notei uma ponta de um casaco militar cinza-escuro que se destacava entre duas toras. Suavemente, tranquei o galpão e corri de volta ao chalé. Na cozinha, a sra. Pietrzyk, exaurida depois de uma noite sem dormir, estava ocupada cozinhando. Com a respiração ofegante, eu lhe contei o que tinha visto. Mas ela não ficou surpresa – já sabia. Olhando firmemente para mim com seus olhos vetustos e oniscientes, ela disse, como se estivesse citando um livro sagrado:

— Quem procura abrigo sob o meu teto, não importa quem seja, não importa a sua crença, estará seguro comigo.

Imediatamente entendi. Chocada, eu a vi encher uma pequena tigela com bolinhos de carne quentes e, por cima, uma porção de gordura de porco.

— Segure isto, menina – guinchou ela da maneira habitual. — Leve para ele.

Como que hipnotizada, obedeci cegamente e voltei para o galpão. Parecia tão deserto quanto antes, até mesmo a nesga de casaco cinza-escuro tinha desaparecido. Fiquei ali em pé paralisada, a tigela quente queimando meus dedos e enchendo o ar com um cheiro forte de comida. Houve um pequeno movimento por trás de uma pilha de toras e uma cabeça desgrenhada de repente despontou. Vi o rosto pálido do alemão, mais um garoto que um homem, olhando para mim aterrorizado. Tomou de minhas mãos a tigela quente e devorou a comida com uma ânsia indescritível. Ainda tremia de fome e medo. Por um longo tempo eu o observei sem emoção. Não senti nem pena, nem ódio, nem prazer.

A guerra terminou.

Post-scriptum

Este é o fim de minha história e o ponto de partida de uma outra. Eu não pretendia incluir mais nada neste livro. Mas os amigos que leram o manuscrito queriam saber o que aconteceu com alguns de meus parentes e conhecidos desde os dias da guerra. Isso me fez pensar que meus desconhecidos leitores também gostariam de saber.

Logo após a libertação, mamãe, Sophie e eu voltamos para Varsóvia onde vivemos por muitos anos. Em 1957, Sophie, com o marido e a filha de seis meses, partiu para Israel. Mamãe foi em seguida, a fim de tomar conta da família que crescia. Eu permaneci em Varsóvia por muito mais tempo, até que, em junho de 1968, meu marido e eu, com nossas três filhas adolescentes, tivemos de deixar a Polônia para sempre.

Em 1971, aos 41 anos, Sophie faleceu, deixando marido e três filhos jovens – uma menina e dois meninos. Mamãe ficou por algum tempo com seus amados netos. Mais tarde, veio de Israel para a Inglaterra para passar seus últimos anos comigo e com minha família. Morreu em Leeds em 1980.

Papai nunca voltou da Rússia. Logo depois da guerra, a Cruz Vermelha Internacional confirmou sua morte na floresta de Katyn na primavera de 1940.

Enquanto Stefan, com centenas de outros poloneses, era queimado vivo durante o Levante de Varsóvia, Jadwiga foi levada pelos alemães para um campo de trabalhos forçados. Sobreviveu e voltou para Varsóvia depois da guerra, bonita como sempre, mas não mais a mesma. Casou-se logo em seguida e deixou definitivamente a Polônia.

Minha avó Viera desapareceu durante o Levante de Varsóvia. Nunca foi encontrada. A família que lhe dava abrigo também desapareceu. Ninguém soube o que aconteceu com eles.

Enquanto viveu, tia Maria continuou a ser um membro de nossa família. Logo depois da guerra seus cuidados carinhosos foram novamente requisitados. O segundo irmão de mamãe, Jerzy, que tinha perdido a mulher e a filha no começo do conflito, voltou da Rússia com o novo Exército Polonês, trazendo consigo a segunda esposa, que já estava grávida. Pediram à tia Maria que fosse morar com eles para cuidar do bebê. E assim aconteceu. Ela foi a alma da família até morrer em paz aos 75 anos.

Meu segundo anjo da guarda, Stas, cujo nome completo é Stanislaw Chmielewski, ainda mora em Varsóvia. Ele provou, mais uma vez, ser um grande e prestativo amigo quando, em 1968, tivemos de deixar a Polônia às pressas.

De minhas três melhores amigas, só Hanka sobreviveu. Ela é cientista e mora na Polônia. Já descrevi o trágico fim de Zula. Renata também foi morta pelos alemães por se esconder do lado "ariano", e assim o foram igualmente sua irmã Joanna e o pai delas. O único membro da família de Renata que sobreviveu à guerra foi sua mãe.

E agora um conto de fadas sem final feliz: o primeiro rosto conhecido que vi nas ruas destruídas de Varsóvia depois de meu retorno em abril de 1945 foi o de Roman. Nós nos encontramos por acaso no meio da multidão. Tendo perdido os pais no gueto, conseguira escapar e se juntara à resistência longe de Varsóvia. Tinha crescido e mudado a ponto de ficar quase irreconhecível. E, certamente, eu também. O encantamento dos primeiros tempos se fora. Mantivemos contato por um período até que ele desapareceu de vista. Saiu da Polônia nos anos 1950.

Um dia, em maio de 1945, vagando pelas ruínas, escalando os montes de destroços em que se transformaram as ruas da minha cidade, me vi diante da casa onde nove meses antes havíamos parado por algum tempo a fim de nos lavarmos e nos prepararmos para deixar Varsóvia. Para minha grande surpresa, ela ainda resistia no lugar – apenas semidestruída. As vidraças estilhaçadas da ala remanescente haviam sido substituídas por tábuas de compensado novo, o que indicava que alguém estava morando lá. Subi os degraus que se desmoronavam e bati à porta do apartamento de que bem me lembrava. Uma garota de minha idade me atendeu. Expliquei-lhe que naquele apartamento, sob o entulho de um quarto quase ruindo, eu havia enterrado meus manuscritos logo depois do levante. Surpresa, ela me levou àquele quarto que, conforme nos informou, nunca tinha sido usado por sua família. Ainda estava do mesmo jeito que eu me lembrava, uma perna do piano dependurada no ar. E lá estavam eles também, todos os cadernos e folhas soltas cobertos por minha caligrafia desleixada, escondidos em segurança num buraco do assoalho, debaixo de alguns tijolos.

Vinte e três anos depois eu os perdi novamente. Mas essa é uma outra história.

Cronologia

Esta breve cronologia relaciona apenas os principais eventos relevantes neste livro.

13 de março de 1938
A Áustria é anexada pela Alemanha nazista

Outubro de 1938 – março de 1939
A Tchecoslováquia é anexada pela Alemanha nazista

23 de agosto de 1939
Hitler e Stálin assinam um pacto de não-agressão entre a Alemanha nazista e a União Soviética

1º de setembro de 1939
A Alemanha invade a Polônia – início da Segunda Guerra Mundial

3 de setembro de 1939
A Grã-Bretanha e a França declaram guerra à Alemanha

8 de setembro de 1939
Início do sítio de Varsóvia

17 de setembro de 1939
Como resultado do acordo entre Hitler e Stálin, forças soviéticas invadem a Polônia, vindas do leste para se encontrarem com o Exército Alemão que avançava do oeste

18 de setembro de 1939
O Governo e o alto comando poloneses cruzam a fronteira da Romênia a caminho do exílio

27 de setembro de 1939
Rendição de Varsóvia aos alemães

5 de outubro de 1939
Derrota final da Polônia

Primavera de 1940
Massacre de Katyn – execução em massa de prisioneiros poloneses na Rússia

16 de novembro de 1940
Fechadas as portas do gueto judeu em Varsóvia

22 de junho de 1941
Apesar do acordo anteriormente assinado, a Alemanha invade a Rússia. A URSS se junta aos Aliados, entrando na guerra contra a Alemanha

22 de julho – 13 de setembro de 1942
Primeira deportação em massa a partir do gueto de Varsóvia (Primeira *Aktion*)

18-22 de janeiro de 1943
Segunda *Aktion* e primeiros atos de resistência por parte da Organização da Luta Judaica

19 de abril – 16 de maio de 1943
Levante do Gueto de Varsóvia

Primavera-verão de 1943
Publicados relatórios nazistas sobre o Massacre de Katyn

6 de junho de 1944 Dia D – Desembarque na Normandia; início da invasão Aliada na Europa Ocidental

1º de agosto – 3 de outubro de 1944
Levante de Varsóvia

Janeiro de 1945
O Exército Vermelho russo começa sua grande ofensiva na Polônia, fazendo os alemães recuarem para o oeste

17 de janeiro de 1945
Varsóvia, arrasada e deserta, é tomada pelo Exército Vermelho

19 de janeiro de 1945
Cracóvia e vizinhanças libertadas dos alemães pelo Exército Vermelho

9 de maio de 1945
Fim da Segunda Guerra Mundial

Agradecimentos

Agradeço imensamente a minha querida amiga Maria Hirszomicz, que durante anos insistiu para que eu escrevesse minhas memórias. Fico feliz por ter me rendido.

Também sou profundamente grata ao reverendo Hugh Bishop, Molly Gaunt, Margaret Gothelf, Dorothy e Alan Griffiths, Lukasz Hirszowicz, Griselda Pollock e Janet Wolf, que me encorajaram quando eu mais necessitei. E a meus zelosos e amáveis organizadores e editores, Ruthie Petrie, Julia Vellacott, Fenela Gentleman, assim como a todos os outros membros da Virago Press, que para mim são um exemplo de perspicácia, entusiasmo e eficiência.

Por fim, mas não menos importante, agradeço a Zygmunt, meu marido, que foi obrigado a tolerar minha "ausência" quando, por quase dois anos, vivi no mundo da minha juventude, que não era o dele.